Alice Walker
Pratibha Parmar

NARBEN

oder Die
Beschneidung
der weiblichen
Sexualität

Deutsch von
Ursula
Locke-Groß

Rowohlt

Die Originalausgabe erschien 1993 unter dem Titel
«Warrior Marks. Female Genital Mutilation and the Sexual
Blinding of Women» im Verlag Harcourt Brace & Company,
New York, San Diego, London
Umschlaggestaltung Karin Girlatschek

1. Auflage März 1996

Satz aus der Palatino (Linotronic 500)
Gesamtherstellung Clausen & Bosse, Leck
Printed in Germany
ISBN 3 498 07336 2

Inhalt

Narben
ist dem Mädchen,
dem Kind Afrikas
gewidmet.
In Dankbarkeit für
ihre verletzliche
Lieblichkeit und
als ein Zeichen
meiner Liebe, die
nie aufhören wird.

Alice Walker

Das kleine Mädchen auf der vorhergehenden Seite hat eine besondere Bedeutung. Ich sah sie an unserem ersten Drehtag in Gambia. Die übrigen Kinder hatten zu unserer Begrüßung im Dorf etwas vorgeführt und getanzt. Sie waren sehr lebhaft, und auch danach liefen sie noch herum, an die hundert, musterten uns, lachten und schwatzten durcheinander. Dieses Kind nicht: Entfernt von all dem Trubel stand es, schutzsuchend gegen einen Baum gelehnt, und beobachtete uns schweigend. Es fiel mir sofort auf, und ich konnte mich von seinem kleinen Gesicht nicht mehr lösen. Deborah war vollauf damit beschäftigt, aus unserem Wagen heraus zu fotografieren. Schließlich bat ich sie, dieses kleine Mädchen aufzunehmen. Aber selbst als sie das Foto gemacht hatte und wir den Weg wieder zurückgingen, verfolgte mich das Gesicht des Kindes. In dem Augenblick stieß Pratibha zu uns. «Schau dir das kleine Mädchen an», sagte ich. «Irgendwas an ihr zieht mich an, ich kann mir nicht helfen. Seit wir hier angekommen sind, schaue ich sie in einem fort an.» Pratibha genügte ein Blick. Sie lachte. «Aber Alice», sagte sie, «das bist du in klein.» In dem Moment sah ich es auch. Es war, als ob ich in einen Spiegel blickte und mich im Alter von drei Jahren sah. Es gibt nur ein Foto von mir aus dieser Zeit – ich habe keine Ahnung, wo es hingekommen ist –, aber plötzlich erinnerte ich mich daran. Es war eine unheimliche Begegnung, und trotzdem schien sie mir so etwas wie Glück zu verheißen, denn nicht nur der Körper des Kindes war mir vertraut, sondern seine dunklen fragenden Augen, seine staunende Seele.

Das ist die Sorte Fragen, die zu stellen mein Vater mich nun einmal gelehrt hat. Adam, pflegte er zu sagen, was ist die Grundfrage, die man im Leben stellen muß? Mir fiel vieles ein, aber was ich auch vorschlug, die Antwort war immer dieselbe: Warum weint das Kind?

Aus: *Sie hüten das Geheimnis des Glücks*

I. TEIL

Einleitung

Ich glaube, es ist alles andere als Zufall, daß wir im Laufe des Lebens die Leute treffen, die uns helfen, uns den Weg zeigen und uns wachsen lassen, daß sie im richtigen Augenblick zur Stelle sind und uns zumindest eine Strecke lang begleiten. Ich denke, daß uns bestimmte Menschen auf eine Art und Weise, manchmal nur geistig, begegnen, daß sie unsere Herzen berühren und verändern und wir danach im volleren Sinn das sind, was wir sind. Diesem spezifischen Zauber oder dieser Synchronität liegt etwas sehr Einfaches und gleichzeitig Umfassendes zugrunde: Wir sollen nur das sein, was wir sind, es ist die einzige Möglichkeit, jenen Seelen, die unseren Pfad kreuzen, zu begegnen; wir müssen dem, was wir im Innersten sind, um jeden Preis treu bleiben.

Ich habe wieder und wieder in meinem Leben beobachtet, wie so etwas geschah, und jedesmal mit der größten Verwunderung. Der Optimismus, der mich auch angesichts größter Widrigkeiten nicht verläßt, rührt zum Teil daher, daß ich um die vielen verwandten Geister weiß, die geduldig darauf warten, sich mir in allem, was ich mache, anzuschließen, jeden Weg, den ich auf der Welt gehe, mitzugehen – ich muß nur den ersten Schritt tun. Das jedenfalls war bisher ganz einfach meine Erfahrung.

Das Gefühl von Sicherheit und diese gewisse Heiterkeit, die einem so etwas verleiht, erstaunt sogar mich.

In dieser Haltung – meine Vorfahren hätten es Glauben genannt – nahm ich Verbindung mit Pratibha Parmar auf. Ich wollte wissen, ob die Möglichkeit bestünde, gemeinsam einen

Film über die genitale Verstümmelung von Frauen zu drehen, ein Thema, das einem das Herz brechen kann und das, zumindest für mich, dem Wort Trauer eine Bedeutung gegeben hat, die es vorher nicht besaß.

Zu der Zeit, als ich sie fragte, hatte ich bereits ihre Filme *Sari Red, Khush* und *A Place of Rage* gesehen und wußte, daß sie einen eigenen Stil und ihre eigenen Vorstellungen hatte, daß sie ihr eigenes Licht ausstrahlte. Und zugleich war zu spüren, daß sie die Ideen anderer respektierte (einige ihrer «Darsteller» in *Sari Red* waren Freunde und Familienmitglieder) und in der kreativen Matrix eines Kollektivs flexibel bleiben würde. Außerdem wurden wir sehr schnell Freunde, und fast von Anfang an war es möglich, über alles und jedes offen zu sprechen, was uns die Mühe ersparte, um den heißen Brei herumzureden. Diese Fähigkeit, sofort zur Sache zu kommen, im Denken und Reden gemeinsam zu «fliegen», ist vermutlich eines der Anzeichen, daß man einen geistigen Weggefährten gefunden hat.

Ich habe ein knappes Jahr mit Pratibha an den *Warrior Marks* gearbeitet, und ich glaube, wir sind inzwischen besonders glücklich darüber, daß diese enge Zusammenarbeit den Respekt, den wir füreinander empfinden, nicht gemindert hat. Obwohl wir beide, als wir den Film drehten, auf unsere jeweils eigene Art gelitten haben, entstand aus der Erfahrung eine tiefere Freundschaft. Wir haben einen Traum – in Zukunft wieder gemeinsam zu arbeiten.

Als *Warrior Marks* fertiggestellt war und ich den Film das erste Mal sah, erkannte ich, daß er ein Symbol war für unseren gemeinsamen Mut und unser Vertrauen zueinander. Es ist, dank Pratibhas brillanter Regie, ein starker und glanzvoller Film, er lebt von unserer Trauer, unserem Zorn und unserem Schmerz. Aber auch von unserem Glauben aneinander, unserer Liebe zum Leben und der Dankbarkeit, daß wir als farbige Frauen unseren Schwestern nach so vielen Jahrhunderten, in denen es für sie nur Flitter gab, etwas Echtes schenken können. Und er lebt, weil wir wissen, daß es sie dort draußen gibt, diese «verwandten Seelen». Vielleicht sind Sie, die Sie das gerade lesen, eine davon. Wenn ja, heiße ich Sie auf dieser Reise willkommen. Sie ist gefährlich. Aber eines ist gewiß: Ihr Herz wird konditioniert auf Mut.

ALICES REISE

18. Dezember 1991

Liebe Pratibha,
ich habe Joan* gebeten, Dir ein Exemplar meines neuesten Romans, *Sie hüten das Geheimnis des Glücks*, zu schicken. Wenn Du es liest, wirst Du verstehen, weshalb ich mich zur Zeit nur mit dieser Sache beschäftige. Ich möchte Dich fragen, ob Du es für machbar und möglich hältst, einen Dokumentarfilm über weibliche Genitalverstümmelung zu drehen. (Nicht auf der Basis des Romans. Der wird oder wird auch nicht irgendwann ein Feature, das eine Unmenge von Geld verschlingt.) Ich würde die Produktion übernehmen, Du die Regie. Ich stelle mir vor, daß ich verbindende Texte spreche, ein wenig erzähle. Wir könnten nach Afrika fahren, etc., etc. Ich könnte einen Teil des Geldes, das ich für das Buch bekomme, darauf verwenden, und vielleicht wäre es sogar möglich, den Film in ganz Afrika zu zeigen, Start Ouagadougou. Ich bin eigentlich noch ganz am Anfang meiner Überlegungen, aber was mir so einfällt, wollte ich wenigstens mit Dir teilen. Es könnte teilweise nachgestellt sein, so ähnlich wie der Film, den wir im Roxie über das Fußbinden sahen, aber es wäre, glaube ich, auch wichtig, Interviews mit afrikanischen Frauen, Männern und Kindern drin zu haben. Aus Senegal oder Kenia vielleicht. Und ein paar medizinische Stellungnahmen. Was denkst Du, wieviel Geld brauchen wir? Für eine Stunde Länge? Sag mir bitte, was Du darüber denkst. Ich umarme Dich und Shaheen.

Alles Liebe,
Alice

* Joan Miura, Assistentin Alice Walkers.

An Michael Rudell
Rechtsanwalt
New York, N. Y.

18. Dezember 1991

Lieber Michael,
ich möchte eine Produktionsfirma gründen, deren Name «Our Daughters Have Mothers, Inc.» sein soll. Wie muß ich das anstellen? Ich meine, wie sieht die rechtliche Seite aus. Kannst Du das machen? Es handelt sich dabei vorrangig um einen Dokumentarfilm über genitale Verstümmelung. Er basiert nicht auf meinem Roman.

Ich danke Dir für all Deine Bemühungen.

Schöne Feiertage
Alice Walker

An Pratibha Parmar
Von Alice Walker
Betr.: Film über genitale Verstümmelung

24. Februar 1992

Liebe Pratibha,
ich reise noch heute nach Australien, Neuseeland und Bali ab. Ich freue mich darauf, einer neuen/sehr alten Welt zu begegnen. Ich hoffe, daß es Dir gutgeht. Auch ich fand es wunderbar, mit Dir zusammenzusein. Hier ist das Statement, um das Du mich gebeten hast. Hoffentlich ist es das, was Du brauchst. Verändere es, wenn nötig.

Ich möchte als Koproduzent und Sprecher einen einstündigen Dokumentarfilm über alle Aspekte genitaler Verstümmelung drehen. Ich möchte am Ort des Geschehens gefilmt werden, in den Ländern, in denen das Ritual der «weiblichen Beschneidung» praktiziert wird. Ich möchte mit Angehörigen der älteren Generation, vor allem mit den älteren Frauen sprechen, aber auch mit jungen und länger verheirateten Paaren, und sie über ihre sexuellen und psychologischen Erfahrungen interviewen. Ich möchte Krankenhäuser in der Dritten Welt, aber auch in Europa, England und im Norden der USA aufsuchen, in denen diese «Eingriffe» vorgenommen werden. Ich wäre gerne bei den Aufnahmen einer Klitorektomie dabei oder helfen, eine Nachstellung zu arrangieren. Ich möchte zeigen, wie es aussieht, wenn eine Frau eine pharaonische Beschneidung und eine Infibulation hinter sich hat.

Ich hoffe, daß die Veröffentlichung meines Romans Sie hüten das Geheimnis des Glücks *(der das Leben einer genital verstümmelten Frau beschreibt) inzwischen doch die Möglichkeit eröffnet hat, ehrlich und betroffen zu reagieren. Das Buch wird dazu beitragen, daß sich Menschen betroffen fühlen, denn die genitale Verstümmelung gefährdet Frauen und Kinder, wo immer sie auch leben, und beeinflußt das Leben und die Gesundheit von Menschen auf der ganzen Welt negativ. Daß genitale Verstümmelung womöglich auch die Ausbreitung von Aids begünstigt, soll im Film ebenfalls untersucht werden.*

Dieser Film klagt niemanden an, wenn es nicht unumgänglich nötig ist, er will die Fakten aufzeigen über die Schrecken und Gefahren einer Praktik, die Tausende von Jahren alt ist, und er will die Menschen ermutigen, ihre «Traditionen» im Lichte des prekären Gesundheitszustandes der Gesellschaften, in denen sie leben, und des gesamten Planeten neu zu überdenken.

Ich glaube, daß Erziehung und eine sich nicht distanzierende Offenheit in der Diskussion der Realitäten entscheidend sein könnte, wenn es darum geht, diese spezielle Form der Gewaltanwendung zu beenden. Ich freue mich, mit der Regisseurin Pratibha Parmar zu arbeiten, deren Erfahrung und Herkunft von unschätzbarem Vorteil für dieses Unternehmen sein werden. Zusammen werden wir einen Film produzieren, der der ganzen Welt zugute kommt.

Das ist, in Eile konzipiert, also das Statement. Ich würde zu gerne noch etwas hinzufügen, was mir seit einiger Zeit durch den Kopf geht, und vielleicht nimmst Du es auf. Daß es nämlich im «aufgeklärten» Westen so aussieht, als habe sich die genitale Verstümmelung über den ganzen Körper ausgebreitet, wenn vor allem Frauen sich unbedingt ihre Brüste und Nasen korrigieren lassen wollen und ihr Gewicht und ihre Figur durch die Entfernung von Rippen, durch Fettabsaugung und durch solche Dinge wie freiwilliges Hungern verändern. Irgendwie hätte ich das gern in dem Film, denn sonst könnte es passieren, daß man hier im Westen auf die Idee kommt, genitale Verstümmelung sei dümmer und «barbarischer» als das, was man selbst tut.

Wir sprechen darüber, wenn ich nach England komme oder wenn Du wieder hier bist.

Alles Liebe,
Alice Walker

7. September 1992

Liebe Pratibha,
ich freue mich so über die guten Nachrichten, was unseren Film anbelangt! Rebecca* und ich haben eine Virusinfektion, aber Dein Fax hat uns die gute Laune wiedergegeben. Wir haben beide in diesem Sommer viel zuviel

* Rebecca Walker, Alice Walkers Tochter.

gearbeitet und uns geschworen, in Zukunft vernünftiger zu sein. Ich kann nicht all Deine Fragen beantworten, ich versuch mal mein möglichstes.

1. Großartig, daß Channel 4 80 000 Pfund gibt! Meine 150 000 stehen zur Verfügung. Nein, im Moment habe ich noch kein Führungszeugnis. Wenn Du da etwas erreichen könntest, fein. Rebecca meint, die 60 000 sollten relativ leicht zu bekommen sein. Andernfalls bringe ich sie auf, vielleicht etwas später.

2. Ja. Was man von Kenia und dem Sudan hört, klingt ziemlich schlimm, und ich finde, daß es keinen Sinn hat, sich solchen Gefahren auszusetzen. Beschränken wir uns auf Westafrika und laß uns Filmmaterial über Ägypten und den Sudan benutzen, das bereits vorhanden ist. Wenn wir es überhaupt brauchen. Senegal, Mali und vielleicht Ghana, Nigeria oder die Elfenbeinküste eignen sich, glaube ich, sehr gut. Das ist auch billiger. Außerdem ist da Burkina Faso, das hochinteressant ist wegen seines revolutionären jungen Präsidenten Thomas Sankara, der ein glühender Gegner genitaler Verstümmelung war und eine wundervolle Rede gehalten hat, in der er sie öffentlich brandmarkte. Man sagt, er sei von seinem engsten Freund ermordet worden. In Sierra Leone wird das auch gemacht. Wir haben also leider eine große Auswahl, wo wir drehen wollen. Efua Dorkenoo ist die Frau, die wir für unsere Kontakte brauchen. Sie lebt in London und ist Präsidentin von FORWARD International (Foundation für Women's Health, Research and Development), einer Organisation, deren Ziel es ist, gesundheitsschädigende traditionelle Praktiken zu eliminieren. Ich hoffe, daß sie uns Orte und Leute in Westafrika nennen kann. Sie kommt aus Ghana, und ich bin sicher, daß dort genitale Verstümmelung praktiziert wird. Möchtest Du Dich mit ihr treffen,

bevor ich nach London komme? Ich habe einen Termin am 14. Oktober mit ihr. Wenn ja, schlage ich vor, daß Sarah Wherry von Jonathan Cape den Kontakt herstellt. Sie ist meine Pressereferentin und eine reizende und sehr hilfreiche Frau.

3. Ich bin außerdem in Kontakt mit Aminata Diop und ihrer Anwältin Linda Weil-Curiel. Ich habe sie gefragt, ob wir auf unserem Weg nach Westafrika ein Interview mit ihnen in Paris machen könnten. Im Prinzip sind sie einverstanden. Das wäre vor allem dann interessant, wenn Mali unter den Ländern ist, in denen wir drehen werden, denn Aminata ist aus Mali geflohen. Das bringt mich drauf, daß ich schon immer mal nach Kamerun wollte. Laß uns das ebenfalls überlegen. Aber insgesamt nicht mehr als drei Länder. Zwei, wenn wir bereits vorhandenes Material benutzen können.

4. Bist Du so nett, meine Absichtserklärung aufzusetzen? Ich unterschreibe sie dann und schicke sie an Channel 4.

5. Ja. Mein Besuch im Oktober. Ich bin Deiner Meinung, daß das gefilmt werden sollte. Ich hoffe zudem, daß wir die Aufnahmen in Kalifornien machen können, die Du vorgeschlagen hast. Ich bin dabei, eine Art Skript zu erstellen, das sich durch den ganzen Film zieht, und ein Teil davon bezieht sich auf Mendocino.

6. Rebecca entschuldigt sich, daß sie uns nach diesem anstrengenden Sommer nicht bei den Recherchen helfen kann. Sie will uns für andere Dinge zur Verfügung stehen. Vielleicht dafür, Gelder zu beschaffen, aber im Moment schwirrt ihr der Kopf, wenn sie nur daran denkt.

7. Ich werde Joan bitten, Dir alles zu schicken, was wir an Material bereits gesammelt haben. Ich faxe Dir auch eine erste Art von Übersicht. Efua Dorkenoos Organisa-

tion verfügt über sehr gutes Material, und ich bin sicher, daß sie Dir ein paar Kopien ihrer Zeitschrift zukommen lassen würde.

8. Der Titel, der mir bis jetzt am besten gefällt, ist *Warrior Marks: Genital Mutilation and the Maiming of Women*. Dazu fällt mir ein: Ich habe neulich einen englischen Dokumentarfilm über die amerikanische Jugendbesessenheit mit dem Titel *Never Say Die* gesehen. Sie zeigten Ausschnitte einer Operation, in der sich eine Frau ihr Gesicht liften ließ. Furchtbar. Ich würde das sehr gern in unseren Film übernehmen. Der Titel wird Dir einleuchten, wenn Du mein kleines Skript siehst, das einen Bezug herstellt zwischen genitaler Verstümmelung und anderen psychischen und körperlichen Verletzungen, die Frauen erdulden. Ich versuche, diese Verstümmelungen auf andere Art sichtbar zu machen: nicht nur Mitleid und Entsetzen sollen uns die Augen öffnen.

Mein Zeitplan sieht folgendermaßen aus: Ich werde, nachdem ich aus England und Holland zurück bin, die letzte Oktoberwoche und den ganzen November über hier sein. Im Dezember bin ich in Mexiko.

Ich bin sicher, daß es Dir gutgeht. Ich habe heute mit June gesprochen. Sie scheint sich gefangen zu haben, aber natürlich leidet sie immer noch unter dem Verlust.

Unsere Party war fantastisch. Wir hatten eine Salsa-Band, wunderbares Essen, großartige Kunst (Huichol) und wunderschöne Tänzer, von denen eine ganze Reihe auch den nächsten Tag noch mit uns verbrachte.

Bis bald,
Alice

PS: Wie groß sind die Aussichten, daß *Warrior Marks* in den USA, bei PBS, gezeigt wird? Hast Du Beziehungen? Kannst Du dazu etwas sagen? Sicher ist jedenfalls, daß kein Mensch hier Geld investieren wird, wenn der Film nur in England läuft.

30. November 1992

Liebe Pratibha,
ich schicke Dir das kleine Skript, von dem ich hoffe, daß es Teil des Films sein wird. Ich weiß nicht, wie Du das einbauen willst, aber ich könnte mir vorstellen, daß es innerhalb der Diskussionen über genitale Verstümmelung seinen Platz finden könnte, und zwar so, daß ich Teil des Geschehens und nicht nur eine reine Beobachterin bin. Ich habe es bewußt so abgefaßt, daß ich mich auf gleicher Ebene mit den verstümmelten Frauen befinde und nicht über ihnen stehe. Ich weiß, wie schmerzhaft es ist, bloßgestellt zu werden. Mein ganzes Leben lang war ich damit konfrontiert, es begann schon am Morgen mit dem ersten Blick in den Spiegel!

Es könnte sein, daß es die Vorstellung, die wir von unserem Film haben, verändert. Schau mal, was Du davon hältst.

Daß das Format so häßlich ist, tut mir sehr leid. Auf diesem Computer bekomme ich einfach nichts Hübscheres zustande.

Ich hoffe, daß ich Dich sehr bald sehe.

Alles Liebe,
Alice

PS: Pratibha, eine andere Metapher, die ich gern drin hätte, ist Haar, Verstümmelung von Haar, denn die Gründe, die dafür angeführt werden, rückt sie in die Nähe der genitalen Verstümmelung. Kulturen, in denen genitale Verstümmelung üblich ist, glauben fest, daß die Vulva im Naturzustand häßlich ist. Und genauso glaubt eine überwältigende Mehrheit der Afroamerikanerinnen, daß ihr Haar, so wie es ist, nicht schön ist. Ich hätte gern ein kleines Mädchen drin, das sich die Haare von seiner Mutter glätten läßt. Sie schützt ihre Ohren mit den Händen, und ihr Gesicht zeigt deutlich, daß die Hitze des elektrischen Kamms ihr weh tut. Und da gibt es noch diese künstlichen Haare, «Verlängerungen», die immer häufiger getragen werden, das erreicht schon besorgniserregende Ausmaße. Schwarze Frauen werden bald gar nicht mehr wissen, wie ihr eigenes Haar aussieht. Jeder, der sein Haar so läßt, wie es ist, nämlich «dreadlocked», kann Dir bestätigen, daß viele Schwarze, da sie ihr Haar glätten, absolut schockiert sind, wenn ihnen klar wird, daß das natürliche krause Haar, das sie bei irgend jemand berühren, diese elastische, lange, unkomplizierte Flut von Haaren ihr eigenes Haar ist.

Es gibt auch eine ökonomische Parallele. In ganz Afrika sieht man Mütter, dic kaum genug zu essen haben, aber ihren letzten Pfennig für künstliche Haare und Bleichmittel ausgeben. (Sie geben auch all ihr Geld aus, um ein Kind beschneiden zu lassen, denn nur so ist ein Mädchen «attraktiv» und kann verheiratet werden.) Da die Haare von Afrikanern von Natur aus nicht glatt sind und ihre Haut von Natur aus schwarz ist, braucht es nicht viel, um zu begreifen, daß all diese Anstrengungen, sich in etwas zu verwandeln, was man nicht ist, äußerst mühselig, äußerst kostspielig und vor allem völlig vergeblich sind. In Afrika liebt man Michael Jackson nicht nur seiner Musik wegen, sondern mindestens genauso, weil er glatte Haare und eine helle Haut hat. Alle Amerikaner afrikanischer Herkunft, die ihr Äußeres, ihr Haar verändern, signalisieren unseren Schwestern und Brüdern dort in Afrika etwas, und so imitieren diese unglücklicherweise einige unserer masochistischsten Charakterzüge, denn sie werden ihnen eindringlich, ja, fast unwiderstehlich verkauft.

Ich lege eine Kopie des Vortrags «Das Licht, das auf mich scheint» bei, den ich letztes Frühjahr am Radcliffe (jetzt Bunting) Institute in Cambridge gehalten habe. Viel von dem, was in meiner Arbeit über genitale Verstümmelungen von Frauen gefühlsmäßig zum Ausdruck kommt, ist in ihm enthalten.

Wie die Pupille in einem Auge

Genitale Verstümmelung und die sexuelle Blendung von Frauen

> **pupil** n: pupil of the eye (fr. L pupilla, fr. dim. of pupa girl, doll puppet; fr. the tiny image of oneself seen reflected in another's eye)
> *Webster's Third International Dictionary*

AUSSEN, TAG: Lange Kameraeinstellung auf Alice und ihren Hund Mbele. Sie nähern sich der Terrasse vor ihrem Haus in Mendocino. Sie sind angekommen. Alice sitzt in der Schaukel. Mbele sitzt zu ihren Füßen. Alice spricht mit dem Hund.

KAMERA: Nähert sich Mbeles Gesicht. Man sieht, daß eines seiner Augen braun, «normal» ist, das andere grau.

(Stimme aus dem Off, verschiedene Drehorte etc.)

ALICE: Als ich sieben war, bekamen meine Brüder zu Weihnachten Luftgewehre geschenkt. Man lud sie mit Schrott und schoß damit auf Vögel. Da ich ein Mädchen war, bekam ich kein Luftgewehr.

ALICE: Mein einer Bruder, der mich schon immer mit Drohungen und seinen Fäusten eingeschüchtert hatte, der zudem zwei Jahre älter und ein ganzes Stück größer war als ich, begann nun, mit seinem Gewehr auf mich zu schießen. Eines Tages traf er mein Auge und zerstörte die Pupille. Innerhalb weniger Minuten war ich auf einem Auge blind.

ALICE: Lange Zeit hatte ich Schmerzen in diesem Auge. Jahrelang war es von Narbengewebe bedeckt. Ich mußte viele Operationen über mich ergehen lassen. Ich bin über unzählige Dinge gestolpert, die ich nicht gesehen hatte.

ALICE: Meine Eltern kümmerten sich eine Woche um mich, danach ignorierten sie, was man mir angetan hatte. Es wurde als «Unfall» hingestellt. Und zwar als «mein» Unfall. Als ich wegen meines Handikaps und der feindseligen Neugier meiner Klassenkameraden Anpassungsschwierigkeiten an einer neuen Schule hatte, schickte man mich zu meinen Großeltern.

ALICE: Eine ganze lange Zeit über hatte ich das Gefühl, weniger wert zu sein als vorher. Ich war unsichtbar, ein Nichts. Da man mir für das, was mir angetan worden war, die Schuld gab, ich diese Schuld aber nicht akzeptieren konnte, beherrschte der Wunsch, mich umzubringen, mein Leben.

ALICE: Das Problem für mich war folgendes: Obwohl mein Bruder zu der Zeit erst zehn Jahre alt war, sah ich, wie er sein Gewehr, nachdem er auf mich geschossen hatte, senkte. Ich wußte, daß er mich absichtlich verletzen wollte. Vielleicht war es Zufall, daß er mir ein Auge ausschoß, aber er hatte sein Gewehr eindeutig auf mich angelegt. Ich stand auf dem Dach unserer Behelfsgarage. Es gab dort nichts außer mir.

ALICE: Nach der Geburt meiner Tochter sprach ich meine Mutter darauf an. Mein Vater war gestorben, ohne je mit mir darüber zu reden. Tatsächlich zog er sich nach meiner Verletzung völlig zurück. Seine Mutter war von einem Mann, der behauptete, sie zu lieben, erschossen worden, als er elf war. Vielleicht quälte ihn der Anblick meiner Verletzung, vielleicht rührte sie an alte Wunden, an den Verlust und an die Angst. Vielleicht auch nicht. Ich werde es nie erfahren.

ALICE: Meine Mutter bat mich um Vergebung. Meine Mutter und mein Vater hatten das Gewehr, mit dem ich angeschossen worden war, natürlich verkauft. Sie war es gewesen, vor allem sie, die die «Auge-um-Auge-Zahn-um-Zahn»-Western geliebt hatte. Was es hieß, meinen Brüdern Gewehre zu kaufen, hatte sie nicht bedacht.

ALICE: Erst als bewußte Feministin, erst als Erwachsene realisierte ich, daß das, was mich verletzt hatte, einen Namen trug: Patriarchat.

ALICE: Ich erinnerte mich daran, wie es war, in den Fünfzigern im Süden der USA aufzuwachsen, wo Rassentrennung herrschte. Wie hart die Schwarzen arbeiteten, und wie wenig ihnen die weißen Arbeitgeber zahlten. Am Ende einer erschöpfenden Sechstagewoche war das «Lichtbild-Theater» ihr einziges Vergnügen. Dort wurden sie mit rassistischer und sexistischer Propaganda abgefüllt, z. B. über die Western, die meine Mutter so liebte. Aus diesen Filmen lernten sie, Indianer zu verachten, und, wie nicht anders zu erwarten, Afrikaner. Sie lernten, Asiaten zu mißtrauen, einzig und allein weiße Frauen zu beschützen und zu respektieren und ausschließlich weiße Männer zu bewundern und zu fürchten. Für die Dauer des Films zumindest verloren sie sich aus dem Blick. Was ihnen angetan wurde, war im Grunde eine psychische Verletzung.

ALICE: Daß ich es ohne Hilfe meiner Eltern, ohne ihren Schutz und ihre Aufmerksamkeit lernte, mein Gleichgewicht wiederzugewinnen, weiterzumachen und am Leben zu bleiben, heißt, daß ich meine Verletzung inzwischen als Kriegsverletzung verstehe. Es blieb mir nämlich gar nichts anderes übrig, als damit zu leben und mich selbst zu verändern: von einem Menschen, der durch das, was ihm in seiner Kindheit angetan worden war, fast zerstört worden wäre, in einen Menschen, der das Leben liebt und trotz allem Vergnügen und Freude kennt. Sicher, ich bin für immer gekennzeichnet, wie die Frau, der man die Klitoris genommen hat, aber es ist für mich nicht mehr das Brandmal des Opfers. Eine Kriegerin, die als Kind verwundet wurde, noch bevor sie überhaupt begreift, daß da ein Krieg gegen sie im Gange ist, lernt, daß man zurückschlagen kann, auch wenn man verwundet worden ist. Die Verletzung selbst kann den Weg weisen.

ALICE: Daß ich mein Sehvermögen teilweise verloren habe, hat mir geholfen zu «erkennen», was genitale Verstümmelung bedeutet.

ALICE: Heutzutage ist die Verstümmelung und Verkrüppelung von Frauen gang und gäbe. Nicht nur im Mittleren Osten. Nicht nur in Asien. Nicht nur in Afrika. Vor ein paar Monaten wurde meine Nichte Linda Opfer eines Raubüberfalls. Mit vorgehaltener Pistole wurde ihr befohlen wegzurennen. Als sie es tat, schoß man ihr in beide Beine. Eines mußte amputiert werden. *(Einblendung Linda mit Krücken.)* Es gibt auch heute Mitglieder in der Familie, die von diesem Raubüberfall als von «Lindas Unfall» sprechen.

ALICE: Als ich im Laufe der Recherchen für meinen Roman *Sie hüten das Geheimnis des Glücks* darauf stieß, daß Frauen die Schuld für die sexuellen Verstümmelungen, die ihnen angetan werden, auch noch selbst zugewiesen wird, war ich nicht überrascht. Ihre Geschlechtsteile sind unrein, sagt man. Monströs. Die Aktivität der unbeschnittenen weiblichen Vulva versetzt die Männer in Angst und zerstört die Ernte. In erregtem Zustand stellt die Klitoris die männliche Autorität in Frage. Sie muß vernichtet werden.

ALICE: Ich war acht, als ich mein Auge verlor. «Beschneidungen» werden oft in diesem Alter vorgenommen. Wenn ich sehe, wie die kleinen Mädchen – und sie sind so klein! – vor Schmerzen kaum laufen können, erinnert mich das an mich. Wie habe ich es damals gelernt, wieder zu laufen, ohne dauernd über etwas zu stolpern, wieder zu sehen mit nur einem Auge? Anstatt mir zu helfen, den Übergang zu schaffen, wurde ich verbannt, stand außerhalb der Familie, so wie die genital verstümmelten Mädchen. Sie müssen eine Zeitlang, bis ihre Wunden verheilt sind, mit zusammengebundenen Beinen allein für sich sitzen. Niemand darf mit ihnen darüber sprechen, was ihnen angetan wurde. Es ist ein Tabu.

ALICE: Es ist nicht normal – und keiner empfindet es als normal –, mit voller Absicht die Pupille eines Auges zu zerstören. Ohne Pupille kann ein Auge nie mehr sich selber sehen, es kann auch nie mehr die Person sehen, zu der es gehört, wie sie sich im Auge eines anderen spiegelt. Das gleiche gilt für die Vulva. Ohne die Klitoris und die anderen Sexualorgane kann sich eine Frau nie mehr in dem gesunden, unbeschädigten Körper eines andern wiederfinden. Ihre sexuelle Vision ist verletzt, und nur den Mann, der sie mit äußerster Hingabe liebt, wird sie im sexuellen Sinn «sehen». Und auch dann nur unvollständig.

ALICE: Es ist dieser Verlust, unter anderen, um den wir alle, Männer wie Frauen, trauern müssen. Denn wer von uns möchte nicht als ganze Person erkannt werden? Und ohne Einschränkung so geliebt werden, wie er ist?

ALICE: Wer wie ich verletzt worden ist, kann dir sagen, daß es möglich ist weiterzumachen. Daß es möglich ist, zu blühen, zu wachsen, zu lieben und geliebt zu werden, was das Wichtigste von allem ist. Vergnügen zu empfinden und die Freude zu kennen. Ich kann dir auch sagen, daß es nutzlos ist, irgendeinen Teil des Körpers zu zerstören, und daß das Leid, das daraus entsteht, jegliche Vorstellungskraft übersteigt. Der Körper, in den wir hineingeboren wurden, ist heilig und ganz, wie die Erde, die ihn gemacht hat, und es gibt keine Notwendigkeit, irgend etwas von ihm zu entfernen.

Das Licht, das auf mich scheint

Als sie am 5. Juni 1992 die Radcliffe-Medaille verliehen bekam, hielt Alice Walker die nachstehende Rede:

Vor zwanzig Jahren hielt ich in Radcliffe eine Rede unter dem Titel «Auf der Suche nach den Gärten unserer Mütter». Ich sprach über die zähe Ausdauer, mit der die meisten unserer Mütter, und meine Mutter im besonderen, ihr Leben trotz all der vielen Widerstände meisterten, die ihre Kreativität zu ersticken und zu zerstören drohten. Auf einem Symposium, das nach der Rede stattfand, versuchte ich, die Aufmerksamkeit der illustren Gesprächsrunde auf die Gefahren zu lenken, denen junge farbige Frauen in einer rassistischen und sexistischen Gesellschaft ausgesetzt sind, und auf die Tatsache, daß sie sich in einem alarmierenden Ausmaß umbrachten, Selbstmord begingen.

Ich erinnere mich, daß ich vor lauter Frustration und Ärger in Tränen ausbrach, als eine der Gesprächsteilnehmerinnen meine Sorge um das Leben dieser jungen Frauen als Angriff auf farbige Männer mißverstand, die ihrer Meinung nach bedingungslos zu unterstützen seien. Eine Freundin von mir (die erst neulich an Krebs gestorben ist) tadelte mich meiner Tränen wegen. Ich hätte mehr Stolz zeigen sollen, unabhängig davon, was ich fühlte. Eine andere Freundin, die ironischerweise später auch an Krebs erkrankte, ihn aber überwand, legte sanft ihre Arme um mich und gab mir das, was ich in diesem Moment brauchte: Verständnis und Unterstützung.

Ich denke in diesem Augenblick an diese beiden Frauen. Die eine tot – erstickt, denke ich manchmal, an ihren eigenen Verdrängungen und ungeweinten Tränen –, die andere immer noch voller Leben, handfest und rebellisch, entwickelt sich zu einer immer zornigeren und für das Leid anderer immer sensibler werdenden Dichterin.*

Ich wünschte, ich könnte heute sagen, daß sich die Lage der farbigen jungen Frauen auf dieser Welt entscheidend verbessert hätte. Daß das Leben für einige von ihnen leichter geworden ist, stimmt natürlich. Allerdings hat mich vieles, was ich seit diesem Tag unverhüllten Schmerzes vor zwanzig Jahren über das Leben von Frauen und Mädchen erfahren habe, über Tränen hinauswachsen lassen, aber Trauer und Zorn sind immer noch in mir.

Ich habe zudem eine andere Art von Mutter kennengelernt, die nichts mit der nährenden kreativen Mutter meiner damaligen Rede zu tun hat. Seit vielen Jahren beschäftige ich mich nun mit ihr, denke über sie nach: über die Mutter, die mit dem kollaboriert, der ihre Töchter zerstört, über die Mutter, die ihre Töchter verrät.

In meinem zuletzt veröffentlichten Buch, dem Roman *Sie hüten das Geheimnis des Glücks*, beschreibe ich das Leben einer Tochter, die auf diese Art betrogen wurde. Einer Tochter, von der die Kultur, der sie angehört, die Zerstörung dessen verlangt, was das entscheidendste äußere Zeichen ihrer Weiblichkeit ist: ihre Vulva.

Ich möchte eine kurze Szene aus dem Roman vorlesen, ein Gespräch zwischen Tashi, der jungen Frau aus Afrika, die beschnitten wurde, und Raye, ihrer afroamerikanischen Psychiaterin:

Was diese Sache betrifft, die sie mit mir machten ... oder für *mich, sagte ich. Und hielt inne. Weil Raye verwundert die Augenbrauen hochgezogen hatte.*

Die Initiationszeremonie ...

* Die Lyrikerin June Jordan.

Immer noch schaute sie mich mit dem gleichen fragenden Blick an.

Die weibliche Initiation, sagte ich. Der Eintritt in das Frau-Sein.

Oh? sagte sie. Aber sie hatte offensichtlich immer noch nicht verstanden.

Beschneidung, flüsterte ich.

Wie bitte? sagte sie mit normaler Stimme, die aber in dem stillen Zimmer sehr laut klang.

Ich hatte das Gefühl, als hätte ich ihr eine kleine, wertvolle Perle gereicht, die sie mit den Zähnen geprüft und sofort für unecht erklärt hatte.

Wie sieht diese Prozedur genau aus? fragte sie rasch.

Das erinnerte mich an eine Eigenart afroamerikanischer Frauen, die ich überhaupt nicht mochte. Ihre Direktheit. Ihre Art, gleich ins Zentrum einer Sache vorzustoßen, selbst auf die Gefahr hin, daß alle Betroffenen einen Herzschlag bekommen. Nur wenige schwarze Frauen in Amerika hatten das Feingefühl der Afrikanerinnen. Hatte die Sklaverei sie so verändert? Plötzlich fiel mir eine Geschichte zu Raye ein: Ich stellte sie mir vor, wie sie im neunzehnten Jahrhundert gewesen wäre, im achtzehnten, im siebzehnten, im sechzehnten, im fünfzehnten... Die Hände in den Hüften, die Brüste vorgestreckt. Sie ist sehr schwarz, so schwarz wie ich. «Hör zu, du Schwätzer», sagt sie, «hast du mein Kind verkauft oder nicht?» Der «Schwätzer» winselt: «Aber Louella, es war doch auch mein Kind!» Sobald er sich abwendet, packt sie einen riesigen Stein, so groß wie der, den ich in meiner Kehle spüre, und... Aber ich reiße mich von dieser Szene los.

Haben Sie nicht meine Unterlagen? fragte ich verärgert. Ich war sicher, daß der Alte Mann sie ihr vor seinem Tod geschickt hatte. Andererseits ging es um eine Frage, die er mir nie gestellt hatte. Ich hatte ihm gegenüber von «Beschneidung» gesprochen, und er schien völlig zufrieden; als wüßte er genau, was das bedeutete. Jetzt fragte ich mich: Hatte er verstanden?

Ich habe Ihre Unterlagen, sagte Raye. Sie tippte mit ihrem silbern lackierten Fingernagel auf den fetten grauen Aktenordner, ohne auf meinen Tonfall einzugehen. Allerdings weiß ich so gut wie nichts über diese Praxis und würde gern von Ihnen mehr darüber erfahren. Sie machte eine Pause und blickte in den Ordner. Zum Beispiel habe ich mich immer gefragt, ob bei jeder Frau genau das gleiche gemacht wird. Oder gibt es Unterschiede? Ihre Schwester... Duras Klitoris wurde herausgeschnitten, aber wurde noch etwas anderes getan, was das Risiko zu verbluten erhöhte?

Ihr Ton war jetzt klinisch. Das entspannte mich. Ich atmete tief durch und suchte die notwendige und vertraute Distanz zu mir selbst. Ich entfernte mich allerdings nicht so weit von mir wie sonst.

Immer verschieden, würde ich denken, weil jede Frau anders ist, sagte ich, langsam ausatmend. Und doch immer gleich, weil die Körper aller Frauen gleich sind. Aber das stimmte nicht. Ich hatte gelesen, daß es mindestens drei Formen der Beschneidung gab. In manchen Kulturen wurde nur die Exzision der Klitoris verlangt, in anderen mußte der ganze Genitalbereich weggeschabt werden. Ich seufzte bei dem Gedanken, das alles erklären zu müssen.

Eine kleine Falte trat zwischen Rayes große, klare Augen.

Ich weiß, es ist schwierig für Sie, darüber zu sprechen, sagte sie. Vielleicht sollten wir es nicht erzwingen.

Aber ich bin schon dabei, und der Stein rollt von meiner Zunge und erschlägt die altvertraute, von weit her kommende Stimme, die ich immer einsetzen konnte, um diese Geschichte zu erzählen, eine Stimme, die kaum etwas mit mir zu tun zu haben schien.

Erst als ich nach Amerika gekommen bin, sagte ich, habe ich überhaupt erfahren, was da unten sein sollte.

Da unten?

Ja. Mein eigener Körper war mir ein Geheimnis, wie der weibliche Körper überhaupt für fast alle, die ich kannte, ein Geheimnis war, abgesehen von der Funktion der Brüste. Vom Gefängnis aus sagte Unser Anführer, wir müßten uns rein halten, wie wir dies seit Menschengedenken getan hätten, indem wir die unreinen Teile unserer Körper wegschnitten. Jeder wußte, wenn eine Frau nicht beschnitten wurde, dann wuchsen ihre unreinen Teile, bis sie schließlich so lang waren, daß sie fast ihre Schenkel berührten; sie würde männlich werden und sich selbst erregen. Kein Mann würde in sie eindringen können, weil ihm ihre eigene Erektion im Weg wäre.

Sie haben das geglaubt?

Alle haben das geglaubt, obwohl niemand es je gesehen hatte. Jedenfalls niemand in unserem Dorf. Und doch taten vor allem die Älteren so, als hätte jeder dieses Übel vor noch gar nicht langer Zeit selbst erfahren.

Aber Sie wußten doch, daß es Ihnen nicht passiert war?

Aber vielleicht war es mir ja passiert, sagte ich. Alle meine Freundinnen, die beschnitten waren, fanden meine nicht beschnittene Vagina monströs. Sie lachten mich aus. Sie verspotteten mich, ich hätte einen Schwanz. Ich glaube, sie meinten die äußeren Schamlippen. Schließlich hatte keine von ihnen Schamlippen; keine von ihnen hatte eine Klitoris; sie hatten keine Ahnung, wie diese Körperteile aussahen; sie mußten mich einfach seltsam finden. Es gab noch ein paar Mädchen, die nicht beschnitten waren. Manchmal rannten die beschnittenen Mädchen sogar vor uns weg, als wären wir Dämonen. Aber sie lachten dabei. Immer.

Aber Sie erinnern sich, daß Sie in der Zeit vor der Beschneidung Lust empfunden haben?

Als ich klein war, habe ich mich oft selbst gestreichelt, was ein Tabu war. Und dann, als ich älter war und bevor wir geheiratet haben, da haben Adam und ich uns oft in den Feldern geliebt. Was ebenfalls ein Tabu war. Es in den Feldern zu tun, meine ich. Und weil wir Cunnilingus praktizierten.

Hatten Sie einen Orgasmus?

Jedesmal.

Und das haben Sie freiwillig aufgegeben, um ... Raye runzelte ungläubig die Stirn.

Ich vollendete den Satz für sie: Um vom Volk der Olinka als richtige Frau akzeptiert zu werden; um dem Spott ein Ende zu setzen.

Zwischen neunzig und hundert Millionen Frauen wurden schätzungsweise in Afrika, Asien und den Ländern des Mittleren Ostens genital verstümmelt, was kaum vorstellbare körperliche Schmerzen und psychisches Leid verursacht. Und obwohl es einen schockiert, daß die Mütter, die ja selbst Opfer sind, daß die Väter, die Brüder, die Liebhaber, ja, selbst die Großeltern Komplizen sind bei diesem Verbrechen, muß man sich am Ende doch der Tatsache stellen, daß, wie Hanny Lightfoot-Klein es in ihrem Buch über genitale Verstümmelung in Afrika* beschreibt, die, die die Beschneidung durchführen, in den meisten Fällen im Hinblick auf die ganz realen Gefahren – das Brechen von Körper und Seele und die Ausbreitung von Krankheiten – unwissend sind oder unwissend gehalten wurden.

Ich schrieb diesen Roman, weil ich mich als eine gebildete afroamerikanisch-indianische Frau dazu verpflichtet fühlte. Im Grunde habe zumindest ich meine Schul- und Hochschulausbildung absolviert, um ein solches Buch zu schreiben, über eine Frau wie Tashi, über ein Thema wie genitale Verstümmelung. Es zu schreiben hat mich gebeutelt, «it worked my every nerve», wie es im Amerikanischen heißt, wenn man Kämpfe beschreibt, die einem das Äußerste an kreativer Energie abfordern und einem auch noch den letzten Rest von Illusionen rauben. Zum «Erfolg» meiner Bemühungen kann ich nur eines sagen. Ich hoffe von ganzem Herzen, daß irgendwo auf dieser Welt heute zumindest ein kleines Mädchen geboren wird, das aufgrund dieses Buchs die Schmerzen einer genitalen Verstümmelung nicht erleiden muß. Daß wenigstens dieses eine Mal das geschriebene Wort sich als mächtiger erweisen wird als das Messer der Beschneiderin. Ihr liebes kleines Gesicht wird «das Licht sein, das auf mich scheint».

* *Das grausame Ritual. Sexuelle Verstümmelung afrikanischer Frauen.* Frankfurt/M. 1992.

Und so danke ich Radcliffe, einer Institution, der das Leben von Mädchen und Frauen nie gleichgültig war, daß sie an mich gedacht hat, als man überlegte, an wen diese Auszeichnung zu vergeben wäre. Ich akzeptiere nicht oft Auszeichnungen, wenn ich mein Zuhause verlassen muß, um sie entgegenzunehmen. Ich bin der Meinung, daß Auszeichnungen und Ehrungen an der Haustür abgegeben werden sollten wie Blumen vom Floristen. Aber Radcliffe ist etwas anderes. Radcliffe ermöglichte mir einst vor vielen Jahren zwei Jahre der Sicherheit und stellte mir ein wunderschönes ruhiges Zimmer zur Verfügung, in dem ich schreiben konnte. Meine Tochter Rebecca hat hier viele glückliche Tage an der Preschool verbracht. Und Radcliffe schuf ein Forum für farbige Frauen, von dem aus sie sich den entsetzlichen Realitäten des Lebens im 20. Jahrhundert stellen konnten: Sie konnten weinen, sich gegenseitig Trost zusprechen, sie konnten ihren mühseligen Weg weitergehen und weiter wachsen. Deshalb wurde es für mich, wie so viele andere Orte auf dieser Welt, ein ganz besonderer Ort. Ein Platz, an dem selbst niederschmetternde Nachrichten durch mutige Wissenschaftlerinnen verarbeitet und analysiert werden, die weder ihren Zorn verlernt noch vergessen haben, daß sie im Innersten ihres Herzens Dichterinnen sind. Hier wird der Bote mit schlechter Nachricht nicht gesteinigt, sondern ihm wird mit offenen Ohren zugehört, und Verständnis und eine Umarmung begleiten ihn, wenn er wieder weggeht.

15. Oktober 1992
Margaret Walker zufolge sind Reisen im Oktober die besten. Somit also, Donnerstag, 5.30 A. M. Brown's Hotel, London.

Hellwach, nachdem ich diese Nacht gut geschlafen habe. Ein erschöpfender aber wundervoller Tag mit Efua (Dorkenoo, Präsidentin von FORWARD International, der in London stationierten Organisation, die genitale Verstümmelung durch Erziehung und Aktionen bekämpft), mit Ben (Graham), ihrem Mann, und der Gemeinschaft von Flüchtlingsfrauen in Tottenham. Efua empfing mich mit Blumen an der Eingangstür zum Africa Center – darüber liegt ihr Büro, eines der winzigsten, das ich je gesehen habe –, sie küßte und umarmte mich unzählige Male, was ich alles mit großem Vergnügen erwiderte. Sie ist tiefschwarz, hat große, warme, ausdrucksvolle Augen und eine Begabung für dramatische Auftritte. Nachdem sie mich mehreren jungen Frauen vorgestellt hatte, die noch versuchen, ihr Gleich-

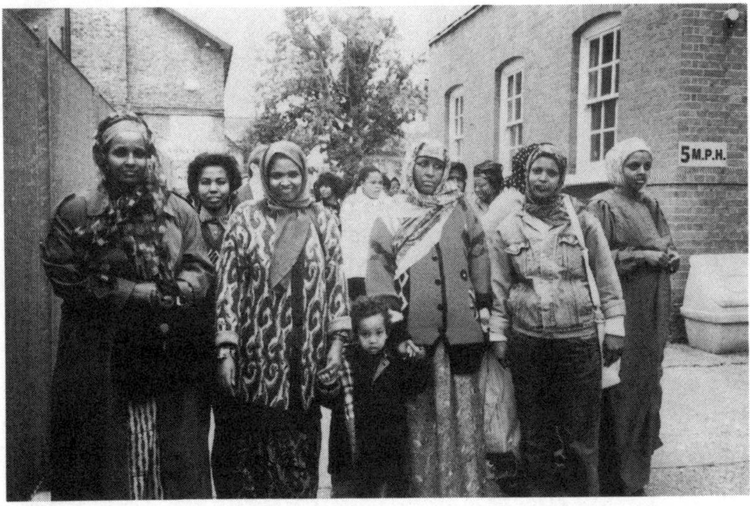

Die Flüchtlingsfrauen von Tottenham

gewicht wiederzuerlangen, nachdem sie, gegen ihren Willen, einer Klitorisbeschneidung unterzogen worden waren, besuchten wir die Gemeinschaft in Tottenham, in ihrer Mehrzahl Hausbesetzer, alle aus französisch- oder arabischsprachigen Ländern geflüchtet, meist mit einer Klitorektomie hinter sich. Deborah (Matthews) und ich wurden ihnen vorgestellt, und wir konnten uns kurz mit ihnen unterhalten, bevor wir zu einem üppigen Lunch mitgenommen wurden, den die Frauen zubereitet hatten. Dieses Essen spiegelte die delikate traditionelle Küche, nach der die meisten der Frauen zu Hause noch immer kochen würden, gäbe es nicht Kriege, Hungersnöte und das katastrophale Mißmanagement von Leben und Ressourcen durch die Männer dieser Gebiete, gäbe es nicht Imperialismus, Kolonialismus, Dürre und andere Schläge, die eine bis ins Mark verletzte Natur austeilt.

Zu meiner großen Freude hatte Efua eine Yoruba-Priesterin eingeladen, um uns und unser Unternehmen zu segnen. Sie betrat den Raum, schwarz und strahlend, wunderschön in ihrer Erdhaftigkeit. Es war, als ob das Meer oder ein Baum in den Raum getanzt käme. Sie betete und sie tanzte, und ich betete und tanzte mit ihr. Sie war von absoluter Würde und Anmut, und ich wußte, wenn sie je die bloßen Füße wieder auf die Erde, ihren angestammten Platz, stellt, wird das Universum hören, was sie zu sagen hat. Es machte mich glücklich, ihr zuzuhören. Es machte mir Mut. Aber plötzlich bemerkte ich, daß sich eine der Frauen in dem völlig überfüllten Raum langsam, aber zielstrebig auf meine Handtasche zubewegte, die ich auf meinen Stuhl geworfen hatte, als ich anfing zu tanzen. Ich tanzte hinüber und griff die Tasche, bevor sie sich darauf stürzte. Es erleichtert so manches, wenn man daran erinnert wird, Leiden nicht zu romantisieren, und nicht zu glauben, daß Armut eine Art Seelenadel hervorbringt und Menschen, die nichts haben, damit zufrieden sind.

Efua hat mich gebeten, Matronin von FORWARD International zu werden. Eigentlich bat sie mich, Patronin zu werden, aber ich erklärte ihr, daß Patronin nicht in Frage käme, da ich ein weibliches Wesen und Feministin sei. Als sie begriffen hatte, schüttete sie sich aus vor Lachen. Ich sagte, daß ich es aus ebendiesem Grund auch nicht möge, wenn man Frauen als «Kumpel» bezeichne. Man verdeckt damit die Frau, sie kann sich dahinter nicht mehr sehen. Und aus dem Wort Matrone, schau dir doch an, was daraus geworden ist. Man denkt nur noch an «matronenhaft», und das Bild, das dabei in den Köpfen entsteht, ist das einer übergewichtigen, überkandidelt angezogenen Betriebsnudel, die einen zu großen Hut trägt. (An dieser Stelle machte ich eine Pause und setzte meinen eigenen ziemlich großen Hut ab.) Aber, sagte ich, das ändert sich hiermit, das Wort Matrone hole ich mir zurück, ja, ich werde Matronin von FORWARD International. O Alice, sagte sie. Wir brauchen eine Galionsfigur, schon lange, und du bist einfach ideal. Natürlich kommst du nicht direkt aus Afrika ... Aber ich lächelte und erinnerte sie daran, daß das eindeutig nicht meine Schuld sei. Ich habe sie gewarnt, daß es nicht eine meiner Stärken ist, Geld aufzutreiben. Wir werden sehen. Efua ist meine «Schwester» – ich glaube, wir sehen uns sogar ein wenig ähnlich. Die gleichen Wangen und die gleiche Nase. Vielleicht kam ich einmal aus Ghana. Menschen aus Ghana scheinen mich anzuziehen, ich bin bereits mit einer ganzen Reihe befreundet, «verwandt» – Ayi Kwei aus Armah, Akuosua und Abena aus Busia und mit anderen mehr. Tatsächlich hat mir Efua – als ob sie dieses Gefühl von Verwandtschaft vorausgeahnt hätte –, kaum daß wir uns kennengelernt hatten, ein traditionelles ghanesisches Gewand geschenkt, das ich zur Londoner Buchpremiere von *Sie hüten das Geheimnis des Glücks* tragen werde. Ich habe ihr eine Mappe des National Black Women's Health Project mitgebracht. Sie ist aus Raphiabast geflochten und trägt die Aufschrift

«Sister Care». Ich liebe diese Mappen und habe meine, die genauso aussieht wie die von Efua, auf Reisen immer mit dabei.

Deborah ist eine großartige Assistentin und eine gute Reisebegleiterin (wir sind jetzt seit fast zehn Jahren befreundet). Zu Hause in Berkeley ist sie eine knallharte Immobilienmaklerin – aber hier stellt sie sich vollständig in den Dienst der Sache, ist hilfreich, wachsam und lustig. Heute abend trug sie ihren Anzug und ihre Krawatte und sah hinreißend aus. Der Portier begrüßte sie mit «Sir». Wir kicherten, als wir uns in eines der knallroten englischen Taxis verfrachtet hatten und in dessen geräumigem sauberem Inneren auf Sitzen saßen, die aussahen wie Sofas. Es erstaunt mich immer wieder, wie häufig Taxifahrer hier Romane lesen, während sie auf Kunden warten. Gestern abend haben wir uns im Fernsehen die Debatte zwischen Gore und Quayle angeschaut. Sie hatten noch Admiral Stockdale zugeschaltet, daß die Zuschauer sich amüsieren konnten. Wir brüllten vor Lachen, als er damit anfing, von den Zeiten zu erzählen, in denen er seinen eigenen Stamm hielt. Es ist mit Worten nicht zu beschreiben, es ist einfach zu komisch. Gore hat mir sehr gut gefallen. Er ist ein Mann mit einer bestimmten Art von Qualität, die man heute nur noch selten findet. Es ist erfrischend. Ich mochte die Art und Weise, wie er «fixing» sagte. «We're fixing to limit a term.» Reine Südstaaten. (Und normalerweise kann ich ohne weiße Männer leben, die sich anhören, als kämen sie aus den Südstaaten!) Ich mochte seine Höflichkeit und seinen kaum verhüllten Zorn. Danach kamen die üblichen Mehlklöße, Kommentatoren, die behaupteten, er sei «hölzern» gewesen, und weiteren Unsinn dieser Art, aber was mich anbelangt, so hat er es genau richtig gemacht. Ich glaube, er hatte große Lust, sich nach der Show mit Quayle auf dem Parkplatz zu prügeln.

19. Oktober 1992
Gestern abend kamen Aminata Diop und ihre Freundin und Anwältin Linda Weil-Curiel zum Abendessen zu Pratibha und Shaheen. Ich weiß nicht, was ich erwartet hatte – an einer Wand meines Arbeitszimmers hängt ja ein Bild der beiden –, aber irgendwie waren sie «mehr». Wirklicher, wärmer, sie strahlten mehr Liebe aus, mehr Leiden. Sie waren stärker, verletzlicher, wahrhaftiger. Einfach «mehr». Ich mochte sie sofort. Aminata spricht kein Englisch. Mein Französisch ist mir abhanden ge-

Alice Walker und Aminata Diop in London

kommen, und natürlich spricht keiner der Anwesenden außer Aminata Bambara. Später am Abend verschlägt es mir den Atem, und ich kann gar nichts mehr sagen, als sie erzählt, daß es in ihrer Sprache keine Worte gibt, um über Klitorisbeschneidung zu reden. Wir hatten sie bereits gefragt, ob sie in unserem Film über ihre Erlebnisse berichten würde. In ihrer eigenen Sprache, im Film dann mit Untertitel unterlegt. Während des Abendessens sprachen wir über organisatorische Fragen. Was wir an Aufnahmen für den nächsten Tag geplant hatten, wann wir uns treffen würden, wer vom Filmteam dabeisein würde.

Heute trafen wir uns alle am Fluß – ein hochsymbolischer Ort in der spirituellen Tradition der amerikanischen Schwarzen aus dem Süden. Auch wenn es nur die verschmutzte, aber doch noch anmutige und schöne Themse war, von wo aus wir in einiger Entfernung die London Bridge sahen. Ich hatte meinen langen wollenen Mantel an, und auch das Team war warm verpackt. Linda ebenso. Aminata trug über einem sehr dünnen, an ihre Stammestracht erinnernden Hosenanzug einen riesigen Parka, unter dem sie für die Kamera unsichtbar wurde. Pratibha fragte sie, ob sie ihn vielleicht während der Aufnahmen ausziehen könnte. Sie war einverstanden. Dieser Hosenanzug ist von einem wirklich wunderschönen Blau und paßt gut zu ihrer bronzefarbenen Haut, aber ich machte mir Sorgen, daß sie sich erkälten würde. In einem Film mitzuspielen ist, meiner Ansicht nach, eine der langweiligsten Beschäftigungen. Immer wieder muß man aufhören und von neuem anfangen. So oft steht man einfach nur herum. Aminata und ich gingen über Stunden am gleichen Uferstück entlang (im Film wird das kaum eine Minute ausmachen) und taten so, als ob wir uns unterhalten würden. Deborah und ich wickelten sie in ihren Parka ein, sobald die Kameras aufhörten zu surren. Ich nahm ihre Hand in die meine und ließ sie nicht mehr los. Ich spürte, daß sie eine Mutter brauchte, und war, ohne jedes Wenn und Aber, für sie da.

Als ich sie später im ersten Stock eines Restaurants interviewte, wurde mir klar, daß das, was ich da gespürt hatte, richtig war. Da sie sich weigerte, eine Klitorisbeschneidung vornehmen zu lassen, wurde sie von ihren Eltern verstoßen und enterbt. Ihre Mutter warf man aus dem Haus. Inzwischen – sagte Aminata unter Tränen – denkt meine Mutter, ich sei schlecht, da die Leute aus der malinesischen Gemeinschaft in Paris ihr das schreiben und einreden wollen. Und ich frage meine Mutter, geschieht das alles nur deshalb, weil ich mich gegen die Klitorisbeschneidung öffentlich gewehrt habe? Ja, sagt sie, denn öffentlich dagegen aufzutreten, dich dagegen zu wehren und wegzulaufen, brandmarkt dich als Prostituierte.

Ich frage sie, ob sie ihre Mutter irgendwie überzeugen könnte, wenn sie zurückgehen würde (ein großes Risiko, denn «Beschneidungen» werden oft gewaltsam vorgenommen. Die Betroffenen werden gekidnappt, wenn sie der Gehirnwäsche nicht nachgeben, sich nicht unterwerfen und einwilligen). Aminata glaubt nicht daran. Und wenn ich mit dir gehen würde, frage ich. Und sehe mich schon dort, obwohl es mir schwerfällt, mir die Mutter vorzustellen, die Situation der Mutter, wo sie wohnt, das Land, in dem sie lebt. Aber Aminata schüttelt den Kopf. Nein.

Es gibt nur wenige Leute, von denen man absolut sicher weiß, daß sie gut sind. Aminata ist ein solcher Mensch. Es macht mich traurig, daß ihre eigene Mutter daran zweifeln konnte. Daß sie es nicht zu schätzen wußte, was für eine mutige, sanfte und liebevolle Tochter sie aufgezogen hat. Ich möchte ihr über die Tausende von Kilometern, die uns trennen, zurufen: «Verdammt noch mal, stell dich der Tatsache, daß du eine Mutter bist! Füg diesem Kind nicht noch mehr Leid zu, denn *sie* hat doch recht, nicht die Gesellschaft, die euch beide versklavt!» Statt dessen fassen Aminata und ich uns an den Händen. Sie zieht ihren Schal über Kopf und Gesicht, um ihre

Tränen vor der Kamera zu verbergen, und ich sage nur «Scheiße» und heule mit.

21. Oktober 1992, 6.00 Uhr morgens
Ich erwachte aus einem Traum, in dem ich mich «genährt» habe. Ein Traum über eine schwarze Frau, die in einem rosa Kleid vor meiner Haustür stand, ein Traum über mich, denn diese schwarze Frau und ich waren ein und dieselbe Person, und als ich ihr ein dickes rundes Rosinenbrötchen aushändigte, gab ich es auch mir. Meine Arbeit über weibliche Verstümmelung «nährt» mich. Und zwar in einem Ausmaß, daß ich mich, wie es scheint, in einer inneren Verfassung befinde, die Deborah in ihrer Direktheit «ready» nennt. Ich bin empfindlich für Schönheit, männliche wie weibliche, und ich höre überall wunderschöne Musik. Zum Beispiel die von Labi Siffre, dem ich nie begegnet wäre, wenn ich nicht an einer Benefizveranstaltung für «Spare Rib» in London teilgenommen hätte. Nachdem ich meinen Unmut an Deborah darüber ausgelassen hatte, daß ich in dieser Show, nach einem wahrhaft langen Tag, gegen Mitternacht als letzte auftreten mußte, wurde ich freundlich zur Bühne geführt. Der Sänger, von dem ich noch nie etwas gehört hatte, beendete gerade sein letztes Lied. Und was sang er? Dieses unglaubliche Lied, das aus dem tiefsten Inneren seines Herzens zu kommen schien, «Something Inside So Strong». Einige Tage danach hörten wir Labi ein weiteres Mal. Und ich wußte einfach, daß dieses Lied am Ende unseres Films gesungen werden sollte. Es bewies mir einmal mehr, daß wir wieder und wieder geboren werden, wenn wir zur rechten Zeit am rechten Platz sind. Und daß uns das, was wir sind, dorthin bringt.

Es ist so viel passiert. Ich habe Efua, Ben, Aminata Diop, Linda Weil-Curiel kennengelernt. Ich bin mit Pratibha und Shaheen – die entzückend ist – ausgegangen. Und an meiner Seite ist Deborah. Eine Freundin, die ich liebe, als ob ich sie schon aus der Schulzeit kennen würde. Lustig, lebendig, mutig, rücksichtsvoll. Sie ruht in sich selbst. Wir haben großartige Gespräche und Zeiten, in denen wir miteinander kämpfen. Es gibt immer Musik.

23. Oktober 1992
Wenig geschlafen letzte Nacht. Vielleicht des Weins wegen oder weil ich meine Vitamine und das Dolomit vergessen habe. Oder weil ich den Tag hauptsächlich im Auto verbracht habe und in Vanessa Bells Haus und Virginia Woolfs Garten umhergewandert bin – was ich sehr genossen habe. Es ist meine Belohnung dafür, daß ich auf Lesereise gehe. Rodmell ist, wie ich es mir vorgestellt hatte: ein winziges Dorf. Ihr Haus, Monks House, grenzt direkt an die Straße, dahinter ist ein großer Gemüsegarten angelegt, und überall im Garten sind Sitzplätze geschaffen worden, an denen man sich niederlassen kann. Bilde ich mir das ein, oder fühle ich mich an Orten, an denen Menschen aus dem Sternbild Wassermann gewohnt haben, immer sofort heimisch? Die Buche, unter der die Asche der beiden verstreut wurde, gibt es nicht mehr. Man hat Erinnerungstafeln aufgestellt. Auf Virginias Tafel steht: «Der Tod ist der Feind», und daß sie unbezwungen und unverändert hinübergehen werde, usw. «Die Wellen brachen sich am Ufer ...» Irgend etwas daran ist falsch. Wenn sie den Tod als Feind gesehen hätte, hätte sie sich nicht umgebracht. Allerdings ist es ein Zitat aus einem ihrer Romane. Leonards Tafel enthält kein Zitat, er kommt direkt zu Wort. Die beiden höchsten Tugenden, sagt er, seien Gerechtigkeit und Mitleid – und unzertrennlich verbunden mit dem Mitleid sei Toleranz. Wie jüdisch das ist. Ich streichelte die beiden (ihre bronzenen Köpfe) und dankte ihnen für das Beispiel, das sie gesetzt

haben – ein Beispiel für Freundschaft, Treue und Wahrhaftigkeit. Leonard wird immer einer der Männer bleiben, die ich am meisten mag. Virginia, eine geliebte Mentorin, eine Muse und Schwester, eine Wahnsinnige, unter dem Sternzeichen des Wassermanns geboren.

Als ich den Kanal in Richtung Holland überflog, las ich *Conspiracy*, das Buch über sie und ihre Schwester. Es gibt für mich überhaupt keinen Zweifel daran, daß ihr Selbstmord im Alter von neunundfünfzig Jahren mit einem unsagbaren Mißbrauch zusammenhing, vielleicht sogar dadurch ausgelöst wurde. Begonnen hatte er in ihrem dreizehnten Lebensjahr, als ihre Mutter starb, vielleicht aber schon Jahre früher. Sie hätte die Frauen verstanden, die heute gegen weibliche Verstümmelung kämpfen, sie hätte sie ermutigt. Von Efua wäre sie begeistert gewesen. Sie hätte Deborahs Anzug und Krawatte bewundert! Und ihr Mitgefühl mit den mißbrauchten Kindern hätte sie auch heute an den Rand des Wahnsinns getrieben. Sie ist eine gute Ahnfrau, die keinen Stein, der für sie erreichbar war, auf dem anderen ließ. Ich fühlte mich von der Pilgerschaft durch ihr früheres Kohlfeld und hinunter zum Ouse-Fluß (der mehr wie ein Kanal aussieht), in dem sie ihrem zerbrechlichen und paradoxerweise doch so starken und vibrierenden Leben ein Ende setzte, irgendwie getröstet. Wie ihre Apfelbäume, die schwer beladen mit Äpfeln dastanden, blüht und gedeiht ihr Werk immer noch, auf daß die Evas und die Adams dieser Welt, die ihr Bewußtsein nicht ausgeschaltet haben, daraus lernen können.

Amsterdam, 25. Oktober 1992

Um 11.00 Uhr kam Marina Van der Heijden (holländische Verlegerin und Publizistin) ins Hotel, danach ein Journalist. Danach ein Fotograf. Und danach Nawal El Sadaawi! Was für eine starke und schöne Frau! Wir umarmten uns, lachten und fühl-

Alice Walker und die ägyptische Ärztin Nawal El Sadaawi, die über die Klitorektomie, die ihr selbst angetan wurde, in einem Buch geschrieben hat. Sie leitet eine Frauenorganisation in ihrem Land, die von der Regierung verboten wurde.

ten uns fantastisch. Sie wird heute abend auf dem Podium sprechen, zusammen mit mir und Astrid Roemer. Ich liebe diese Veranstaltungen, die den Charakter einer Bürgerversammlung haben, denn normalerweise kommen eine Unmenge von Leuten, die viel zu sagen haben. In den Niederlanden ist das besonders wichtig, da es den Versuch gibt, die Klitorisbeschneidung zu legalisieren, weil sie Ausdruck einer «Kultur» sei. Würden die liberalen Holländer aber die Klitorisbeschneidung legalisieren, wenn das ihre eigenen Kinder beträfe? Nein. Und das ist die Antwort. Nawal ist eine der ersten Frauen, die in ihrem fesselnden und außerordentlich mutigen Buch *The Hidden Face of Eve* über ihre eigene Klitorektomie berichtet, die im Alter von sechs Jahren an ihr vorgenommen wurde. Da sie zudem Ärztin ist, bringt sie emotionale Erfahrung und technisches Wissen ein, wenn sie darüber spricht, was Frauen, besonders in ihrem Heimatland Ägypten, angetan wird. Die Frauenorganisation, die sie gründete, wurde neulich von der Regierung verboten und aller Besitz einer Scheinorganisation verschrieben, deren Vorsitzender ein Mann ist. Unter Sadat war Nawal im Gefängnis. Ich habe den Eindruck, daß sie jetzt in einem frei gewählten Exil lebt. Ich kann nur an eines denken: Wie dringend Ägypten diese Frau braucht. Aber die Männer dort sind zu rückständig, um das zu begreifen. Ihr Mann begreift es. Er erinnert mich an Leonard Woolf. Jede Äußerung, die ich von ihm gelesen habe, beweist seine Liebe und seine Unterstützung.

Bald danach kommt Astrid Roemer an. Auch sie stark, schön, elegant, eine Politikerin und Schriftstellerin, die aus Surinam stammt. Sie nahm mich zum Lunch und einem Interview ins American Restaurant mit, wo man uns einen hübschen Fensterplatz anwies. Sie stellte mir wundervolle und liebevolle Fragen, womit ich nicht sagen will, daß sie mich schonte, und so sprachen wir natürlich bald über Liebe, über die Erde, über Gott und Göttin, über die Natur, über das Glück, und wie es überhaupt möglich ist, glücklich zu sein, wenn man von so viel Unglück umgeben ist. Wir kamen zu dem Schluß, daß unsere Vorfahren recht hatten, die schon immer sagten: Der Kampf selbst muß dich glücklich machen. Wenn du das nicht lernst, stirbst du für nichts und wieder nichts.

Nach dem Lunch ging ich ins Hotel zurück und wusch mir die Haare. Bei meiner Abreise aus England sagte der Mann, der meinen Paß kontrollierte: Ihr Haar ist länger. Ich zuckte mit den Schultern und sagte: Es ist gewachsen. Er meinte: Ich habe auch schon mal von Spaghettis gehört, die auf Bäumen wachsen... Ich sagte: Unser Haar ist anders als Ihres. Ihr Haar hat platt anliegende Haarbälge. Er schaute mich erstaunt an, als ich lächelte und wegging. In den Vereinigten Staaten wird mein Gepäck beim Zoll manchmal nur meiner Haare wegen kontrolliert. Linda Weil-Curiel erzählte, daß der Beamte der Einwanderungsbehörde Aminata gegenüber ausfällig geworden sei, als sie wegen der Dreharbeiten aus Paris in London eintrafen. Er befahl ihr, damit aufzuhören, Kaugummi zu kauen (als ob sie ein Kind wäre!), und erlaubte Linda nicht, sein Englisch ins Französische zu übersetzen. Er wollte sie einfach demütigen. Es sind Kleinigkeiten, aber für einen Menschen, der darum kämpft, sich die eigene Selbstachtung zu erhalten, ist das tödlich.

Vier Monate später

London, 4. Februar 1993
Heute treffen wir also Sarah (Wherry), Labi (Siffre) und Efua (Dorkenoo). Und morgen bei Tagesanbruch machen wir uns auf den Weg nach Afrika. Pratibha rief mich gestern abend an und warnte mich vor Banjul (Gambia), das keine gepflasterten Straßen hat, obwohl es die Hauptstadt des Landes ist. Und was man vom Senegal hört, klingt, als ob wir unter die Raubtiere fallen würden – bevor irgend jemand auch nur eine Hand rührt, verlangt er Geld. Schrecklich.

Alles Gute zum Geburtstag, Bob Marley
6. Februar 1993
In Banjul angekommen, liege ich im Bett. Ich bin gestern eingetroffen, war erstaunt, daß es so kühl war. Danach haben wir mit Pratibha und der Crew in einem hübschen libanesischen Restaurant zu Abend gegessen. Ich erzählte Pratibha, daß ich mich verliebt hätte. Sie freute sich sehr für mich. Wir umarmten uns und kicherten wie Kinder.

Diese Liebe hält mich, sie hilft mir bei dem, was ich jetzt beginnen werde.

Es war Vollmond(!), als wir ankamen. Das war das Bedeutungsvollste neben der unerwarteten Kühle. Der Mond war groß, gelb und hell.

Ein unglaublicher Willkommensgruß. Wir fuhren durch das expandierende Dorf Serekunda. Sehr primitiv, verstopft von Fußgängern und Wagen. Die Gegend hier ist stark islamisch geprägt. Die meisten Frauen wurden als Kinder beschnitten. Daß ich dieser allgegenwärtigen Beschneidung ausgesetzt bin, hat in meinem Kopf eine Art Beschneidungsband in Gang gesetzt, das zu den merkwürdigsten Zeiten anfängt, sich abzuspulen – ich sehe und spüre es fast, wie das Messer sich senkt und nicht nur Schamlippen, sondern auch die Lippen im Gesicht, Augen und Nasen wegschneidet. Diese Fantasien sind sehr verwirrend und erinnern mich an eine Zeit, ähnlich der jetzigen, in der ich Fantasien (alptraumhafte Tagträume) hatte, in denen ich mich selbst blenden wollte. Ich mußte damals wirklich darum kämpfen, mich, meine Vorstellungen, meine Sicht der Dinge zu schützen. Wieder und wieder sagte ich mir: Ich habe das Recht, das zu sagen, was ich sehe. Ich habe das Recht, das zu sehen, was ich sehe. Ich brauche mich nicht selbst zu bestrafen, ich muß nicht bestraft werden, daß ich sehe.

Das Hotel ist angenehm. Neu. Direkt am Meer. Julius Coles (ein alter Freund, ebenfalls ein Wassermann und Leiter von USAID im Senegal) rief an, als ich kaum die Hotellobby betreten hatte. Er bot mir seine Hilfe an. Auch Ayi Kwei (Armah), mein Freund, der so wundervoll schreibt und ebenfalls im Senegal, fünf Stunden entfernt, lebt, möchte mir helfen. An der Rezeption übermittelte man mir ihre Grüße. Ein spontanes Bild der beiden steigt in mir auf: Ayi Kwei, sehr dunkel, ganz Afrikaner, Julius sehr hell, afroamerikanisch, der sich bewußt entschieden hat, «Afrikaner» zu sein. Ich spüre sehr stark, daß beide, in ihrem Wunsch zu helfen, meine Brüder sind.

Banjul, Gambia, 8. Februar 1993

Gestern war ein erstaunlicher Tag. Ich wachte um sieben auf und beeilte mich, mit Pratibha, Deborah und der Crew zu frühstücken. Es dauerte eine ganze Zeit, bis wir unser Zeug verpackt hatten und in Richtung des Dorfs Salamay abfahren konnten.

Malign aus Gambia, unser Freund und Fahrer

Der Name unseres Fahrers war Malign (ob Sie es glauben oder nicht), er ist groß, sehnig und herzlich und hat ein freundliches Lächeln. Er war früher Polizist. Als wir losfuhren sagte er, er wolle uns seine Lieblingsmusik vorspielen. Ich saß da und erwartete Musik aus Gambia, aber nein, er schob «Matters of the Heart» von Tracy Chapman ein, worüber ich lächeln mußte. Er liebt ihre Musik und möchte ihr etwas schenken. Wir versprachen ihm, zu versuchen, Tracy sein Geschenk zukommen zu lassen.

Nach etwa einer Stunde erreichten wir ein Haus. Es stand inmitten eines kahlen Hofs, der durch einen schiefen Zaun nach außen hin abgeschlossen war. Es gab eine lange Veranda und viele dunkle Zimmer – in einem lag ein Haufen Sand in der Ecke –, alle enthielten Betten, bis auf ein Wohnzimmer, das auf die Straße hinausging. Kaum waren wir angekommen, wurden unsere Wagen von einer großen Gruppe von Kindern umschwärmt – und was für schönen Kindern! Dunkelbraune und schwarze Hautschattierungen, Haare in allen Stadien von Ungekämmtsein und Gekämmtsein. Große dunkle Augen voller Interesse, Neugier und Staunen. In Sekundenschnelle hatten sie eine Aufführung für uns organisiert. Ohne jede Schüchternheit. Spontan improvisierte Musik von Blechdosen, die mit Stöcken bearbeitet wurden. Die kleinen Mädchen tanzten und gaben klatschend den Rhythmus vor, die Jungen tanzten in Kostümen – Masken und verschiedenartigen Umhüllungen – und wirbelten ihre Stöcke in der Luft herum. Es machte allen große Freude. Die Crew war begeistert und begann das Ganze zu filmen.

Nach einer Weile kam Bilaela. Sie ist so alt wie ich, aber um einiges dicker, und trägt eine dieser modisch-sportlichen Brillen, die aussehen, als ob sie zur Ausrüstung eines Astronauten gehörten. Afrikanerinnen scheinen sie zu gefallen. Nach einigen Minuten, in denen wir uns einander vorgestellt und ein paar Belanglosigkeiten ausgetauscht hatten, fühlte ich mich ganz wohl in ihrer Gegenwart. Sie sagte, daß ein amerikanisches Fernsehteam, dem sie mit Dokumentationsmaterial zu einem Film über Klitorisbeschneidungen geholfen hatte, gerade vor einer Woche das Dorf verlassen habe. Es wäre ihr lieber gewesen, wenn wir vor ihnen dagewesen wären, denn sie habe einen Vertrag unterschrieben, was bedeute, daß sie keinen weiteren mit uns schließen dürfe. Vielleicht, meinte sie, könnten ihre Töchter uns helfen. Ich sagte ihr, das mache nichts aus, sie solle sich keine Sorgen machen. Es sei schön, einfach nur so neben ihr zu sitzen und mit ihr zu sprechen. Bilaela und ihre Töchter führen die Bewegung gegen weibliche Beschneidung in Gambia. Sie sagte mir auch, daß das Honorar, das wir ihr angeboten hätten, zu niedrig sei. Ich sagte: Nun ja, als schwarze Frauen verfügen wir nicht über so viel Geld wie das amerikanische Fernsehen, das von der weißen männlichen

Oberschicht gesponsert wird (obwohl es eine weiße Frau gewesen war, die nach Afrika kam, um diesen Dokumentarfilm zu drehen).

Ich nahm mich zusammen und bot ihr kein höheres Honorar an, Pratibha hatte mich mehr als einmal ermahnt, daß wir unser Budget nicht überschreiten durften. Die Hälfte des Geldes wird vom Londoner Channel 4 aufgebracht, die andere Hälfte von mir, und ich hatte schon meine Erfahrungen damit, wie rasant diese Hälfte dahinschmolz.

Bald danach interviewte ich Mary, eine große schwarze Schwester, gekleidet in Lavendel und Lila, mit unglaublich langen künstlichen Haaren, die ihr über den Rücken hinunterfielen. Ihre Tochter, «die kleine Mary», sollte beschnitten werden. Tatsächlich hatte sie die Prozedur schon hinter sich. Sie hielt sich gerade im Busch auf und würde an der Zeremonie – der Rückkehr der jungen Frauen ins Dorf –, die wir filmen wollten, teilnehmen. Warum sie das getan habe, fragte ich. Und war froh, daß der Film *Die Farbe Lila* in Afrika schon angelaufen war, bevor ich hier ankam. Er wurde enthusiastisch aufgenommen, so daß mich die Leute überall inzwischen herzlich willkommen heißen (oft tragen sie irgend etwas Lilafarbenes) und so unbefangen mit mir reden, als ob ich ihre Sprache, egal ob Wolof oder Mandinka, bereits verstehen würde. Bis jetzt kenne ich ein Wort auf Wolof und benutze es häufig. Es ist «Wow» und heißt «Ja». Also fragte ich: Mary (und wollte sie fragen, warum heißt du Mary – aber das ist eine andere Geschichte), warum haben Sie das der kleinen Mary angetan? Weil unsere Tradition es verlangt, antwortete sie. Wurde sie selbst auch beschnitten? Natürlich. Wie war das gewesen? Nun, ihre Mutter hatte ihr gesagt, daß sie an einen Ort gehen würden, an dem es viele Bananen gebe. (Sie liebte Bananen.) Als sie ankamen, wurde sie von Frauen eingefangen, die sie nie zuvor gesehen hatte, sie wurde von ihnen zu Boden geworfen und dort festgehalten, beschnitten und zwei

Wochen lang von allen anderen ferngehalten. Hatte sie Angst? Ja. Hatte sie das Gefühl, daß ihre Mutter sie verraten hatte? Nun, vielleicht damals, aber später begriff sie, daß es «Tradition» war.

Wer war ihrer Meinung nach verantwortlich für diese «Tradition»? Die Vorfahren, die Großeltern. Großvater oder Großmutter? Großmutter, denn es sind die Großmütter, die dafür sorgen, daß es geschieht. Glaubte sie, daß die kleine Mary sich verraten fühlen werde, daß sie ihr böse sein werde? Nun, sie werde ihr ein paar Süßigkeiten mitbringen, und bald habe sie sicher alles vergessen, was mit ihr passiert sei. Hatte sie es selbst vergessen? Ja. Aber wenn sie dieser «Tradition» Einhalt gebieten könnte, würde sie es dann tun? Sie sei nur eine Frau, sie hätte keine Chance. Aber wenn sie, durch irgendein Wunder, bewirken könnte, daß das aufhört, würde sie es dann tun? Ja. Warum? Wegen der Schmerzen. Also erinnern Sie sich doch daran? Natürlich. Plötzlich war da in ihren Augen ein Ausdruck, als ob ein tiefer Abgrund sich geöffnet hätte. Ich sah blanken Terror. Ich erinnerte mich an etwas, was mir Efua Dorkenoo gesagt hatte: Wenn die Mehrheit der beschnittenen Frauen einmal begreift, was man ihnen geraubt hat, werden sie höchstwahrscheinlich eine ganze Zeit lang alle nur mögliche psychologische Unterstützung brauchen, aber die gibt es noch nicht. Wo sind die Krankenhäuser, die psychiatrischen Stationen, die Psychologen und Therapeuten für diese Frauen? Bestimmt nicht in Afrika. Ich überlegte auch, welche Rolle Essen, besonders Süßigkeiten, im Leben afrikanischer Frauen spielt. Vielleicht füttern die übergewichtigen Frauen, die man so häufig sieht, immer noch das kleine verängstigte und gedemütigte Kind, das in ihnen wohnt, mit Süßigkeiten; vielleicht versuchen sie, es damit für seinen Verlust zu «belohnen» und es vergessen zu lassen. Plötzlich erinnerte ich mich, daß meine eigene Mutter mir, nachdem ich angeschossen worden war und vor Fieber und Schmerz delirierte, ein ganzes Huhn nur für mich allein gekocht hatte.

Die Männer hier sind schmeichlerisch und huldvoll, wie alle Sklavenhalter es vermutlich sind. Wir machten drei ergrauten Patriarchen, die den Marabut oder Alacar des Dorfes vertraten, der in Geschäften unterwegs war, unsere Aufwartung. (Ich bin mir nicht sicher, welches Wort sie für Häuptling gebrauchten, irgend etwas Arabisches.) Die Männer saßen auf Stühlen, die Frauen auf dem Boden. Als Gast stand mir ein Stuhl zu, ich hielt es aber kaum auf ihm aus. Die Frauen mußten detailliert und wiederholt berichten, was wir seit unserer Ankunft im Dorf getan hatten. Sie schienen gelangweilt, ihre Unterwürfigkeit schien ihre Geduld zu erschöpfen. Ich hatte vorher nicht gewußt, daß keiner, nicht einmal «Gäste», das Dorf ohne diese «Freigabe» durch die Häuptlinge, die natürlich immer Männer sind, verlassen darf. Das beantwortet die Frage, warum die Frauen nicht weglaufen. Und wohin sollten sie außerdem gehen?

Ich vermißte meine Liebste so sehr. Immer wieder schlich ich mich für kurze Zeit im Geist davon, um sie, wo ich auch war, zu küssen.

Als wir im «Busch» ankamen, hatte ich Angst. Natürlich wurde unter einem großen Baum laut gesungen und getanzt. Auf einer langen Matte saßen die beschnittenen Mädchen, die kleine Mary war mit ihren vier Jahren die Jüngste. Die meisten anderen Mädchen waren acht, neun, zehn oder elf Jahre alt. Eine von ihnen hatte Mary auf dem Schoß. Sie saßen bewegungslos wie Statuen, während die Erwachsenen um sie herumtanzten und im wahrsten Sinne des Wortes den Himmel mit den Staubwolken trübten, die sie aufwirbelten. Es gibt einen Klub der unfruchtbaren Frauen. Das sind die Lesben, sagt Deborah. Sie haben die Aufgabe, sich als Clowns und Männer zu verkleiden, um die anderen zu amüsieren. Eine von ihnen hörte nicht damit auf, ihren fast nackten Hintern den Kindern vor dem Gesicht herumzuschwenken. Ich weiß nicht, ob es lesbische Frauen sind. Ich denke, daß man über sie lacht und sie zwingt, die Rolle des Entertainers zu spielen, damit sie, als unfruchtbare Frauen, überhaupt eine Rolle haben in ihrer Gesellschaft, denn in Afrika ist eine unfruchtbare Frau etwas vollkommen Wertloses. Eine der Frauen hatte sich mit Kohle eine riesige Brille aufs Gesicht gemalt, eine andere trug eine Perücke aus Zweigen. Ich stand eine Weile hinter den Kindern und veränderte dann meine Position, so daß ich ihre Gesichter sehen konnte. Ihre Augen waren ausdruckslos, ernst, wie betäubt. Was geschieht hier, fragten sie stumm. Warum sind alle so glücklich, nur wir nicht?

9. Februar 1993, mein Geburtstag
Die Arbeit an diesem Film ist mein Geburtstagsgeschenk an mich selbst. Ich bin glücklich, daß ich geboren wurde, um das zu machen. Meine Liebste rief gerade an und hat mir «Happy Birthday to you» vorgesungen, während ich noch im Bett lag.

Ich mußte gestern mit Schreiben aufhören, da ich es nicht mehr aushielt. Die Ungeheuerlichkeit des Verlustes (oder das, was ihnen gewaltsam genommen wurde) werden diese Mädchen erst sehr viel später begreifen. Die meisten werden es nie verstehen. Ich fragte «die große Mary» nach ihrem Sexleben. Wissen Sie, daß die Entfernung der sexuellen Organe das sexuelle Empfinden reduziert und die Lust der Frau zerstört oder zumindest stark einschränkt? Nun, sagte sie, mein Sexleben ist sehr befriedigend, danke. (Aber den Unterschied kennst du doch gar nicht, dachte ich.) Ich sagte aus ganzem Herzen «Wie schön!», wir klatschten die Hände zusammen, und ich ließ das Thema fallen. Wenigstens wird hier keine Infibulation prakti-

Dar Salamay, Gambia. Tänzer aus dem «Klub der unfruchtbaren Frauen», die sich zum Vergnügen der anderen als Clowns und Männer verkleiden

ziert. Aber den Mädchen wurde ihre volle Potenz, Lust zu empfinden, genommen. Ihren Körpern wurde Gewalt angetan, und zwar von ihrer Familie, die sie beschützen sollte.

Nie habe ich Leute so emphatisch, laut und doch so kaltblütig tanzen sehen wie die Frauen und einige wenige Männer in diesem Dorf. (Als ich später erwähnte, daß ich Männer tanzen sah, klärte mich die Crew auf. Bei dieser Zeremonie tanzen nur Frauen, aber viele sehen wie Männer aus und ziehen sich genau wie Männer an.) Schließlich endete dieser Teil der Zeremonie. Der Opferritus begann, der von der Beschneiderin, einer älteren, halbblinden Frau, die sichtbar an grauem Star litt, überwacht wurde. Sie trug ein adrettes, rot-weiß kariertes Gewand und hielt das Zeichen ihrer Autorität in der Hand, einen Holzstab, der in der Mitte von einem Silberband umwunden war und eine unübersehbare Ähnlichkeit mit einem Penis hatte. Wie alt dieses «Autoritätszeichen» wohl war, überlegte ich. Gab es irgendeine Verbindung zu unserem Ringfinger, an dem wir den Ehering tragen? Ich fragte mich das, da der Hauptzweck der Beschneidung darin besteht, die Mädchen heiratsfähig zu machen.

Sie sprach lange und salbungsvoll über «Tradition» und wie sie vom Dorf auserwählt worden war, die Beschneidung von Mädchen durchzuführen. Man habe sie mit Gold «überschüttet». Zwei Bullen seien geschlachtet worden. (Das hätte sie stutzig machen sollen, dachte ich, denn der Bulle ist ein äußerst altes Symbol für die Frau, da die Form seines Kopfes und seine Hörner die Fortpflanzungsorgane der Frau widerspiegelt, und so ein Symbol für sie ist.) Alle Frauen vor ihr seien beschnitten worden. Alle Frauen nach ihr würden ebenfalls beschnitten werden. Sie sagte das in einem trockenen, herausfordernden Ton und sah mich direkt an. Es war unheimlich, ich hatte, während sie mich anstarrte, das deutliche Gefühl, sie wußte, daß wir unversöhnliche Gegnerinnen waren. Kurz danach trat ein

Dar Salamay, Gambia. Das geköpfte Huhn und die Füße der beschnittenen Mädchen

«Mann» auf (so männlich, daß niemand je auf die Idee gekommen wäre, er könne etwas anderes sein) und hob das weiße Huhn hoch, das zusammengebunden und zitternd am Fuß des Baumes lag. Er zog ein Messer heraus, drückte das Huhn mit seinem Fuß zu Boden und hackte ihm den Kopf ab. Blut spritzte, ein wenig davon auf die Füße der kleinen Mary. Ihre Füße, die kleinsten von allen, gaben mir den Rest. Ich sah, wie die Beschneiderin sie gegriffen hatte, und ich sah das Kind mit verbundenen Augen, das nicht einmal wußte, was oder wer sie da griff und was sie suchten. Schließlich begann ich zu weinen, während ich diese kleinen Füße betrachtete.

Außer mir weinte niemand. Sie lachten. Die Kinder weinten innerlich. Ich verstand, was das Opfer sie lehren sollte: Beim nächsten Mal hacken wir dir den Kopf ab.

Als ich später die Beschneiderin interviewte, fragte ich sie, was sie fühle, wenn die Kinder weinten und schrien. Sie höre sie nicht, sagte sie.

Sie zu interviewen war sehr schwierig. Ich schaute mir ihre Hände an – sehr schmutzig, mit schwarzen Rändern unter den Nägeln – und mußte daran denken, wie hart und grob diese Hände mit den empfindlichsten Körperstellen der Mädchen umgingen. Was machen Ihre Assistentinnen? fragte ich. Sie konnte die Frage nicht beantworten. Aber auch ohne Assistentinnen könne sie die Prozedur durchführen, da die Mädchen völlig stillhielten, während sie sie beschneide. (Ich dachte an das zitternde, gefesselte Huhn.) Ich fragte sie, was zu ihrer Beschneidungsausrüstung gehöre, aber sie sagte, das sei ein Geheimnis. Ich fragte, welche Art der Beschneidung sie an den Kindern durchführe. Das, sagte sie, sei auch ein Geheimnis. Ich konnte der Versuchung nicht widerstehen und erzählte ihr, daß es für uns kein Geheimnis sei. Ich beschrieb die verschiedenen Formen der Beschneidung: sunnitisch, intermediär und pharaonisch. Durch Gesten zeigte ich, wie eine Infibulation vor sich ging, das Zunähen der Vagina, nachdem alle äußeren sexuellen Organe entfernt worden waren. Sie schien wirklich erstaunt zu sein, daß ich Bescheid wußte. Wie viele Kinder waren gestorben? fragte ich. Keines, sagte sie. Aber wenn die Kinder gestorben wären, hätte man ihren Tod natürlich auf andere Gründe zurückgeführt: zum Beispiel auf Zauberei. Wir saßen in ihrem Vorhof, auf kleinen hölzernen Stühlen, die wackelten, sobald wir uns bewegten. Die Sonne brannte so heiß auf uns herunter, daß ich fast hören konnte, wie sie die Feuchtigkeit aus unserer Haut sog. Die Beschneiderin hatte einen zuckersüßen Ausdruck auf ihrem Gesicht. Mein Kopf begann zu schmerzen. Welche Beziehung hatte sie nach der Beschneidung zu den Mädchen? Sie respektierten sie, sagte sie. Fürchteten sie sich nicht eher? fragte ich. Sie lächelte.

Sie trug einiges von dem «Gold», von dem sie gesprochen

hatte. Es sah sehr billig aus, sehr weißlich. Ein Anhänger, auf dem der Kopf der ägyptischen Königin Nefertari abgebildet war, von der man sagt, daß sie beschnitten war. Ich bekam eine Gänsehaut, wenn ich nur daran dachte, daß für viele afrikanische Frauen dieses Ritual der Beschneidung die einzige Verbindung zu ihrer einstigen afrikanisch-ägyptischen Herkunft ist.

Nachdem mich dieses Zusammentreffen fast aus dem Gleichgewicht gebracht hätte – ich versetzte der Beschneiderin noch einen Schock, als ich ihr erzählte, daß viele der Frauen, die sich gerade hier befanden, nicht beschnitten seien (zum Beispiel ich und die Crew), was sie sich nicht vorstellen konnte, da sie so etwas noch nie erlebt hatte, und sie zog sich tatsächlich von mir zurück, als hätte ich ihr eröffnet, daß ich eine ansteckende Krankheit habe –, interviewte ich als nächstes zwei der Mädchen.

Die eine hielt einen Schokoriegel in der Hand. Die andere saß bewegungslos und schweigend da und versuchte, ihre neue Kopfbedeckung festzuhalten (sie wird von diesem Tag an nicht mehr unbedeckt an die Öffentlichkeit gehen dürfen). Sie hatten die Augen und die Lippen so vieler Menschen, die ich kenne und liebe. Ich hatte das Gefühl, man durchbohre mir das Herz. Inzwischen hatten sich meine Kopfschmerzen verschlimmert. Die beiden Mädchen waren perfekt indoktriniert und programmiert, nichts von dem zu sagen, was sie wirklich fühlten. Tatsächlich hatte die Beschneiderin mir gesagt, daß sie nichts von dem, was ihnen widerfahren war, erzählen würden, auch wenn man sie mit einem Messer bedrohte. (Das geköpfte Huhn, dachte ich, war ein hervorragendes Symbol für diese Drohung.)

Also. Es war eben eine «Tradition». Es war ihren Müttern widerfahren, ihren Großmüttern. Den Ältesten und den Vorfahren. Ja, natürlich würden sie auch ihre eigenen Kinder beschneiden lassen. Ich wollte sie in die Arme nehmen und mit ihnen davonfliegen.

Deborah und ich schlossen uns der langen und staubigen Prozession an, die zurück ins Dorf führte: die Beschneiderin führte sie an, ihr Bündel auf dem Kopf, wir beide kümmerten uns um die Nachhut. Alle anderen Frauen mit Kopfbedeckungen, nur wir beide mit unseren rebellischen Dreadlocks. Viel unechte Fröhlichkeit, Clownerien, energiegeladenes Tanzen. Plötzlich erschien wie aus dem Nichts ein kleines Mädchen, ungefähr fünf Jahre alt, und nahm meine Hand. Sie hielt sie nur einen Moment lang. Ich spürte, sie wußte, daß ich ihretwegen gekommen war. Sie war das Kind aus meinen Träumen, das «eine afrikanische Kind» (das mein Kampf gegen die Klitorisbeschneidung vielleicht davor beschützen kann).

Aber ich weiß natürlich, daß ich zu spät gekommen bin, um dieses Kind zu beschützen, und diese Erkenntnis ruft ein fast überwältigendes Gefühl von Vergeblichkeit in mir hervor.

3 Uhr morgens, immer noch 9. Februar
(zu Hause in Kalifornien habe ich noch Geburtstag)
Ich bin voll und ganz wach, hellwach! Ich schlug die Augen auf und dachte an meine Liebste. Fühle mich gesegnet durch die Liebe. Mein Leben ist wunderbar. Sogar während ich Zeuge all dieses Schmerzes bin, freue ich mich, dieses Leben zu leben. Ich bin seit heute neunundvierzig, das vielleicht erfüllendste Jahrzehnt meines Lebens nähert sich seinem Ende. Dieses Glück, das so unerwartet ist und mich doch nicht unvorbereitet trifft, das ich sogar sorgsam vorbereitet habe. Gesund zu sein. Verliebt zu sein. Etwas zu tun, das vielen zu besserer Gesundheit und Glück verhilft. Etwas zu tun, das unsere Kinder schützt. In Afrika zu sein. Mir darüber klarzuwerden, daß die Afrikaner es im großen und ganzen richtig machen, wenn sie nur aufhören würden, sich selbst Schaden zuzufügen. Und daß ich beides liebe, Afrika und die Afrikaner. Daß die Afrikaner «Zeit» und

Banjul, Gambia. Der riesige Kopakbaum (zu sehen im Ausschnitt), den Alice von unserem Fahrer Malign zum Geburtstag «geschenkt» bekam

«Raum» haben. Im Westen haben das die Menschen nicht mehr. Afrikaner müßten eigentlich fähig sein zu Weisheit, nicht nur dazu, clever und smart zu sein. Es ist erstaunlich, diese Klarheit im Kopf, wenn einem die Reklametafeln nicht die Sicht verstellen.

Also. Alles Gute zum Geburtstag, kleiner, erstaunlicher brauner Körper, der seine Periode hat und versucht, durch seine Menopause zu kommen (oder sie zu beginnen) – daher meine Schlaflosigkeit! Du hast das, was ich bin, gut durch die Zeit getragen. Ich ehre dich und liebe dich und verspreche dir, daß ich auch weiterhin mit all der Liebe, die ich in meinem Herzen für mich entdeckt habe, für dich sorgen werde.

10. Februar 1993
Die schottische Frau unseres Fahrers Malign hat angeboten, mich zu massieren, und ich werde gleich aufbrechen. Sie heißt Rose, ist klein und blond und liebt Gambia und alles, was mit Gambia zu tun hat (mit Ausnahme der gesundheitsschädlichen Dinge). Tracy Chapmans Musik, die er über alles liebt, begleitet uns auf all unseren Fahrten mit Malign, aber er zeigt Deborah und mir auch einen riesigen Kapokbaum, visuell mein spektakulärstes Geburtstagsgeschenk bis jetzt. Er wächst mitten auf der Straße, vermutlich ist er zu groß, daß irgend jemand auf den Gedanken kommen würde, ihn zu fällen, und so hat man einfach um ihn herumgebaut. Unfaßbar groß, dieser Baum. Seine Luftwurzeln so riesig, daß man zwischen ihnen wie in einem kleinen Raum stehen könnte.

Ich verbrachte heute ein paar Stunden damit, Bilaela zu interviewen. Sie leitet eine Organisation, die Frauen über gesundheitsschädliche Praktiken aufklärt, ist sehr dick, obwohl man da vielleicht in Afrika anderer Meinung ist, und hustet ziemlich stark. Sie ist erkältet und reagiert allergisch auf den Staub. Der Staub ist überall. Ihre Wohnung ist klein, aber ausreichend, sie liegt an einer der vielen ungepflasterten Straßen von Banjul. Sie sagte mir, daß sie achtzehn war, als sie beschnitten wurde, und empört darüber war. Als sie Jahre später einmal nicht zu Hause war, beschnitt ihre Tante ihre beiden Töchter. Sie arbeiten jetzt mit ihr zusammen.

Pratibha sagt, ich sei naiv, da ich Bilaela zusätzlich Geld geben wollte – mehr als wir für das Interview und ihre Hilfe bei Kontakten bereits gezahlt hatten. Aber ich hatte bis zu dem Zeitpunkt, an dem sie es mir sagte, keine Ahnung, daß sie Bilaela bereits 7000 Dollar gegeben hatte! Das schien mir durchaus angemessen zu sein, vor allem, wenn man bedenkt, wie oft Bilaela ihre Meinung änderte, wie, wann und ob überhaupt sie uns helfen würde. So steckte ich meine 500 Dollar wieder ein.

Alles, was ich mir an meinem Geburtstag wünsche, sagte ich zu Deborah und Malign, ist schöne Musik! Also machten sie sich auf die Suche. Außerdem versuchten sie, Augentropfen zu finden. Der Staub bringt mich noch um. Sie fanden fantastische Aufnahmen von einem hiesigen Musiker, der Demba heißt. Seine Lieder sind weich, schwerelos und springlebendig, sie strahlen Optimismus und Jugend aus. Liebenswert.

Später gingen Deborah und ich zum Dinner in das libanesische Restaurant. Exzellent. Zuvor hatte mich Rose ein weiteres Mal massiert. Als sie aufhörte, war ich so weich wie ein gut durchgewalkter Teig. Sie ist eine überzeugte Gegnerin der Klitorisbeschneidung und macht sich Sorgen, daß es Maligns Tochter aus seiner ersten Ehe mit einer Frau aus Gambia womöglich angetan wird. Malign und sie bauen zusammen ein Haus, und sie möchte das Kind zu sich nehmen. Während sie mich massiert, fragt sie ihre Assistentin, eine Frau aus der Gegend, ob ihre Töchter beschnitten seien. Die Frau bejaht es, aber es sei in der Klinik gemacht worden. «Klinik» sagt sie mit so viel Stolz in der Stimme, daß ich aufstöhne. Für viele Leute ist «in der Klinik» die Antwort, während für mich die einzige Antwort ist, nicht zu verstümmeln.

Leider ist das Essen im Hotel furchtbar. Der Fisch ist frisch, schmeckt aber, als sei er in Maschinenöl geschwenkt worden. Außerdem machen all die ehemaligen Kolonialisten hier Urlaub, und ihre Sicht der Welt stammt aus dem vorigen Jahrtausend. Deborah hörte, wie eine der Frauen zum Ober sagte: «Boy, der Master hätte gern etwas Wasser!» Wenn ich dem Meer befehlen könnte, sich zu erheben, würde ich es über «Masters» Kopf hereinbrechen lassen. Es fällt mir schwer, sie anzuschauen, oder, wenn ich sie anschaue, sie zu sehen. Den Afrikanern, die hier arbeiten, macht es großes Vergnügen, Deborah und mich zu bedienen. Sie lieben unsere Dreadlocks, halten sich am Pool auf, wenn wir schwimmen, beobachten uns verstohlen und lächeln. Ich sehe Deborah ebenfalls gerne zu, wenn sie schwimmt. Ihre Locken sind lang und dicht und breiten sich wie eine wundervolle Schleppe hinter ihr aus, wenn sie sich mit kraftvollen Zügen durch das blaue Wasser bewegt. Wer weiß, vielleicht sind wir die ersten schwarzen Menschen oder schwarzen Frauen, die sie je in diesem Pool gesehen haben. Wir versuchten, im Meer zu schwimmen, flüchteten aber vor den Horden aufdringlicher Männer zurück ins Hotel.

Am Tag unserer Ankunft ging ich zum Meer hinaus, um zu unseren Ahnen zu beten, die diese Küste in Ketten verlassen hatten, um nach Nord- oder Lateinamerika verschleppt zu werden. Es dauerte nur ein paar Minuten, und ich wurde von Männern aus der Gegend belästigt, die Frauen behandeln, als ob es deren einzige Aufgabe im Leben sei, auf jede unsinnige Bemerkung, die irgendein Mann ihnen gegenüber macht, zu reagieren. Schließlich sagte ich: «Ich bete, bitte stören Sie mich nicht.» Das schien sie über die Maßen zu erstaunen, da sie aber Muslims sind, müssen sie zumindest so tun, als ob sie das Gebet respektieren. Kaum hatte ich allerdings meinen Gebetsplatz verlassen, waren sie wieder hinter mir her. Wie ich heiße, wo ich herkäme, ob ich nicht dies oder das kaufen wolle? Ob ich zu dem oder dem Restaurant mitkommen würde (und sie zeigten auf einen schiefen Tisch, der weit entfernt unter einer vertrockneten Palme stand)?

Ich kann mir kaum vorstellen, daß der Tourismus in Gambia unter diesen Umständen Fuß fassen wird, es sei denn, Touristen haben eine dickere Haut als ich. Es ist für eine Frau völlig unmöglich, am Strand auch nur für einen Moment ihre Ruhe zu haben und allein zu sein. Sie hat sie übrigens auch nirgendwo sonst. Es ist etwas völlig Alltägliches, daß Männer Frauen auf der Straße hinterherlaufen, ihnen nachrufen, sie belästigen. Ich kann nicht anders, als zwischen diesem Verhalten und der genitalen Verstümmelung von Frauen einen Zusammenhang zu sehen: die Hinnahme der Dominanz, das Fehlen eines starken Selbstwertgefühls, das man bei den Frauen hier beobachten kann. Als Ausnahme, die die Regel bestätigt, trifft man ab und zu auf eine extrem laute, heftige Frau, wie die eine, die uns so aufdringlich bedrängte, etwas von ihr zu kaufen, daß sie uns damit von ihrem Stand vertrieb. Das sind Frauen, deren aufgestaute Wut einem Pulverfaß gleicht.

11. Februar 1993, Pratibhas Geburtstag
Auf dieser Reise sind vier Wassermänner mit von der Partie: ich, Deborah, Pratibha und Nazila, unsere Produzentin. Auch rassisch und ethnisch ist die Gruppe gemischt. Wir sehen, glaube ich, ganz schön zusammen aus. Nancy, die Kamerafrau, ist die einzige Weiße. Sie ist auch die Größte. Dann ist da Nazila, die aus dem Iran stammt. Deborah und ich, beide afroamerikanisch mit indianischem Einschlag. Pratibha ist Inderin, wurde in Afrika geboren und lebt in London. Judys Eltern kommen aus Jamaika, sie lebt jetzt in London, und Lorraines Vorfahren lebten, glaube ich, in Trinidad. Da so viele Wassermänner unter uns sind, haben wir beschlossen, unsere Geburtstage gemeinsam in einem nahe gelegenen gambischen Restaurant zu feiern. Den ganzen Morgen und einen Großteil der letzten Nacht habe ich an meinem Geschenk für Pratibha gearbeitet. Einem Gedicht. Da sie Inderin ist, hat es ein wenig den Ton der *Bhagavadgita*, es reizt mich, und so lasse ich es so.

Gedicht für Pratibha zu ihrem 38. Geburtstag
11. Februar 1993, Gambia, Westafrika

Alles und
jeder
scheint
gegen sie
zu sein
gegen das afrikanische Kind
das Mädchen.
Mein Traum
sagte es mir
letzte Nacht
als ich den Hammer erhob
über dem Kopf
eines weißen Kolonialisten
seine Verbrechen aufsagte
und ein afrikanisches Kind
ein Mädchen
mein jüngstes Selbst
nun
das Gewehr hielt.

Und doch
war es ein heilender
Traum
denn endlich
sehe
und fühle
ich klar
folgendes:
Wie ich immer
vermutete
wird Sie
der eigentliche Ursprung
von Leben
und allem
was lieblich ist
absichtlich
verdorben
zerstört
mißbraucht
gezähmt
zur boshaften
finster blickenden
Frau
gemacht
die der Welt
entgegentritt
mit gespaltenem Bewußtsein
und stumpfen Zähnen.

O Pratibha
wir sind zu diesem
dunklen Ort
gekommen
unter einem hellen
Mond
brachten
unsere fühlenden
Herzen

Verstand
und unsere
willigen und
fähigen
Hände.

Das Wissen um
das Ausmaß
der Zerstörung
unseres Ursprungs
wurde vor uns
verborgen
geschickt verborgen
von denen
die darum wußten:

Den afrikanischen Müttern
gezwungen
ihren Schmerz
zu «vergessen».

Den afrikanischen Vätern
gefangen
am Ende
in der Falle
einer schändlichen
und enttäuschten
heimlichen
Bruderschaft
zusammengehalten
vom
verstümmelten
Fleisch
ihrer
Töchter.

Den weißen
Kolonialisten
die diese Grausamkeit
Kindern gegenüber
eine afrikanische Grausamkeit
nutzten
als Rechtfertigung
ihrer eigenen
Brutalität
gegen das Volk.

Die Liste ist
lang.

Du stellst dagegen
deinen kleinen
Körper
braun
wie Erde
und deine
dunklen
Augen
blicklos
vor
Schmerz
und deine
weisen
Hände.

Zusammen
arbeiten wir
und beginnen
es wiederaufzubauen
das zerstörte
uralte
Fundament

der
allumfassenden
Gemeinschaft
der Frauen.

Und so
am Tag
deiner Geburt
sollen sich
die Meere
für dich
in Wellen
wiegen
soll
die Sonne
ihr Licht
über dir verströmen
soll
der Wind
in deinem Haar
spielen
das so sehr
den Flügeln
von Amseln
gleicht
soll
der Staub
der Erde
deine Füße
umarmen.

Jetzt ist
die Zeit
für die Krieger
der Liebe
zu
ihrer
Rettung
zu kommen.

Nicht mit
Gewehren
o
Pratibha
sondern mit
jedem Mut
zusprechenden Wort
das wir kennen.

Mit jedem
hoffnungsvollen
Lächeln
das
der Finsternis
und den Wehklagen
unseres
verspäteten
Verstehens
entrissen werden kann.

Mit
jeder Berührung
und jeder
Umarmung.

Die wahre
Kraft
der Erde
die
allen Lebens
ist die Liebe.

Indem wir
hier sind
hier
an diesem
von Schatten verdunkelten
  Platz
unter einer
sengenden Sonne
und einem kühlenden hellen
Mond
bringen wir
die Kraft
der Liebe
zurück
zu der
die aus
dem heilenden
Kreis
lange verschwunden war
ohne die es
den Kreis
nicht mehr gab
und die Liebe selbst
in den Winkeln
des Herzens
schmachtete
und nicht mehr
zu sich selbst fand.

An diesem
Tag
o
Pratibha
segnen wir
dich
und rufen
all unsere
Vorfahren
an
dich zu segnen
und alle
Kräfte
aus
den vier
Richtungen des Himmels.

Auf dieser
Reise
sehe ich
das Kind Afrikas
mit neuen Augen
des Glücks
und des Entzückens
denn ich
weiß
ich würde
mein Leben
für es geben.

O
Pratibha
Schwester
und Kriegerin
der Liebe:
Mögen
sich die Zeiten ändern
und
der neue Tag
für
uns alle
anbrechen.

Wir landeten in einem fast leeren gambischen Restaurant, dessen Besitzer freundliche, scheu lächelnde Gambianer waren. Ich las Pratibha das Gedicht vor, und wir bekamen beide feuchte Augen. Dann feierten wir mit köstlichem gambischem Essen, das mich an die beste New-Orleans-Küche in den Vereinigten Staaten erinnerte.

Später am Abend, als ich den Wellen zuhörte, die am Strand vor meinem Fenster ausrollten, schrieb ich ein zweites Gedicht, für meine Liebste, die so weit weg war:

Du fehlst mir

Die Wellen des Meeres
sind nicht begieriger
die Küste zu erreichen
als ich
dich zu erreichen.

Das Meer
ist in meinem Bett.

12. Februar 1993
Wenig Schlaf letzte Nacht. Vielleicht der Tee, den ich getrunken habe – ich vertrage keine schwarzen Tees –, vielleicht die Schlaflosigkeit der Wechseljahre. Vielleicht vermisse ich meine Liebste. Heute ist Freitag; morgen früh, sehr zeitig, reisen wir in den Senegal ab, über Land, mit dem Bus. Am Mittwoch fuhren wir, nachdem wir im Hotel ausgecheckt hatten, in die Stadt Kerewan und überquerten den riesigen Fluß Gambia und danach einen seiner Nebenflüsse mit Fähren. Sehr schöne Überfahrt so früh am Morgen. Kühl, ruhig und grau, mit einem silbernen Schim-

mer auf dem Wasser von einer sehr schwachen Morgensonne. Ein wenig, als ob man sich im Inneren einer riesigen Perle aufhalten würde. Unglücklicherweise überschlug sich der Wagen, in dem Bilaela und ihre Töchter fuhren, und obwohl niemand ernstlich verletzt wurde, veränderte der Vorfall die Atmosphäre des Tages, wir mußten nach einer Klinik und einem Arzt suchen. Unser Plan sah drei aufregende Ereignisse vor. Eines davon war eine traditionelle Namengebungszeremonie und das andere eine traditionelle Hochzeit. Aufregend war das vielleicht für uns, aber wie sah es für die Braut aus? Bei vielen traditionellen Hochzeiten endet die Braut auf den Knien, und ihr neuer Meister wirft ihr ein Tuch über. Obwohl Bilaela sichtlich desorientiert war und sich nicht wohl fühlte, bestand sie darauf, uns ein Gartenprojekt zu zeigen, das von Frauen geleitet wurde, denen sie das Land verschafft hatte, als sie Geschäftsführerin einer Agentur war und die Möglichkeit dazu hatte (das war das dritte Ereignis!). Es waren glückliche, stolze Frauen! Und ihre Gärten waren spektakulär: Zwiebeln, Tomaten, Auberginen, Paprika, Kräuter. Mango- und Papayabäume. Viele tiefe Brunnen. Eine Oase in einer ansonsten heißen und staubigen Landschaft. Deborah und ich, die einzigen Gärtnerinnen in unserer Gruppe, waren sofort von den Frauen angetan und gingen durch den ganzen riesigen Garten. Viele Ohs und Ahs wurden ausgestoßen, und das aufrichtig, denn was sie geleistet haben, ist erstaunlich. Wenn sie eine Transportmöglichkeit für ihre Produkte hätten, könnten sie leicht alle Leute in ihrer Gegend versorgen und das, was übrigbliebe, in den Dörfern und Städten verkaufen. Leider gibt es das nicht. Es waren alles Frauen, mit der Ausnahme eines ganz reizenden jungen Mannes, der, fast nackt, tief in der Erde mit Hacke und Schaufel einen Brunnen grub, während seine Freundin am Rand saß und die Eimer voll Erde heraufzog. Deborah und ich gingen auf sie zu, und obwohl wir nicht die gleiche Sprache sprachen, konn-

Sindia, Senegal. Alice und Ayi Kwei treffen sich an der Straße

ten wir ihnen bedeuten, daß es auch für uns ein Wunder war, daß Wasser aus der Erde floß und die Wüste in einen Garten verwandelte.

14. Februar 1993, Valentinstag
Popenguine, Senegal
Endlich bin ich in Popenguine, im gastfreundlichen Haus von Ayi Kwei. Überall nur Liebe und Zuneigung. Freunde. Julius Coles (Ayi Kweis Nachbar, was ja schon erstaunlich ist, der ein kleines Haus im maurischen Stil gerade gegenüber hat) kam eben die Auffahrt herauf und überreichte mir eine Flasche Vouvray, die wir zum Dinner zusammen genießen werden. Er strahlte über das ganze Gesicht, seine Liebenswürdigkeit hüllte mich ein, als er mich an unsere langjährige Freundschaft erinnerte, die begann, als er in Morehouse schon einige Semester

studiert hatte, und ich in Spelman mit dem Studium begann. Wir haben uns auf vielen unserer Reisen ganz zufällig getroffen, und so habe ich das Gefühl, es ist irgendwie richtig, daß er auch hier, in Westafrika, dabei ist und mir anbietet, mich allen Leuten vorzustellen, von denen er annimmt, daß sie uns bei unserem Film helfen können. Er denkt an eine Frau aus den Staaten, eine Afroamerikanerin, die mit einem Afrikaner verheiratet ist und beruflich ausländischen Filmteams hilft. Ich freue mich sehr, ihre Telefonnummer zu haben, und werde sie an Pratibha und die Crew weitergeben.

Gestern erreichten wir, auf unserer langen, holprigen, heißen und staubigen Busfahrt von Banjul Sindia, ein kleines Dorf an der Straße. Eine Reise von fünf Stunden, mit einigen Aufenthalten in abgelegenen Dörfern und einem geplatzten Treffen mit einer Beschneiderin, die sich in letzter Minute entschied, nicht zu erscheinen. Ayi Kwei, den ich manchmal «born and beautiful» nenne, da sein Buch den Titel *The Beautiful Ones Are Not Yet Born* trägt, traf sich mit uns an der Straße und brachte uns mit einem Taxi nach Popenguine in sein Haus, das einen friedvollen Ausblick aufs Meer hat. Wir freuten uns sehr, einander einmal wiederzusehen. Es sind fast zwei Jahre her, seit ich ihn und seine Kinder, deren Tante ich jetzt bin, an der Universität von Berkeley erstmals kennenlernte. Sofort schlüpfte ich in seine sanften schwarzen Arme, und mein Grinsen reichte von einem Ohr zum anderen. Später, nach einem Spaziergang am Strand und köstlichem frischem Fisch, redeten wir noch über Stunden, obwohl ich sehr müde war; Ayi Kweis wunderschöne Stimme klang fast wie das Meer, ein tiefes Rollen in meinem Ohr. Irgendwann gingen wir schlafen. Es ist hier so trocken und staubig, daß mir das Schlafen Schwierigkeiten bereitet, aber es ist nicht so schlimm, wie ich befürchtet hatte. Ich wachte nur ein paarmal auf und war durstig.

Einmal gingen Deborah und ich am Strand spazieren und

schliefen im Schatten großer Felsblöcke ein. Köstlich. Und als wir aufwachten, ging es ihrem Magen besser (das ungewohnte Essen hat uns zu schaffen gemacht), ich war zufriedener (es gelang mir, einige der Szenen, deren Zeuge ich gewesen war, loszulassen), und der Wind und Staub störten mich nicht mehr so sehr. Denn der Wind legt sich nie, und den Staub hat man immer in der Nase und in der Kehle. Mittags sieht es aus, als ob die Sonne untergehen würde, obwohl es natürlich noch sehr heiß ist.

Meine Liebste rief an, um mir einen glücklichen Valentinstag zu wünschen. Es ist ein eigenartiges Gefühl, hier an die Art von Liebe zu denken, für die der Valentinstag steht, wenn Männer drei bis vier Frauen haben, alle arm, und selbst die Anwesenheit in den Moscheen den Frauen bis nach der Menopause untersagt ist. Danach, meint man, seien sie den Männern ähnlicher. Wir schlenderten eines Tages an der Moschee vorbei, und sie wirkte wie ausgestorben, langweilig. Einige alte Männer auf den Knien; Gebete vom Band, die in einer Sprache aus einem uralten Lautsprecher dröhnen, die die meisten Leute hier nicht sprechen. Senegal ist trockener, staubiger und ärmer, als ich es mir je hätte vorstellen können. Was ist mit diesen Leuten geschehen, daß sie so freudlos und unterdrückt wirken? Ist es, wie manchmal gesagt wird, der Islam, der Passivität und Rückzug ermutigt? Ist alles, auch die extensive Weidewirtschaft, die das fruchtbare Land in eine Wüste verwandelt, einfach nur «der Wille Allahs»? Ich denke, daß genitale Verstümmelung eine Rolle spielt. Die frühe gewaltsame Unterwerfung, die das Kennzeichen der Beschneidung ist. Das Gefühl, von denen, die man zu respektieren hat, überwältigt und vollkommen beherrscht zu werden. Was dabei herauskommt sind Frauen mit niedergeschlagenen Augen, steifen Rücken und verkrampftem Hals (natürlich werden sie von den Vätern, Brüdern und Ehemännern geschlagen). Und Männer, die einen weiblichen Körper betrachten, als sei er eine Mahlzeit. Doch da sind auch all die Afrikaner, Frauen und Männer, die ich liebe. Menschen wie Malign und Ayi Kwei, die so zartfühlend, aufrichtig und echt sind, daß ich sie einfach spontan umarme. Obwohl Ayi Kwei ziemlich formell ist und ich ihn deshalb immer wieder frage, ob ich ihm zu gefühlsbetont bin. Er lächelt, er ist ein Weiser, und sagt voller Abgeklärtheit: Neiiin.

Meine Haare sind trocken. Die Sonne fritiert sie. Meine Haut ist in besserer Verfassung, seit ich mich von oben bis unten mit Massageöl eingerieben habe. Ayi Kwei bewundert mich des öfteren wegen meiner Energie, sogar wenn ich selber das Gefühl habe, daß ich mich kaum bewege. Aber für das, was ich hier tue, habe ich die Kraft, und dafür bin ich dankbar.

Dienstag, 16. Februar 1993

Diese Aufzeichnungen sollten den Titel «Im Bett» tragen, da so viele der Eintragungen damit beginnen. Also:

Im Bett im Savana-Hotel in Dakar. In einer Suite direkt am Meer. Bougainvilleen und Palmen. Sehr hübsch und außerdem komfortabel. Popenguine hat all meine Wünsche erfüllt, mehr als das. Ein wunderschönes, wenn auch sehr armes Dorf. Gestern gingen Deborah, Asar, Ayi Kweis elfjähriger Sohn und mein Neffe, sein Vater und ich über den Strand hin zur Schule, wo mir die Kinder Fragen stellten.

All diese wachen, nachdenklichen Gesichter! Die Schule selbst ist hübsch, gelbe Holzhäuser mit blauen Verzierungen. Irgendwie erstaunte es mich nicht, daß Julius Coles vor Jahren, 1961, als ich ihn gerade kennenlernte, einer Gruppe mit dem Namen «Crossroads to Africa» angehörte und tatsächlich dabei half, diese Schule zu bauen. Eine schlichte Tafel erinnert daran. Es erklärt zum Teil, weshalb er dieses Dorf liebt und sich hier zu Hause fühlt. An dem Tag, als wir hier ankamen, trafen wir ihn am Strand, wo er fischte, als ob er diesen Ort seit Hunderten von Jahren nicht verlassen habe. Ayi Kwei und sein Freund, der Lehrer, übersetzten für mich. Über Klitorisbeschneidung wurde nicht gesprochen, da der Direktor sowieso schon etwas nervös wirkte. Statt dessen gab es Fragen zur Meditation! Also zeigte ich ihnen, wie das geht. Das machte Spaß. Ich erklärte den Kindern, daß ich jede Vorlesung mit einer zehnminütigen Meditation beginne. Einer der Lehrer, ein Muslim wie alle, versuchte den Kindern weiszumachen, Meditation sei eine okkulte Praxis und demzufolge etwas Unheimliches. Aber ich sagte ihnen, daß es einfach ein Weg sei, einen klaren Kopf und klare Gedanken zu bekommen. Seit kurzem gibt es eine Lehrerin an der Schule, die – ihres farbenfrohen Boubous wegen – wie ein Schmetterling unter Motten wirkt. Aber sie ist sehr schüchtern und sagt nichts. Die Frauen hier kauen Stäbchen, mit denen sie ihre Zähne reinigen. Sie kauen sie den ganzen Tag über. Auch sie hatte eins im Mund, es sah aus, als ob sie auf einer Zigarre kaue. Es wirkt ein wenig so, als ob man eine elegant gekleidete Person in der Öffentlichkeit sieht, die sich eine Zahnbürste zwischen die Zähne geklemmt hat. Und wenn es einem anderen Zweck dienen würde? Zum Beispiel dazu, etwas zum Draufbeißen zu haben, statt sich auf die Zunge zu beißen?

Später sagte Ayi Kwei: Du warst sehr gut mit den Kindern; du hast sie nicht herablassend behandelt. Ich erzählte ihm, daß ich früher vor Kindern eigentlich Angst hatte, da sie mir, als ich klein war, so viel Kummer bereitet hatten. Aber inzwischen habe ich ein klareres Bild von ihnen, und ich habe mir geschworen, nie ein Kind zu belügen. Denn für mich ist dies die Wurzel allen Übels. Wir hatten, als er mich in meinem Haus in Mendocino besuchte, kurz über Klitorisbeschneidungen gesprochen. Die beschnittenen Frauen, die er kennengelernt hat, waren voller Zorn. Ich überlege mir inzwischen, was es für die Beziehung einer Frau zu ihrem Kind bedeutet. Heißt es, daß sie oft abrupt reagiert, kalt, abweisend ist oder das Kind mißhandelt? Oder daß sie einfach nie lächelt, worin der größte Mißbrauch bestehen könnte?

Ayi Kweis, Mas (Asar) und der Taxifahrer brachten uns nach Dakar, die Vororte der Stadt wirkten unerträglich arm, staubig und deprimierend. Die Straße von Banjul nach Dakar ist tatsächlich in so schlechtem Zustand, daß es lange Strecken gibt, auf denen die Autofahrer neben der Straße herfahren, um ihre Stoßdämpfer nicht in den Schlaglöchern zu ruinieren. Im Hotel Independence (das seinen Namen einer bereits lange vergessenen, kurzen glanzvollen Zeit verdankt) wurde uns gesagt, daß die Crew ins Southern Cross Hotel gewechselt habe. Also gingen wir auch dorthin. Es war schrecklich. Aus meinem schrankgroßen Zimmer blickte man auf einen Hinterhof, auf dem Abfälle lagen. Ich rief Julius an, und er und seine Freundin Alice retteten uns. So kam es also zu meiner Suite mit Meeresblick und Deborahs Zimmer, von dem aus sie die Gorée-Insel sieht. Wir aßen in dem palastartigen Haus von Julius zu Abend und hörten der Musik von Bobby Blue Bland zu, ausgerechnet Bobby Blue Bland! Julius strahlt Freude und Enthusiasmus aus, er ist verliebt, und er versucht immer, einem zu helfen – und das mit Erfolg. Es ist eines der schönsten Gefühle auf der Welt, sich auch auf den weitesten Reisen immer irgendwo heimisch zu fühlen.

Das Dakar, das er kennt, ist allerdings nicht das Dakar, das Ayi Kwei kennt, oder das, das ich gesehen habe. Julius' Dakar ist reich, und nicht einmal die Luft ist staubig. Im Grunde ist es die alte Kolonialstadt. Ayi Kweis Dakar ist arm, staubig, schmutzig, laut, und es stinkt. Der Gestank kommt von der absoluten Unzulänglichkeit der Kanalisation, das Abwasser ergießt sich in die Straßen. Während der Fastenzeit spucken fromme Muslims dauernd auf die Straße, was auch nicht gerade dazu beiträgt, sich wohl zu fühlen, wenn man unterwegs ist.

Julius hat uns gestern abend erneut zum Essen eingeladen

und hielt an der Küste an, um uns zu zeigen, wie schön Dakar ist. Er ist in die Stadt, das Meer, den Himmel verliebt. Später trafen wir uns mit einigen aus der Crew, die wollten, daß wir einen Eindruck von Le Ponty bekämen, einem Ort der Prostitution. Es sah aus wie ein sehr heruntergekommener Sandwich-Shop, und Deborah und ich gingen nach ein paar Minuten. Sich Prostitution vorzustellen ist schon abscheulich genug, aber mir beschnittene Prostituierte vorzustellen war mehr, als ich ertragen konnte. Zudem machen mich meine Malariapillen müde und benommen. Ich schlafe schlecht davon, ich sehe nicht so gut und habe Gleichgewichtsstörungen. Eine wahre Plage.

Gestern trafen sich zwischen siebzig und hundert Frauen auf einem großen Hof in Dakar. Die meisten saßen auf dem Boden, Deborah und ich setzten uns dazu. Awa Thiam, die so überzeugend über die Lage der afrikanischen Frauen geschrieben hat, war anwesend. Ich hatte mich seit Jahren darauf gefreut, sie kennenzulernen. Sie sieht aus wie eine Heroin, was zu ihrem Werk paßt. Sie ist groß, schlank, schön und äußerst zurückhaltend. Zur Zeit ist sie politisch aktiv und sehr beschäftigt mit der gerade laufenden Wahlkampagne. Ironischerweise ist auch Julius daran beteiligt, indem er die Verwendung von USAID-Geldern zur Steigerung der Wahlbeteiligung genehmigt. Wähler müssen schon sehr apathisch sein, denke ich, wenn man sie von außen aufrütteln muß. Diese Frauen aus der Stadt sind ganz schön cool und zynisch, dachte ich – bis wir auf ihr Angebot, für uns zu tanzen, eingingen. Bis zu dem Zeitpunkt versuchten wir, uns mit ihnen zu unterhalten – über die Mißhandlung von Frauen und Kindern, über wirtschaftliche Macht –, und das in Französisch, Wolof, Mandinka und Englisch. Mittendrin registrierte ich völlig perplex, wie Madame Fall, die uns eingeladen hatte, mich fragte, ob ich ihnen einen Lastwagen mit Kühlanlage kaufen könne. Da ich einige der prächtigen Gärten dieser Frauen gesehen hatte, weiß ich, daß sie genau das brauchen, um ihre Produkte auf den Markt zu bringen. Aber ich versicherte ihr, daß ein ganzer Lastwagen mit Kühlanlage sowohl meine Mittel als auch das Budget des Films weit übersteige. Vielleicht könne ich einen Bremssatz beisteuern? Der Tanz, den die Frauen für uns aufführten, war von einer übertriebenen Erotik. Einige Frauen tanzten, streckten ihre Zungen heraus und verdrehten ihre Augen, das sollte wohl Ekstase signalisieren. Eigenartig, das in einer Kultur zu sehen, die Beschneidungen durchführt, außerdem wirkte es angelernt. Als ich selbst tanzte, fühlte ich mich sehr statisch im Vergleich, denn ich tanzte, wie wir zu Hause tanzen, wenn es zu heiß ist, um sich groß zu bewegen – langsam und suggestiv, alles findet im Innern statt.

Die beiden letzten Tage wurde auf der Gorée-Insel gedreht. Die Crew, Pratibha und ich nahmen früh am Morgen die Fähre und gingen sofort zum «Haus der Sklaven», einem großen Gebäude aus rötlichen, ungebrannten Ziegelsteinen, im maurischen Stil gebaut. Pratibha filmte mich dort. Ich versuchte, die Gefühle der Trauer in Worte zu fassen, die mich in Gedanken an unsere weiblichen Vorfahren überfielen. Sie hatten nicht nur all die Schrecken der Sklaverei, die wir inzwischen weitgehend kennen, erduldet, sondern waren womöglich auch beschnitten. Die Vorstellung, wie diese Frauen, in den Schiffsbäuchen in Ketten gelegt, mit einer Vulva, die beinahe völlig zugenäht war, den Ozean überquerten, machte mich fast verrückt.

Joseph (Ndiaya), der Kurator des «Hauses der Sklaven», sieht genau so aus wie die Brüder meiner Mutter. Ich ging in sein Büro, um mich für seine Hilfe bei den Dreharbeiten zu bedanken. Er sagte, es gäbe nichts, wofür ich mich zu bedanken hätte. Er sagte: Vielleicht sind wir verwandt. Wir saßen nahe beieinander, denn jemand hatte mir einen niedrigen Stuhl gebracht, den ich an seinen Schreibtisch rückte. Die väterliche Freundlichkeit in seiner Stimme und sein vertrautes Aussehen

Gorée-Insel. Alice auf dem Weg zum «Haus der Sklaven»

Im «Haus der Sklaven». Alices Eintrag im Gästebuch

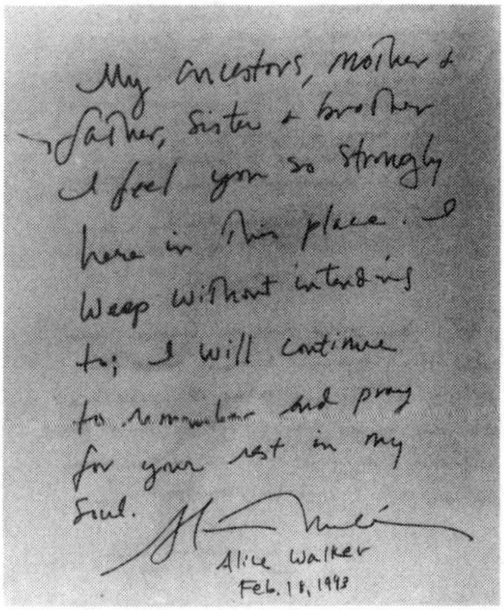
My ancestors, mother & father, sister & brother I feel you so strongly here in this place. I weep without intending to; I will continue to remember and pray for your rest in my soul.

Alice Walker
Feb. 18, 1993

B. Joseph Ndiaya, Kurator im «Haus der Sklaven», und Alice

gaben mir den Rest, und ich fing an zu weinen, ohne es zu wollen, ich hatte gar nicht damit gerechnet. Auch Deborah, die in der Nähe des Schreibtischs stand, begann zu weinen, und mir wurde plötzlich klar, daß dies vermutlich die Reaktion vieler Afroamerikaner ist, die auf die Gorée-Insel kommen, auf das letzte Stück Afrika, das ihre Vorfahren sahen, bevor sie nach Latein- oder Nordamerika verschifft wurden. Davor hatte ich Tracy Chapman interviewt, die die Gorée-Insel zum ersten Mal besuchte, und gesehen, daß die Erfahrung auch sie ziemlich mitgenommen hatte. Sie war sehr überrascht, als ich ihr sagte, daß ich ein Geschenk für sie aus Gambia hätte, von jemandem, der ihre Musik liebe. Später, in Dakar, konnte ich es ihr geben.

22. Februar 1993
Als Pratibha und die Crew im Anschluß an die Aufnahmen auf der Gorée-Insel nach London und in die Staaten zurückgekehrt waren, begleitete mich ein amerikanischer Freund auf dem letzten Teil meiner Reise. Er führte uns nach Burkina Faso, dem früheren Obervolta, als es noch unter französischer Herrschaft stand. Der neue Name bedeutet «Land der ehrlichen Leute». Thomas Sankara, sein marxistischer Präsident, hatte diesen neuen Namen eingeführt. Er wurde im Oktober 1987 ermordet, viele glauben, vom jetzigen Präsidenten des Landes. Er war siebenunddreißig Jahre alt, ein mutiger, sensibler und brillanter Führer im Stil Patrice Lumumbas. Vor seinem Tod hielt er eine der stärksten Reden gegen die weibliche Beschneidung, die je ein afrikanischer Führer gehalten hatte. Das ist der Grund, weshalb ich eine Pilgerfahrt zu seinem Grab mache.

Es ist das erste, was ich in Ouagadougou tue.

Man hatte den Leuten verboten, Blumen oder irgendein Zeichen der Erinnerung auf sein Grab zu legen. (Es wird erzählt, daß es sogar verboten war, ihn zu begraben, und daß seine

Alice und Deborah im «Haus der Sklaven»

Diese Tafel nennt die Jahre, in denen die Sklaverei abgeschafft wurde. Es fröstelt zu sehen, daß die Sklaverei in Afrika offiziell erst hundert Jahre später als in Europa oder Amerika abgeschafft wurde. Es soll in Mauretanien heute noch Fälle von Sklavenhaltung geben.

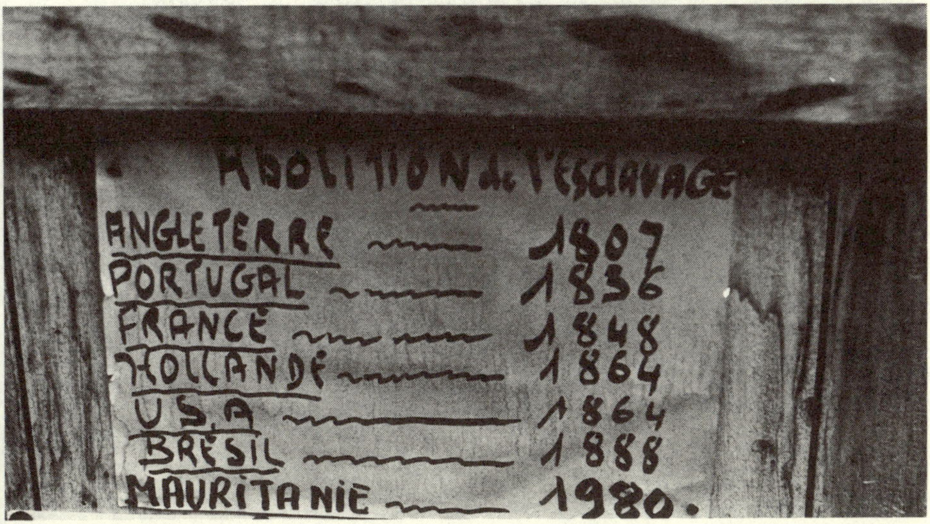

Frau, wie Antigone einst, seinen Körper mit Sand bedeckte.) Aber diejenigen, die ihn liebten und respektierten, tun das immer noch und haben viele kleine Steinhaufen aufgehäuft. Es sind Steinhaufen in Form eines Kreuzes, denn in diesem Land gibt es, im Unterschied zum Senegal, viele Christen. Das Kreuz hat für mich keine Bedeutung, aber der Kreis. Ich lege einen Kreis aus Steinen an der Stelle aus, wo ich seinen Kopf vermute. Ich bete, daß er nach dem, was man ihm und seinen Gefährten angetan hat, Ruhe finden möge. Um sein Grab herum sind noch viele andere Gräber von Männern, die auf dieselbe Weise und am selben Tag starben. Ich danke ihm, daß er den Mut und die Einsicht hatte, sich dem Kampf von Frauen und Kindern anzuschließen.

(Viele Monate später verteile ich in Havanna zusammen mit einer Delegation Medikamente an kubanische Kinder und breche so das US-Embargo, das rapide die bis dahin exzellente Gesundheitsversorgung unterminiert. Ich spreche mit Kubas Präsidenten, Fidel Castro Ruz, über genitale Verstümmelung. Er begreift sofort, wie wichtig das Thema ist, und meint, ich müsse alle politischen Führer, alle im Erziehungsbereich wichtigen Leute, alle Ärzte und Politiker dazu bringen, die Leute aufzuklären, damit sie nicht weiterhin etwas täten, was ihnen so eindeutig schadet. Ich erzähle ihm von meinem Buch *Sie hüten das Geheimnis des Glücks*, von dem ich ihm ein Exemplar gegeben habe, und von unserem Film. Da er sich dafür interessiert, verspreche ich ihm, daß der Film in Havanna gezeigt wird. Seine Besorgnis ist echt und kommt von Herzen. Er ist entsetzt. Er sagt, daß er noch nie davon gehört habe, und stellt mir unzählige Fragen über die gesundheitlichen Folgen für Frauen und Kinder und über unseren Film. In diesem Moment vermisse ich Thomas Sankara, den afrikanischen Führer, der Fidel Castro Ruz ähnlich ist. Ich traure erneut darüber, was wir als Frauen, Kinder, Afrikaner, was die ganze Welt durch seine Ermordung verloren hat.

Thomas Sankara, der junge Präsident von Burkina Faso, wurde 1987 ermordet. Er war ein entschiedener Gegner der sexuellen Verstümmelung von Frauen.

Ouagadougou, Burkina Faso. Alice legt einen Kreis aus Steinen auf das Grab von Thomas Sankara

Männer, die sich mit Frauen und Kindern solidarisieren, müssen auf Leiden gefaßt sein, und doch ist es genau das, was zu tun ist, wenn diese Welt gerettet werden soll.)

Ein weiterer Grund, Burkina Faso zu besuchen, war das Panafrikanische Filmfestival, das alle zwei Jahre in Ouagadougou stattfindet. Ich wollte wissen, ob es sich als afrikanisches Forum für unseren Film eignen würde. Klitorisbeschneidungen werden zwar auch in London, Paris und den USA durchgeführt, aber es ist in Afrika (und Teilen Asiens), wo sie so zum Alltag gehören, daß in vielen Regionen eine nicht beschnittene Frau als Monster angesehen wird.

Das Festival ist eine überwiegend männliche Angelegenheit, obwohl seit neuestem auch Filmemacherinnen ihre Werke zeigen. Wir sahen fünf Filme in fünf Tagen und nutzten den Rest der Zeit, um die Stadt Ouagadougou und die Umgebung zu erkunden. Wir sahen einen hervorragenden Film über Patrice Lumumba. Er sah so großartig und schön aus, sogar nachdem Mobutu ihn gefangengenommen und geschlagen hatte, daß sich mein Herz mit Liebe füllte, die nicht einmal von meinen Tränen erstickt werden konnte. Was war denn Lumumbas Verbrechen? Daß er sein Volk liebte, daß er den Reichtum des Kongo (der jetzt Zaire heißt: man änderte den Namen, da der alte so blutige Assoziationen hervorrief) für die Kongolesen wollte und nicht für die Kolonialmacht Frankreich. Zu sehen war auch ein sehr ungenügender Film über Thomas Sankara. Am Tag, als er gezeigt wurde, war das Kino von Soldaten umstellt, der Platz davor überfüllt. Man gab bekannt, daß die Kopie nicht angekommen sei. Die Leute waren unglücklich, als sie es hörten. Endlich, nach zwei Filmen über die ungewöhnlichen Brautwerbungsbräuche eines Berberstammes in einer abgelegenen Ecke Nordalgeriens, wurde er gezeigt. Der Regisseur hatte getan, was er konnte, aber die letzten Worte des Films sprach der jetzige Präsident, Sankaras mutmaßlicher Mörder. Der Mord selbst kommt gar nicht vor. Es war trotzdem wunderbar, Thomas Sankara so voll Leben und so zuversichtlich, seine Mutter, seinen Vater und seine Frau zu sehen. Seine furchtlose und starke Stimme zu hören. So gebildet. Was könnte alles geschehen, wenn jeder gebildete Mensch seine oder ihre Fähigkeiten in den Dienst der Allgemeinheit stellte? Wenn ein Land eine Person wie Sankara verliert, wenn Ägypten eine Frau wie Nawal El Sadaawi verlieren würde, oder wenn wir Medgar Evers, Malcolm X und Martin Luther King verlieren, wenn Bolivien (und Argentinien) Che verliert, Grenada Maurice Bishop oder Mosambik Samora Machel, bedeutet das einen Rückschritt um hundert Jahre, vielleicht mehr. Aber nur, wenn das Volk mit diesem Rückschritt einverstanden ist. Vielleicht sollten wir lernen, den Tod unserer geliebten Führer als eine Chance zu sehen, unsere eigenen Führungsqualitäten zu entwickeln.

Die Menschen von Burkina Faso sind würdevoll und selbstbewußt. Da es ein armes Land ist, fahren alle Fahrrad oder Motorrad. Das verleiht Ouagadougou eine heitere, zeitlose Atmosphäre. Und zu ihrer Ehre sei erwähnt, daß die Franzosen eine ganze Menge von Bäumen pflanzten, die nun auf den breiten Boulevards Schatten spenden. Und doch spüre ich die allgemeine Trauer, die dicht unter der Oberfläche liegt. Es ist die Trauer, mit der die Menschen in den Vereinigten Staaten die letzten dreißig Jahre lang mit wechselndem Erfolg versucht haben zu leben, und die mit den Ermordungen von Medgar Evers und John F. Kennedy begann.

Es gab einen sehr bewegenden Dokumentarfilm von einer Filmemacherin über Frauen, die aus Mosambik nach Tansania geflüchtet waren und dort ihr Leben bestreiten, indem sie mit Hilfe von Bleirohren Felsen zertrümmern. Es gab einen Film über Beschneidung, aber es gelang uns nicht, das Kino zu finden, in dem er gezeigt wurde.

Ein Problem, das ich jetzt schon sehe, ist, daß der Film in Englisch ist. Die meisten Filme auf diesem Festival werden in der französischen Fassung ohne Untertitel gezeigt. Trotzdem glaube ich, daß es den Versuch wert ist. Studenten, Regisseure, Intellektuelle und Künstler aus dem ganzen Kontinent kommen zu diesem Festival. Es besteht auch die Möglichkeit, ihn an afrikanischen Universitäten zu zeigen. Als ich den Film plante, träumte ich davon, ihn in einem Dorf nach dem anderen vorzuführen, aber inzwischen habe ich viele afrikanische Dörfer kennengelernt, und es gibt absolut keine technische Ausstattung. Manchmal gibt es kaum trinkbares Wasser. Jedenfalls keines, das wir Ausländer trinken könnten.

Es ist die Armut Afrikas, die mir in Erinnerung bleiben wird, und der wache Verstand der afrikanischen Kinder. Die Ausbeutung des Landes, besonders im Senegal, und der schlechte Gesundheitszustand der Leute. Léopold Senghor, Dichter und ehemaliger Präsident des Senegals, lebt, wie man mir sagte, inzwischen in Frankreich. Eine ganze Reihe afrikanischer Präsidenten versuchen, wie es aussieht, Europa in ihrem Heimatland nachzubauen, ein Beispiel dafür ist Houphouet-Boignys Kopie der römischen Basilika an der Elfenbeinküste. Vieles davon ist verständlich, es ist die Sehnsucht, dort zu sein, wo es Komfort, Überfluß und «Freiheit» gibt. Aber keine Kathedrale und keine Basilika, nicht einmal (oder besonders nicht) die Basilika in Rom ist es wert, daß auch nur ein einziges Kind leidet. Afrika und die Welt müssen sich entscheiden.

Als ich mir zu meiner Fähigkeit gratulierte, inmitten all des Leids glücklich sein zu können, hatte ich überhaupt nicht damit gerechnet, daß ich zu weinen anfing, als ich den Film in London sah, und über zwei Monate nicht mehr zu weinen aufhörte. Ich weinte um die Frauen und Kinder, die gestorben waren, einige vor Tausenden von Jahren (man schätzt, daß es Klitorisbeschneidungen schon seit mindestens sechstausend Jahren gibt), ich trauerte um die, die ich kennengelernt hatte, und deren Leiden man sieht. Es bricht mir das Herz, wenn ich an all diese Kinder denke, die in Zukunft den Tag erleben müssen, an dem sie ergriffen und von Erwachsenen, die sie kennen oder die ihnen unbekannt sind, niedergehalten und brutal verletzt werden. In meinen Gedanken begleite ich einige von ihnen bei ihren Anstrengungen, ein furchteinflößendes und unverzeihliches Unrecht zu vergessen, zu überwinden, zu ertragen und vielleicht zu verzeihen. Es gab Augenblicke, in denen ich nahe dran war, Contac oder irgendein anderes Medikament zu nehmen, um diesen Tränenfluß auszutrocknen. Mit der Zeit, als ich den Grund dessen erreicht hatte, was mehr ein Ozean zu sein schien als ein Brunnen, fing ich an, weniger zu weinen. Das geschah, als ich an all jene Mütter und älteren Schwestern dachte, die über die Jahrtausende hinweg für sich selbst, für ihre Töchter und jüngeren Schwestern gekämpft haben müssen. Viele von ihnen sind vermutlich bewußtlos geschlagen worden. Totgeschlagen. Aus dem Dorf gejagt, um wie ein «wildes Tier» zu sterben. Viele hat man sofort umgebracht. In die Sklaverei verkauft. Vielen hat man das Gefühl vermittelt, sie seien «verrückt» und unrein. Ich spürte, wie stark ich mit ihrem Widerstandsgeist verbunden war, und daß da in meinem Herzen ein heiliger Platz der Verehrung auf sie, auf uns alle, wartete.

Ein Tag ohne Datum, Gambia, Westafrika, 1993

Heute machten wir uns auf den Weg, Termitenbauten zu suchen. Es gibt sie überall, zumindest ihre Überreste. Die Bauern (häufig Frauen) reißen sie manchmal nieder, vermutlich weil die Termiten, in Öl gebraten, für sie ein Festessen sind, und sie das übriggebliebene Material zum Bau ihrer Hütten brauchen können. Sie zermahlen die schwere, betonartige Masse, die wohl

Pratibha, Malign und Nazila erklettern einen Termitenbau

aus Erde und dem Speichel der Termiten besteht, und mischen sie unter die Substanz (Schlamm und Stroh), aus der sie ihre Ziegel formen. Dadurch werden die Ziegel sehr haltbar und infolgedessen auch das Haus. Auf jeden Fall fuhren und fuhren wir unzählige staubige Straßen entlang, und dann noch ein wenig weiter, bis wir endlich einen vereinzelt dastehenden Termitenbau entdeckten, an die viereinhalb Meter hoch, der sich auf einem Feld in der Nähe der Straße erhob. Wir kletterten aus dem Wagen, und Pratibha gab mir Anweisungen, um ihn herumzugehen und ihn zu berühren. Aus dem Inneren schien ein ganz leises Summen zu kommen, und ich verfiel sofort in die Beschützerrolle, als ich mir vorstellte, was da drinnen vor sich ging. Ein vollständiges Universum in Bewegung. Eine Welt, eine Nachbarschaft, eine Gemeinschaft lebte in diesem eigenartigen Gebäude, diesem wolkenkratzerartigen Appartementhaus im Kleinformat. Durch welche Hungersnot oder auf welchem langen Treck durch unfruchtbares Land hatten die Menschen wohl gelernt, Termiten zu essen? Dieser Teil Afrikas, die Sahelzone, so staubig, trocken und rot, hat Ähnlichkeit mit dem Hinterland Australiens. Und ich denke an die seltsamen Larven, große weiße Würmer, die mich die Großmütter der Aborigines zu fangen, zu rösten und zu essen lehrten, als ich vor einem Jahr in Australien war, und erinnere mich, wie vergnügt sie lachten, als ich versuchte, der Sache zu entkommen. Sie schmeckten wie Rührei in Butter gebraten, erstaunlich gut. Zweifellos schmecken gebratene Termiten ähnlich, denn Larven und Termiten sind, glaube ich, miteinander verwandt. Ist im Grunde nicht alles miteinander verwandt?

Ich dachte an die «Königin» der Termiten im Inneren des Baus und wunderte mich, wie sehr ihr Leben – ohne daß sie natürlich davon wußte – zum Vorbild für das Leben der Frauen in vielen afrikanischen Kulturen geworden war. Und daß es sie, blind dafür, wie sie war, und mit ihrem eigenen Problem von Versklavung beschäftigt, völlig gleichgültig ließ.

Es herrschte eine extreme Hitze. So heiß, daß Lorraine, die bei den Einstellungen half, ohnmächtig wurde.

Als Pratibha und ich zu Hause in Kalifornien darüber gesprochen hatten, diesen Film zu machen, und ich ihr Labis Song «Something Inside So Strong» vorspielte, hatte ich ihr erklärt, wie ich mir das Ende des Films vorstellte. Ich möchte, zusammen mit afrikanischen Frauen, eine Straße hinuntergehen. Es soll klarwerden, daß das Leben für uns weitergeht, und ich möchte, daß die Zuschauer den Drang verspüren aufzustehen und mit uns zusammen ins Leben hinauszugehen. Ich möchte, daß dazu dieses Lied gespielt wird. Nun. Kurz nachdem Lorraine wieder zu Bewußtsein kam und wir gerade zum Hotel zurückfahren wollten, kam doch tatsächlich eine Gruppe bunt gekleideter Frauen im Eiltempo die Straße herunter. Pratibha hielt sie an, erzählte, wer wir waren, und sagte, daß wir sie gerne filmen würden. Sie erklärten, daß sie zu einer Taufe und einem anschließenden Fest unterwegs seien und sich bereits verspätet hätten. Glücklicherweise erkannte Malign einige der Frauen, die aus seinem Dorf waren, und versprach, sie nach den Aufnahmen zu fahren.

Da waren wir also, auf einer staubigen, aus dem Nichts kommenden und ins Nichts führenden Straße im hintersten Hinterland von Gambia, die wir mit gleichmäßigen, schnellen Schritten hinuntergingen. Die Frauen waren schön und voll Humor. Obwohl wir nicht dieselbe Sprache sprachen, lachten wir viel. Sie hatten ausdrucksvolle Gesichter, und ihr Grunzen, Seufzen und Kichern klang so vertraut, daß ich das Gefühl hatte, alles zu verstehen. Wer sind diese Verrückten? fragten sie einander. Und warum machen sie uns solche Scherereien? Können nicht

Alice mit den Frauen, die auf dem Weg zu einer Taufe sind. Ein Bild aus der letzten Sequenz des Filmes

von hier sein. Nö, niemals. Ihre Köpfe sind unbedeckt, und alle tragen Hosen! Und sieh dir bloß die Hautfarbe an, jede sieht anders aus und jede hat andere Haare. Riechen tun sie auch etwas eigenartig. Und so weiter und so fort. Eigentlich war es wie ein Traum. Ich hatte das Gefühl, sie so gut zu kennen; ich hatte tatsächlich das Gefühl, sogar die Straße zu kennen, auf der wir gingen. Und irgendwie wußte ich auch, daß wir zusammen ihr Ende erreichen würden. Vielleicht war es unsere eigene Taufe, der wir entgegeneilten. Vielleicht treten wir heute, wie dieses neue Kind, in unseren Namen ein.

II. TEIL

Einleitung

Wir beginnen mannigfaltige Reisen im Laufe unseres Lebens, wir gehen auf unendlich vielen Wegen. Manchmal folgen wir auf einem dieser Wege einem goldenen Faden, der uns zu Menschen führt, die unserem Leben eine kostbare und heilige Struktur geben.

Der Film *Warrior Marks* begann, als Alice Walker zu mir kam und ihr Glaube an mich meine Seele berührte und sie inspirierte, Bilder und Worte für unsere gemeinsame Vision zu finden, daß Frauen nie mehr Gewalt angetan werde. Unsere Vorstellungskraft wollten wir dazu nutzen, einen Schritt voranzugehen, die Schönheit im Leben von Frauen zum Leuchten zu bringen.

Reisen haben viele Ausgangspunkte.

Ich wurde in Kenia, Ostafrika, geboren und ging in England zur Schule, aber ich wurde in dem Gedanken erzogen, daß Indien meine Heimat sei. Die Erfahrungen als Tochter unentwegt umherziehender Eltern, die in drei Kontinenten gelebt und gearbeitet haben, prägten mich entscheidend.

Meine Großeltern wurden von der britischen Kolonialmacht in Indien «ermutigt», nach Kenia zu gehen. Kenia erlangte 1963 seine Unabhängigkeit, und meine Familie zog einige Jahre später nach England um. Unsere neue Heimat empfing uns nicht mit offenen Armen. England war in dieser Zeit stark beherrscht von einem überkommenen Selbstbild als Mutterland für die ehemaligen Untertanen aus den Kolonien, unfähig, sich als auseinanderbrechende Nation, als ein Empire zu sehen, das schon lange tot war. 1967, als meine Familie und viele andere indische Familien in England ankamen, erreichte die Ablehnung von Farbigen gerade einen Höhepunkt. Pakistani zu verprügeln war ein beliebter Zeitvertreib. Auf dem Spielplatz in der Schule merkte ich zum ersten Mal, daß ich eine unerwünschte Fremde war. Jeder, der irgendwann einmal als marginal, als Außenseiter, als «anders» eingestuft wurde, weiß, was es heißt, wenn ein anderer ihn so definiert, wie es in seine Weltanschauung paßt.

Mitte der siebziger Jahre arbeitete ich mit einer Gruppe junger südasiatischer Frauen an einer Serie von vier Plakaten, die unter dem Motto «Nach unserem eigenen Bildnis» stand. Ein Plakat war «Selbstverteidigung ist kein Angriff» betitelt und zeigte das Foto einer jungen südasiatischen Frau, die Selbstverteidigung ausübt, und den Ausspruch eines vierzehnjährigen pakistanischen Mädchens: «Wenn jemand mich Paki nennt, schlag ich ihm den Kopf ein.» Die Serie sorgte für hitzige Debatten in den pädagogischen Institutionen Londons, und die Schulautoritäten argumentierten, daß die herausfordernden Bilder bewußt zu Gewalt aufriefen. Die Presse berichtete darüber. Während dieser Zeit begriff ich, welche Macht in Bildern steckt und welche Macht sie einem verleihen, und ich begann, mich für dieses Medium als Ausdrucksform des politischen Kampfes und des politischen Widerstands zu interessieren.

Ich kam zum Film und dazu, Videos zu drehen, durch politische und kulturelle Aktivitäten, hatte weder eine Film- noch eine Kunsthochschule besucht. Seit Mitte der siebziger Jahre war ich in England in feministischen und antirassistischen Gruppen engagiert. Anfang der achtziger Jahre arbeitete ich in einer Gruppe mit, die sich «Organization of Women of Asian and African Descent» nannte. Ich arbeitete auch für einen feministischen Verlag und hielt ein Seminar über «Woman, Race and Culture» an der University of London. Seitdem habe ich viele Artikel und Essays über Rassismus und Feminismus geschrieben und bin Mitherausgeberin mehrerer Anthologien von Schriften schwarzer Frauen und Frauen der «Dritten Welt». Diese Erfahrungen prägen bis heute meine Arbeit als Filmemacherin.

Es war mein Interesse für farbige Künstlerinnen, Schriftstellerinnen und politische Aktivistinnen, das zu meinem ersten Treffen mit Alice Walker führte.

Ich war 1989 in die Vereinigten Staaten gekommen, um das Robert-Flaherty-Filmseminar in Upstate New York zu besuchen, wo zwei meiner frühen Videos, *Emergence* und *Sari Red* gezeigt wurden. Ein englisches Monatsmagazin, für das ich ab und zu geschrieben hatte, beauftragte mich, von New York nach Kalifornien weiterzufliegen, um Alice Walker zu ihrem Roman *Im Tempel meines Herzens* zu interviewen. Den Kontakt zu Alice Walker ermöglichte June Jordan, eine gute Freundin, die Toni Morrison einmal Amerikas «beste schwarze Essayistin» genannt hat und die gerade nach Kalifornien gezogen war. June arrangierte ein Treffen mit Alice Walker, deren langjährige Freundin sie war.

Es war ein ganz besonderer Tag. June und Angela Davis, der mich June ebenfalls vorgestellt hatte, fuhren mich von Junes Haus in den Bergen von Berkeley nach San Francisco, wo Alice wohnte. So war ich also da, stand auf Alices Terrasse und wurde ihr von June vorgestellt. Es war ein außergewöhnlicher Moment, als ich da mit den drei Frauen zusammentraf, die ich alle so sehr bewunderte und respektierte.

Ich war etwas nervös wegen des Interviews und hatte mich sehr gut vorbereitet. Ich hatte *Im Tempel meines Herzens* im Flugzeug gelesen; der Zehnstundenflug von England war mir sehr schnell vergangen, da mich das Buch mehr und mehr fesselte.

Alice und ich redeten eine Stunde miteinander. Ich erinnere mich, wie die Sonne in den wunderschönen Raum schien, in dem wir saßen, und daran, daß ich die erstaunlichen Fotografien und Kunstwerke an den Wänden näher betrachten wollte. Es gab das große Foto einer eleganten und stolzen schwarzen Frau, von der ich später erfuhr, daß es Septima Poinsette Clark war, «eine der durchsetzungsfähigsten, aber unbekannten Heldinnen der Bürgerrechtsbewegung», wie Brian Lanker in seinem Buch *I Dream a World* schrieb.

Nach unserem Interview nahm Alice mich auf einen Spaziergang in den Park mit, der ihrem Haus gegenüberlag. Später am Nachmittag standen wir am Spülbecken in Alices Küche und aßen eine süße saftige Melone, während wir auf June und Angela warteten, die mich nach Berkeley zurückbringen würden. Ich erinnere mich an dieses einfache Teilen der Melone mit großem Vergnügen. Als wir gingen, machte Alice mir ein Geschenk. Es war *I Dream a World*. Der Umschlag des Buches zeigte ebendas Foto von Septima Clark, das ich vorher so sehr bewundert hatte. Monate später benutzte ich Fotos aus diesem Buch zur Dekoration eines Zimmers in meinem Film *A Place of Rage*.

Kurz nachdem mein Interview mit Alice erschienen war, erhielt ich zu meiner freudigen Überraschung eine Karte von ihr. Das Interview hatte ihr gefallen, und sie lud mich zum Tee ein, wenn ich das nächste Mal wieder in Kalifornien sein würde.

Zu dieser Zeit hatte ich mit der Arbeit an meinem Film *A Place of Rage* begonnen, einem Dokumentarfilm über June Jordan und Angela Davis. Dieser Film untersuchte die Rolle, die afroamerikanische Frauen in der Bürgerrechts- und der Black-Power-Bewegung spielten.

Als Menschen indischer Herkunft in den siebziger Jahren wegen ihrer Hautfarbe auf englischen Straßen umgebracht wurden, hatte ich nach Erklärungen für diese unverständliche Gewalt gesucht. Die amerikanische Bürgerrechtsbewegung hatte mich inspiriert, und ich fand ein Gerüst, um die komplizierten Zusammenhänge von Rassismus und Unterdrückung zu verstehen. Dieses neue Verständnis gab mir das nötige Selbstvertrauen, um mich in meiner Arbeit unmißverständlich auszudrücken.

Die Rolle von Frauen in diesen Bewegungen war nie angemessen berücksichtigt worden. Mit meinen bescheidenen Mitteln versuchte ich, diesen Eindruck in meinem Film *A Place of Rage* zu korrigieren.

Meine Bemühungen, filmisch einen Raum für farbige Frauen zu schaffen, in dem sich die, die verstreut über die Welt leben, erreichen konnten, hatte mit meinem ersten Video *Emergence* begonnen. Palästinensische, südasiatische, afroamerikanische und chinesische Frauen bringen hier über ihre Kunst die Ähnlichkeit ihrer Erfahrungen zum Ausdruck, die sie bei der Auswanderung, im Exil und in der Sklaverei gemacht hatten. *A Place of Rage* und *Warrior Marks* setzen diese Bemühungen, Zeugnis abzulegen, fort.

Im Januar 1990 ging ich nach Kalifornien zurück, um für *A Place of Rage* zu recherchieren. Bevor ich nach New York weiterflog, um dort Archivmaterial zu sichten, verbrachte ich einen Tag mit Alice und ihrer Tochter Rebecca. Sie nahmen mich zu einem Spaziergang an der pazifischen Küste mit. Während wir am Meer entlanggingen, fragte ich Alice, ob sie damit einverstanden wäre, für den Film über June und Angela interviewt zu werden. Ich hatte über Alices Engagement in der Bürgerrechtsbewegung gelesen und fand, daß sie ein großer Gewinn für den Film wäre. An diesem Tag begann meine Freundschaft mit Alice.

Im Dezember 1991 erreichte mich das Manuskript *Sie hüten das Geheimnis des Glücks* und der Vorschlag, mit ihr zusammen einen Dokumentarfilm über weibliche Genitalverstümmelung zu drehen. Ich fühlte mich geehrt, daß Alice mit mir zusammenarbeiten wollte, und stimmte aus ganzem Herzen zu.

Bereits vor der Lektüre von Alices Roman wußte ich über weibliche Genitalverstümmelung Bescheid. Mir war klar, daß sie nicht nur in Afrika und dem Mittleren Osten praktiziert wurde, sondern auch in anderen Teilen Asiens und in den kleinen Gemeinden von Bohra-Muslims in Indien, Pakistan und Ostafrika.

Ich erinnerte mich auch noch genau an die Debatte, die 1985 auf der Decade-for-Women-Konferenz der UNO in Nairobi, Kenia, ausgebrochen war. Viele afrikanische Frauen hatten ärgerlich reagiert, als westliche Feministinnen das Thema der weiblichen Beschneidung angesprochen hatten. «Hört auf, in unseren Unterhosen herumzufingern» war ihre Reaktion, hervorgerufen durch den kolonialistischen Ton, den der westliche Feminismus ihnen gegenüber anschlug, und den sie sich nicht bieten lassen wollten.

In den Jahren seitdem haben die afrikanischen Frauen nicht geschwiegen, und sie waren auch nicht untätig. Sie haben Konferenzen organisiert und Graswurzelprojekte auf die Beine gestellt – eine konzertierte Aktion, um die Praxis der Beschneidung zu stoppen. Viele afrikanische Frauen haben Schwestern aus anderen Ländern willkommen geheißen, die mit ihnen zusammenarbeiten wollen, um ihren Kampf bekanntzumachen.

Unter den afrikanischen Frauen, die die Kampagne gegen weibliche Beschneidung anführen, ist die Senegalesin Awa Thiam zur herausragenden Sprecherin geworden. Als ich Awa, die Autorin des Buches *Black Sisters, Speak Out*, das erste Mal traf, fragte ich sie, was sie davon halte, daß wir wegen unseres Filmes nach Afrika gekommen seien. Sie antwortete, daß das, was den Frauen in Afrika passiere, alle Frauen auf der Welt angehe. Auf diese Einstellung stießen wir wiederholt bei den afrikanischen Frauen, die wir auf unserer Reise trafen.

Während meiner Arbeit an *Warrior Marks* stellten mir Frauen aller Kulturen und Rassen Fragen: «Wie fühlen Sie sich als Nicht-Afrikanerin bei einem solchen Thema?» wollten sie wissen, und: «Haben Sie daran gedacht, daß hier Fragen von Kulturtransfer und Kulturimperialismus ins Spiel kommen?» Häufig wurden solche Fragen durch Kommentare wie diesen begleitet: «Sie sind so mutig, daß Sie das auf sich nehmen.»

Die Furcht, als Kulturimperialistinnen und Rassistinnen abgestempelt zu werden, hat dazu geführt, daß viele Frauen sich nur ungern zu weiblicher Beschneidung äußern und nur ungern etwas dagegen unternehmen. Von einer Handvoll weißer Feministinnen abgesehen, die in den letzten zehn Jahren darüber geschrieben oder sich dazu geäußert haben, herrscht ein ohrenbetäubendes Schweigen, eine Weigerung, sich kritisch oder aktiv mit diesem Tabubereich des Feminismus zu beschäftigen.

Zweifellos ist die weibliche Genitalverstümmelung ein schmerzliches, komplexes und schwieriges Thema, das Fragen aufwirft nach der kulturellen und nationalen Identität, der Sexualität, den Menschenrechten und dem Recht von Frauen und Mädchen, ein sicheres und gesundes Leben zu leben. Aber der komplexe Charakter dieses Themas darf nicht als Entschuldigung dafür dienen, danebenzustehen und nichts zu tun. Wen geht es etwas an, wenn afrikanischen Frauen und Kindern Gewalt angetan wird? Uns alle. Wenn einhundert Millionen weißer Frauen und Kinder mit einer solchen Selbstverständlichkeit im Namen irgendeiner Tradition verstümmelt worden wären, hätten die Aufschreie des Protests und des gerechten Zorns schon längst ein weltweites Erdbeben verursacht.

Der Widerwille, sich in andere Kulturen einzumischen, führt dazu, daß man afrikanische Kinder der Gefahr der Verstümmelung auch weiterhin aussetzt. Wenn wir uns nicht klar und deutlich dagegen aussprechen, erklären wir unser Einverständnis mit der Fortführung dieser Art von Gewalt. Wir dürfen aus der vielleicht sogar unbeabsichtigten Aufrechterhaltung der Tradition, Frauen zu beschneiden, keine Tugend machen.

Wenn man eine zwangsläufig komplexe und ehrliche Darstellung dieser Praktiken versucht, steht man vor einer Reihe von Problemen. Diese Fragen haben mich begleitet, während ich den Film drehte, und haben meine Einstellung geprägt. Zum Beispiel:

Wie kann ich ein Volk – und einen Kontinent – sensibel und respektvoll darstellen, wenn es in den historischen Darstellungen von groben Fehlern nur so wimmelt?

Wie erreiche ich, daß der Film *Warrior Marks* die kulturimperialistische Bildsprache von Afrika und den Afrikanern in Frage stellt, die in Hollywoodfilmen vom Typ *Out of Africa* verewigt werden?

Wie kann ich direkt mit afrikanischen Frauen zusammenarbeiten, damit diese Gewalt gegen Frauen und Mädchen aufhört?

Als Frau liegt mir daran, die perverse Gewalt, die Frauen in allen Kulturen, Rassen und Gesellschaften erleiden, zu beenden. Der Satz «Folter hat nichts mit Kultur zu tun» sagt uns ziemlich unmißverständlich, daß wir ritualisierte Gewalt nicht als wesentlichen Teil einer Kultur akzeptieren dürfen, und somit auch nicht irgendeine Art von Gewalt Frauen gegenüber.

Es macht mich wütend, wenn ich lese, daß zwanzigtausend muslimische Frauen im ehemaligen Jugoslawien ins Gefängnis geworfen und vergewaltigt wurden;

...wenn ich lese, daß in Indien alle zwei Stunden eine Frau verbrannt wird, weil ihre Mitgift dem Ehemann zu niedrig ist;

...wenn ich höre, daß in Asien Mädchen bei der Geburt nur deshalb ertränkt oder erstickt werden, weil sie Mädchen sind;

...wenn ich von Mädchen höre, die im Alter von einem Monat verbluteten, weil sie beschnitten wurden;

...wenn ich vierjährige Mädchen sehe, an denen im Namen von Tradition und Religion eine Klitorisbeschneidung vorgenommen wird;

...wenn ich vom Tod Hattie Cohns höre, einer afroamerikanischen lesbischen Frau, die 1992 in Oregon von Neonazis durch eine Feuerbombe ums Leben kam;

... wenn ich lese, daß Joy Gardner, die illegal nach England eingewandert war, von der britischen Polizei mit einem Leibgurt, der den Handfesseln von Sklaven ähnelte, gefesselt und mit Bandagen so lange geknebelt wurde, daß sie aufgrund ungenügender Sauerstoffzufuhr zum Gehirn starb.

Für mich hat Feminismus damit zu tun, einen gemeinsamen Raum zu schaffen, in dem Frauen versuchen können, das zu verändern und abzuschaffen, was ihnen schadet. Diese feministischen Impulse lenkten meinen Ärger, meinen Zorn und meine Intuition in die richtige Richtung, als ich *Warrior Marks* drehte.

Viel zu häufig wird unterstellt, daß man im Dokumentarfilm objektive Wahrheiten verfolge. Das ist nicht der Fall. Fälschlicherweise wird angenommen, daß man im Dokumentarfilm auf der Suche nach der Wahrheit, der Wirklichkeit sei, und umgekehrt, daß ein Spielfilm ein reines Produkt der Fantasie sei. Im Grunde sind Dokumentarfilme genauso subjektiv wie Spielfilme. Wenn ich einen Dokumentarfilm mache, wähle ich meine Interviewpartner aus, bestimme, was gefilmt wird und welche Worte welchen Bildern unterlegt werden. Dann verfahre ich nach denselben Kriterien, die ich anwenden würde, wenn ich einen Spielfilm mit Schauspielern, Kulissen, Drehorten und nach einem Skript drehen würde. In beiden Fällen sind es meine persönlichen Entscheidungen und meine Vorstellungen, die den Film prägen.

Als wir in Afrika drehten und mit afrikanischen Frauen über ihre Initiativen und Aktionen gegen weibliche Beschneidung sprachen, gaben wir nicht vor, neutral oder objektiv zu sein. Ich sprach offen darüber, daß ich diese Praktik verabscheue, und ich teilte diese Gefühle mit den Frauen, die ich traf und mit denen ich mich unterhielt. Ich erkannte, daß ich im Hinblick auf dieses Thema meine persönlichen Vorstellungen und mein eigenes politisches Verständnis mit nach Afrika gebracht hatte ...

Ich glaube, daß *Warrior Marks* Teil eines großen Projekts ist, das darauf zielt, sich klar und deutlich gegen die Gewalt auszusprechen, die sich gegen Frauen überall auf der Welt richtet. Wir müssen bereit sein, all unsere Unterschiede zu überwinden, ohne sie zu ignorieren, neue Gemeinschaften aufzubauen, die uns unseren utopischen Idealen näherbringen. Wir müssen bereit sein, unsere Vorstellungen von Weiblichkeit und feministischer Politik auch in Zukunft immer wieder neu zu definieren und Konzepte zu unterstützen, die zu größerer Gerechtigkeit und Gleichheit führen, während wir uns zugleich der Komplexität unserer verschiedenartigen Identitäten bewußt bleiben.

Wir können mit Hoffnung in die Zukunft blicken.

Ich sehe Anlaß zu Hoffnung, wenn ich über Mütter in Burkina Faso lese, die ihre Töchter ermutigen, gegen weibliche Beschneidung zu kämpfen. In ihren Bemühungen, Einstellungen zu verändern und den Widerstand zu brechen, der sich über Jahrhunderte hinweg aufgebaut hat, sind diese Frauen Pionierinnen.

Ich sehe Anlaß zu Hoffnung, wenn ich Väter und Ehemänner treffe, die den Wunsch ihrer Töchter und Ehefrauen unterstützen, nicht beschnitten zu werden.

Ich sehe Anlaß zu Hoffnung, wenn ich bemerke: Immer mehr Frauen erkennen, daß genitale Verstümmelung ein sinnloses Leiden und kein notwendiges Übel ist.

Wenn sich Frauen auf internationaler Ebene trotz aller Unterschiede politisch zusammentun, werden sie zu einer der bedeutendsten Mächte der Veränderung auf dieser Welt.

Ich danke Alice und all den Frauen, die während der Drehtage von *Warrior Marks* so offen über ihr Leid gesprochen haben, die uns ihre Herzen öffneten und uns Einblick in ihr Leben gestatteten.

In einer Welt, die von unmenschlichen Bildern überschwemmt und besessen ist, werde ich meine Reise fortsetzen, um Bilder tiefer Menschlichkeit zu schaffen.

Pratibha Parmar
Juli 1993

PRATIBHAS REISE

5. Januar 1992

Liebe Alice,
ein glückliches neues Jahr!
Ich war sehr aufgeregt, als mich das Manuskript Deines neuen Romans *Sie hüten das Geheimnis des Glücks* erreichte, und habe es über die Weihnachtstage gelesen. Es ist schon lange her, daß ich von meinen Gefühlen so überwältigt wurde. Es ist ein außerordentlich starkes, bewegendes Buch, das einen nicht mehr losläßt. Was Du beschreibst, ist wirklich furchtbar.

Die Figur der Tashi verfolgte mich tagelang; was sie im Laufe ihres Lebens durchgemacht hat, körperlich wie seelisch, ist unvorstellbar qualvoll. Ich kann, glaube ich, nachvollziehen, wie stark es einen emotional auslaugt, ein solches Buch zu schreiben und in Gedanken mit nichts anderem beschäftigt zu sein.

Ich wäre sehr daran interessiert, mit Dir zusammen einen Dokumentarfilm über weibliche Beschneidung zu drehen. Du weißt ja, daß ich, schon seit wir uns kennenlernten – das war, bevor ich *A Place of Rage* drehte –, mit Dir zusammen an einem Projekt arbeiten wollte. Ich glaube, daß ein umfassender und sensibler Film zu diesem Thema ein notwendiger und wichtiger Beitrag zum Kampf gegen weibliche Beschneidung wäre. Ich möchte Filme machen, in denen weibliche Erfahrungen aus einer internationalen Perspektive heraus gezeigt werden. (Ich habe übrigens tatsächlich mit einer anderen Schriftstellerin, einer Inderin, an einem Skript gearbeitet, das sich mit dem Tod indischer Frauen beschäftigt, die nicht genügend Mitgift in die Ehe einbringen.)

Was ich so bewundernswert an *Sie hüten das Geheimnis des Glücks* finde, ist die Art, wie es die komplexen und schwierigen Themen von Geschlecht, Sexualität, kulturellen und nationalen Unterschieden zusammenfaßt, indem es den Erfahrungen einer einzigen Frau nachgeht, die beschnitten wurde. Differenz ist nicht neutral, und Identität kann zu einer wichtigen Quelle von Politik werden. Aber sowohl Identität wie auch kulturelle Differenz wird im Zusammenspiel von Geschichte, Sprache, Erinnerung und Macht immer wieder neu erfunden, verändert und verhandelt werden. Diese zentrale Aussage des Romans ist eine Herausforderung, da sie grenzüberschreitend ist, was das zeitgemäße Denken anbelangt.

Daß es weibliche Beschneidung immer noch gibt, hängt vor allem damit zusammen, daß es an internationalem Druck und an den Mitteln für Aufklärungskampagnen zur Beseitigung dieser schädlichen Tradition fehlt. Es ist deshalb wichtig, daß man diese Tatsachen als das betrachtet, was sie sind: Teil der kontinuierlichen Gewalt gegen Frauen in vielen Kulturen und Gesellschaften. So mannigfache Formen diese Art von Gewalt annimmt, geht es im Prinzip um einen universalen Haß auf Frauen, um Misogynie. Die Gewalt des Patriarchats hat einen vernichtenden Einfluß auf das tägliche Leben von Frauen.

In den letzten Jahren wurde im britischen Fernsehen eine Reihe von Dokumentarfilmen gezeigt, die sich auf Genitalbeschneidungen in den somalischen Einwanderergruppen in England konzentrierten. Der Film *Female Circumcision* veranlaßte die britische Regierung, ein Gesetz zu erlassen, das diese Praktiken im Hoheitsbereich der britischen Krone verbietet.

Ich werde anfangen, mich um potentielle Geldgeber für den Dokumentarfilm zu kümmern, wie Du es in Deinem Brief vorschlägst. Trotzdem hoffe ich, daß der Roman irgendwann in Zukunft einmal verfilmt wird. Er enthält so viele ergiebige Bildmetaphern, die von einer zwingenden «poetischen Logik» getragen werden, es gibt darüber hinaus eine faszinierende Erzählstruktur und unvergeßliche Charaktere.

Nun, dies sind ein paar Vorausüberlegungen meinerseits. Da ist so sehr viel mehr, was ich gerne sagen würde, aber ich spare es mir auf, bis ich nächsten Monat nach Kalifornien komme.

Ich fühle mich geehrt, daß Du mich gebeten hast, mit Dir an diesem Projekt zusammenzuarbeiten. Ich weiß, daß wir zusammen einen Film machen können, der in seinem Zorn schön sein wird, der eine Vision voller Hoffnung enthalten und dem Kampf gegen weibliche Genitalverstümmelung nützen wird.

Ich freue mich sehr darauf, Dich zu sehen.

Viele liebe Grüße,
Pratibha

Juni 1992 – September 1992

Vielleicht wie ein Tropfen Wasser im Ozean, oder noch immer
wie eine einzelne Träne
im Meer,
WIR MÜSSEN laut und öffentlich verkünden, was sich in den
Köpfen aller Frauen als Flüstern regt,
offen anprangern, welche Verbrechen an Frauen begangen werden, welche
Verstümmelungen
Frauen
resigniert ertragen,

Widerstand leisten auf jeder Ebene,
aktiven Widerstand,
effektiven Widerstand
gegen jegliche Art von Unterdrückung,
woher sie auch immer stammt – unaufhörlich.
Nur wenn wir zahllose Stimmen in einer vereinigen,
nur durch zahllose Akte des Widerstands,
die unendliche Summe der Sehnsüchte nach Veränderung,
einer grenzenlosen Summe guten Willens,
des Willens, die Art, wie wir leben, zu verändern, könnten wir das jetzige Gesicht der Welt verändern
und sofort würde die Achtung vor den Frauen die Unterdrükkung und monströse Ausbeutung, die sie ertragen, beenden, eine Unterdrückung und Ausbeutung, die in der Vergangenheit und bis auf den heutigen Tag ihr tägliches Los ist.
Es gibt nur eine Stärke: die, die in der Vielheit der Stimmen, der Menschen und Gewissen liegt,
die entschlossen sind, eine radikale Veränderung der dekadenten Sozialstrukturen der Gegenwart herbeizuführen. Es gibt keinen anderen Weg.
AWA THIAM

Es gibt keinen Kompromiß zwischen Freiheit und Sklaverei.
PATRICE LUMUMBA

Ich werde Post-Feministin im Post-Patriarchat.
Slogan auf einem T-Shirt

Ich las die ersten beiden Zitate auf den Eingangsseiten von Awa Thiams grundlegendem Text *Black Sisters, Speak Out: Feminism and Oppression in Black Africa*. Von all den Texten, auf die ich während meiner Recherchen zu *Warrior Marks* stieß, war es

Awas Buch, das einen unauslöschlichen Eindruck hinterließ. Zum ersten Mal las ich ein Buch, das von der Position einer afrikanischen Feministin aus geschrieben war: radikal, kompromißlos und verheerend, was die detaillierte Erfassung aller Formen von Unterdrückung anbelangt, der afrikanische Frauen ausgesetzt sind. Die Kapitel über Klitorisbeschneidung und Infibulation enthielten authentische, persönliche Geschichten von Frauen, die dieser Art sexueller Verstümmelung ausgesetzt waren. Das Leid und die Angst, die diese Frauen erlitten hatten, erreichte einen noch beim Lesen, ebenso ihre Wut und ihr Zorn. Besonders die Geschichte einer Frau, die mit zwölf Jahren beschnitten wurde, übertraf durch ihre Beschreibung der Qual alles, was ich durch medizinische Erklärungen oder aufwühlende Fotos der zerstörten Vaginen wußte. Ich beschloß, diese Geschichte als einen der Texte im Film einzusetzen. Im Lauf der Zeit wurde P. K.s Geschichte immer deutlicher zum Zentrum des Films, ihre emotionale Wirkung legte sich wie Schichten zwischen die Interviews. Meiner Erfahrung nach sind die Geschichten, die es erreichen, daß sich mir die Haare im Nacken aufrichten und sich mir der Magen zusammenkrampft, auch die, deren emotionale Wirkung am längsten anhält.

P. K.s Geschichte

Ich war gerade zwölf geworden, als ich beschnitten wurde. Ich erinnere mich immer noch sehr genau an die Operation und an die Zeremonie, die damit einherging. In dem Dorf, in dem ich lebte, wurde die Beschneidung nur an zwei Tagen der Woche durchgeführt: an Montagen und an Donnerstagen. Ich weiß nicht, ob ein Brauch dahinterstand. Ich sollte zusammen mit den anderen Mädchen meines Alters beschnitten werden. Am Abend davor wurde gefeiert. All die alten und jungen Leute des Dorfes versammelten sich und stopften sich mit Essen voll.

Die Tamtams wurden laut geschlagen, bis spät in die Nacht hinein. Sehr früh am nächsten Morgen brachten mich meine beiden Lieblingstanten zu der Hütte, wo die Beschneiderin mit einigen anderen jüngeren Frauen wartete. Meine Mutter geriet zu leicht aus der Fassung, als daß sie irgend etwas mit dem, was geschah, zu tun haben wollte. Die Beschneiderin war eine alte Frau, die zur Kaste der Hufschmiede gehörte. Hier in Mali sind es meist Frauen dieser Kaste, die die Beschneidung der Klitoris und die Infibulation durchführen. Auf der Schwelle der Hütte tauschten meine Tanten die vorgeschriebenen Begrüßungsformeln aus und ließen mich dann in den Händen der Beschneiderin. In diesem Augenblick hatte ich das Gefühl, als ob sich die Erde unter mir öffnen würde. Eine Vorahnung? Angst vor dem Unbekannten? Ich wußte nicht, was Beschneidung war, aber ich hatte schon mehrmals gerade beschnittene Mädchen gehen sehen, und ich kann dir versichern, daß es kein schöner Anblick war. Von hinten hätte man denken können, sie seien kleine, gebückte alte Frauen, die versuchten, ein Lineal zwischen ihren Knöcheln zu balancieren, ohne es fallen zu lassen. Meine Verwandten hatten mir gesagt, daß die Beschneidung nicht schmerzhaft sei. Es täte nicht weh, hatten sie mir wiederholt versichert.

Aber die Erinnerung an den Ausdruck auf den Gesichtern der beschnittenen Mädchen, die ich gesehen hatte, ließ Angst in mir aufsteigen. Versuchten diese älteren Frauen nicht nur einfach, mich zu beruhigen und meine Ängste zu beschwichtigen?

Sobald ich in der Hütte war, begannen die Frauen mein Loblied zu singen, aber ich war so verängstigt, daß ich nicht hinhörte. Meine Kehle war trocken, und ich schwitzte, obwohl es früh am Morgen und noch nicht heiß war. «Leg dich dort hin», sagte die Beschneiderin plötzlich zu mir und zeigte auf eine auf dem Boden ausgebreitete Matte. Ich hatte mich kaum hingelegt, als ich spürte, wie meine dünnen schmächtigen Beine von kräftigen Händen fest gepackt und weit auseinandergezogen wurden. Ich hob meinen Kopf. Zwei Frauen auf jeder Seite drückten mich zu Boden. Auch meine Arme wurden festgehalten, so daß ich sie nicht bewegen konnte. Plötzlich spürte ich, wie man mir etwas Eigenartiges über meine Genitalien streute. Erst später erfuhr ich, daß es Sand war. Man meinte anscheinend, daß das die Beschneidung erleichtere. Was ich spürte, war höchst unangenehm. Eine Hand hatte einen Teil meiner Genitalien ergriffen. Mein Herz setzte einen Schlag lang aus. In diesem Moment hätte ich alles gegeben, um tausend Meilen weit weg zu sein; dann brachte mich ein Schmerz, der mich durchfuhr, aus meinen Fluchtgedanken in die Realität zurück. Ich wurde bereits beschnitten: Zuerst wurden mir die kleinen Schamlippen weggeschnitten, dann die Klitoris. Die Operation schien eine Ewigkeit zu dauern, da sie «perfekt» sein mußte. Ich war in einer endlosen Agonie gefangen, die mich sowohl körperlich als seelisch auseinanderriß. Es wurde vorausgesetzt, daß Mädchen meines Alters in dieser Situation nicht weinten. Ich brach die Regel. Ich reagierte von Anfang an mit Tränen und Schmerzensschreien. Ich spürte, daß ich naß war. Ich blutete. Das Blut schoß in Strömen heraus. Dann behandelten sie mich mit einer Mischung aus Butter und Heilkräutern, die das Blut zum Stillstand brachte. Niemals zuvor hatte ich einen so entsetzlichen Schmerz gespürt!

Danach lockerten die Frauen ihren Griff und gaben meinen verstümmelten Körper frei. In dem Zustand, in dem ich mich befand, hatte ich nicht das Bedürfnis aufzustehen. Aber die Stimme der Beschneiderin zwang mich dazu. «Es ist alles vorbei! Du kannst aufstehen. Du siehst, es war im Grunde doch gar nicht so schlimm!» Zwei Frauen in der Hütte halfen mir auf die Füße. Dann zwangen sie mich, zurück zu den anderen Mädchen zu gehen, die bereits beschnitten worden waren, und auch noch dazu, mit ihnen zusammen zu tanzen. Es war wirklich zuviel verlangt. Trotzdem versuchten alle Mädchen ihr Bestes. Umkreist von jungen und alten Menschen, die sich aus diesem Anlaß um uns versammelt hatten, begann auch ich, mich zu bewegen und ein paar Tanzschritte zu machen, wie es mir die Frauen befahlen. Ich kann nicht beschreiben, wie ich mich in diesem Moment fühlte. Da war der brennende Schmerz zwischen den Beinen. Tränenüberströmt hüpfte ich eher, als daß ich tanzte. Ich war, was man ein schwaches Kind nannte. Ich war erschöpft, ausgelaugt. Als die Aufseherinnen uns weiterhin zu diesem endlosen monströsen Tanz antrieben, spürte ich, wie plötzlich alles um mich herum verschwamm. Dann wußte ich nichts mehr. Ich war in Ohnmacht gefallen. Als ich wieder zu Bewußtsein kam, lag ich in einer Hütte, und mehrere Personen standen um mich herum.

Die schrecklichsten Augenblicke danach waren, wenn ich Stuhlgang hatte. Es dauerte einen Monat, bis ich vollständig verheilt war, da ich mich dauernd dort kratzen mußte, wo mich die Wunde an meinen Genitalien juckte. Als es mir besserging, verspotteten mich alle, da ich, wie sie sagten, nicht tapfer gewesen sei.

Awa Thiam schrieb ihr Buch aus ihrem Verständnis der universellen Muster patriarchaler Gewalt gegen Frauen heraus. Ihr Glaube an die Macht des internationalen Feminismus, Dinge in Frage zu stellen und zu verändern, war erhebend, vor allem in einer Zeit, in der so viele europäische und amerikanische Feministinnen über Postfeminismus reden.

Wie kann es Diskussionen über Postfeminismus geben, wenn mehr als ein Dreiviertel aller Frauen auf der Welt an der Armutsgrenze leben? Wenn die weiblichen Sterbeziffern rapide ansteigen? Wenn, laut Schätzungen, bis zum Ende dieses Jahrhunderts 3,5 Millionen Frauen allein in Afrika mit Aids leben müssen? Über Postfeminismus zu reden, wenn regelmäßig kleine Mädchen in Bangladesch, China, Afghanistan und Indien bei ihrer Geburt getötet werden, bedeutet, von einer ökonomisch, sozial und politisch privilegierten Position aus zu sprechen – die übrigens die meisten Frauen sogar in westlichen Ländern nicht innehaben.

Mein politisches Verständnis von Klitorisbeschneidungen entwickelte sich aus meiner langjährigen Arbeit als Feministin: Ich las und schrieb über feministische Theorie und war in verschiedenen Gruppen aktiv, die seit den siebziger Jahren in England die Women's-Lib-Bewegung aufgebaut haben.

Als farbige Frauen haben wir das Paradigma des westlichen Feminismus, das eine nichtexistente universelle Schwesternschaft behauptet, nicht unkritisch übernommen. Über Jahrzehnte haben wir die Strategien und Aktionen der weißen Feministinnen kritisiert, die unsere rassischen und kulturellen Verschiedenheiten und Besonderheiten ignorierten. Wir haben auf unserer Eigenständigkeit bestanden und Organisationen gegründet, die unseren eigenen Stimmen ein Forum lieferten.

Als farbige Frauen haben wir es nicht akzeptiert, daß wir marginal, anders, exotisch, entbehrlich oder in irgendeiner Weise weniger wertvoll sind als jedes andere menschliche Wesen auf der Welt. Die Suche nach einer Definition von Weiblichkeit, von Identität, die unseren spezifischen kulturellen und rassischen Erinnerungen und unserer Geschichte gerecht wird, zeigt sich nirgends deutlicher als im wachsenden Œuvre der Malerinnen, Schriftstellerinnen, Lyrikerinnen und, seit neuestem, Filmemacherinnen in den Vereinigten Staaten und in England. In dieser Arena der Kulturschaffenden haben viele von uns versucht, individuelle Visionen zu artikulieren. Wir beharren auf einem internationalen Verständnis von Feminismus, und so suchen wir gleichgesinnte Schwestern auf der ganzen Welt.

Awa Thiam lebte im Senegal, und das allein schon war Grund genug für uns, dort zu filmen. Ein vorrangiges Prinzip bei der Konzeption des Films war es, den Stimmen afrikanischer Frauen breiten Raum zu geben: zornigen, analytischen, widerständigen und selbstbewußten Stimmen. Ein Interview mit Afrikas erster und führender Feministin war absolut wichtig.

Einige Dokumentarfilme, die ich über weibliche Genitalverstümmelung gesehen hatte, neigten dazu, das Thema sensationsheischend anzugehen und die entsprechenden Praktiken als etwas hinzustellen, das sich weit außerhalb der westlichen Zivilisation abspielte, als «anders», «weit entfernt», «barbarisch». Doch die seelischen und körperlichen Verstümmelungen, denen westliche Frauen ausgesetzt sind, sind gleichermaßen zerstörerisch: ungewollte Gebärmutterentfernungen, endloses Liften, Liposuktion, Bulimie, Anorexie, Silikonimplantate in den Brüsten – all dies im Dienste ewiger Jugend und wechselhafter Vorstellungen von dem, was die ideale Frau ist.

Ich begann, ernsthaft zu recherchieren und las viele Bücher, unter anderem Hanny Lightfoot-Kleins *Das grausame Ritual* und Fran Hoskens *The Hosken Report*, beide sehr informativ. Ich las *Sie hüten das Geheimnis des Glücks* ein zweites Mal.

Rita Wolf, eine Schauspielerin, die in *Khush* mitgespielt und mit der ich mich befreundet hatte, gab mir Gloria Steinems Buch *Outrageous Acts and Everyday Rebellions*. Seinerzeit hatte mir die Art, in der sie in einem mit Robin Morgan zusammen verfaßten Artikel Praktiken wie die weibliche Beschneidung mit Beispielen patriarchaler Unterdrückung in den Vereinigten Staaten und Europa in Zusammenhang gebracht hatte, imponiniert. Ich erfuhr, daß medizinische Texte des 19. Jahrhunderts die Klitorisbeschneidung als anerkannte Therapie für Nymphomanie, Hysterie und Masturbation befürworteten. Freud warf viele Fragen auf, als er behauptete, daß die Aufgabe der klitoralen Sexualität eine notwendige Voraussetzung für die Entwicklung von Weiblichkeit sei.

Das Bedürfnis, weibliche Sexualität zu kontrollieren, zu zügeln und zu problematisieren, tauchte schon immer in den verschiedensten Kulturen auf. Die Ähnlichkeiten, die bestimmte Mythen und Fehlkonzeptionen über die Kontinente und Zeiten hinweg aufweisen, sind erstaunlich. So hat zum Beispiel Freuds Vorstellung von der «vagina dentata» seinen fast genauen Gegenpart in bestimmten Mythen, volkstümlichen Überlieferungen und Sagen, die Awa Thiam in ihrem Buch beschreibt. «Der Mythos von der mit Zähnen bewaffneten Vagina findet sich in vielen Ländern: zum Beispiel unter den Bena-Lulua-Leuten im Kongo, im Gran Chaco unter den Tobas und unter den Ainu in Japan. Es ist erstaunlich, daß die Klitoris als Dolch in der Vorstellung der Bambara fast identisch ist mit der der Toba, die sie als übriggebliebenen Zahn sehen, vermutlich ein Überbleibsel der ‹vagina dentata›.»

Dieser uralte Glaube, daß der Klitoris, wenn sie nicht entfernt wird, rasiermesserscharfe Zähne wachsen, die den Penis verschlingen, spiegelt sich in Freuds Lehre. Hinter verschiedenen Maskierungen verbirgt sich eine Absicht: das Recht von Frauen auf eine selbständige Sexualität zu zerstören und männlichen Ängsten und Begierden Vorschub zu leisten.

Nachdem ich mich durch die Literatur gearbeitet hatte, schrieb ich als nächstes ein Treatment, das ich, zusammen mit Alices Statement, im Juni an Alain Fountain von Channel 4 Television schickte. Alain und ich trafen uns im August. Ursprünglich hatte ich einen Dokumentarfilm von der Länge eines Features geplant, 72 Minuten lang, der Szenen aus *Sie hüten das Geheimnis des Glücks* enthalten sollte.

Auszüge aus dem Treatment für Warrior Marks,
vorgelegt bei Channel 4 Television,
Format: 16 mm; Länge: 72 Minuten

Zum Film

Warrior Marks ist ein Film über Reisen, die sich überschneiden, die miteinander kollidieren und Brüche verursachen.

Über eine Reise, die eine Schriftstellerin durch ihr Innerstes führt und die sie unternimmt, indem sie ein Buch schreibt.

Über eine Reise, die die Hauptfigur des Romans durch eine psychische Erkrankung führt, als sie versucht, das Trauma ihrer Kindheit zu überwinden.

Über eine Reise, die die Filmemacherin mit der Schriftstellerin und ihrer Romanfigur Tashi durch Kalifornien, Afrika und Europa unternimmt.

Die Reise der Schriftstellerin und das Buch

Ich möchte Alice Walker in ihrem Haus in Kalifornien filmen, bevor sie mit ihrem Buch auf Lesereise geht. Welche Hoffnungen, Erwartungen und Gedanken bewegen sie? Welche Reaktionen auf das Buch erwartet sie? Wie bereitet sie sich innerlich auf die vorauszusehenden Feindseligkeiten vor, denen sie als Person und denen das Buch ausgesetzt sein wird, da sie etwas «Verbotenes» anspricht? Warum sind ihre Gefühle, was dieses Thema anbelangt, so leidenschaftlich? Denkt sie, daß sie diese uralte «Tradition» ändern kann? Und wie? Welche Recherchen hat sie für ihr Buch unternommen?

Danach werden wir mit ihr zusammen reisen und die Promotion des Buches in Südafrika und Zimbabwe filmen, wo wir die spontanen Reaktionen und Äußerungen auf den Roman einfangen wollen. Werden diese Reaktionen anders sein als in London? Welche Gefühle hat Alice, wenn sie auf Lesereise in Südafrika ist?

Die Reise Tashis, der Hauptfigur des Romans
Wir werden einige Schlüsselszenen von Tashis Reise durch ihre psychische Krankheit dramatisieren. Es handelt sich um die Szenen, in denen sie verzweifelt versucht, über eine Psychoanalyse die Fähigkeit wiederzuerlangen, ihre eigene Realität zu erkennen und irgend etwas zu fühlen. Als sie sich mit den mythologischen «Begründungen» beschäftigt, die ihre Ahnen einstmals erfanden, um das zu erklären, was ihr und Millionen anderer Frauen und Mädchen über Tausende von Jahren angetan wurde, beginnt sie zu verstehen. Und damit wachsen Trauer und Zorn, Gefühle, die sie dazu bringen zu handeln.

Die Reise der Schriftstellerin zu den Orten, an denen das Ritual der weiblichen Genitalbeschneidung praktiziert wird
Ich möchte Alice Walkers Reise nach Afrika, genauer gesagt nach Kenia und Senegal, filmen. Alice wünscht sich Aufnahmen, wie sie mit Stammesältesten, den alten Frauen, mit jungen und älteren Ehepaaren über deren sexuelle und psychische Erfahrungen mit der Klitorisbeschneidung redet. Sie würde gerne Kliniken besuchen, in denen solche «Eingriffe» vorgenommen werden.

Die Reise der Filmemacherin mit der Schriftstellerin, mit dem Buch und mit Tashi, der Hauptfigur des Romans
Ich möchte Alice Walker in der afrikanischen Landschaft filmen: abgelegene Dörfer, wo Frauen sich und ihre Wäsche im Fluß waschen, wo sie Brennholz sammeln und es ins Dorf tragen, wo Männer im Schatten eines Baumes Spiele spielen, Frauen das Essen bereiten, Hochzeitsvorbereitungen treffen, Kinder zur Welt bringen, Mädchen auf das Ritual der Beschnei-

dung vorbereitet werden, die Gesichter älterer Frauen, Frauen, die Festgesänge und Trauerlieder singen, die untergehende Sonne, das Licht des frühen Morgens, die Details, die Stimmungen und Gefühle des Alltagslebens in einem Dorf im ländlichen Afrika.

Ich glaube, daß es wichtig ist, die Essenz des dörflichen Alltagslebens einzufangen und die Praktik der weiblichen Beschneidung in diesem Zusammenhang zu zeigen. Der Film wird sich von früheren Dokumentarfilmen unterscheiden, «die das Thema der weiblichen Beschneidung behandeln». In diesem Film wird eine alte Tradition vorgeführt und öffentlich diskutiert werden, und zwar mit Frauen, die eine große Bandbreite von Gefühlen und Meinungen zum Ausdruck bringen.

Dieser Film wird sich mit drei Dingen beschäftigen: mit dem Kontinent Afrika, mit Alice Walker, der Schriftstellerin, und mit der literarischen Figur Tashi. Der Film wird sich zwischen den Kontinenten hin- und herbewegen, wird die Konflikte, die Reibungen, die Spannungen und das Drama einfangen.

Sequenzen aus allen drei Teilen werden in einem nichtlinearen, aber emotional und visuell strukturierten Film zusammengebracht: Die Erforschung einer uralten Tradition aus verschiedenen Blickwinkeln. Der Film wird aus vielen Schichten bestehen, ein Gewebe aus mannigfaltigen Bildern und Geräuschen, Charakteren, Geschichten und Landschaften, fiktionalen wie realen.

26. August 1992

Liebe Alice,

wunderbare Neuigkeiten! Letzte Woche traf ich mich mit den Chefredakteuren von Channel 4, um über unseren Film zu sprechen, und habe gerade erfahren, daß Gelder genehmigt worden sind und man den Film für den nächsten Herbst einplant. Ich bin aufgeregt und freue mich so!

Es war ein gutes Gespräch, und wir haben den Film im Detail diskutiert. Sie sind sehr interessiert und enthusiastisch. Ich hatte meine Bedenken, ob es ihnen gelingen würde, Geld lockerzumachen, da die Fernsehbudgets dieses Jahr so drastisch gekürzt worden sind, aber wir haben es geschafft!

Redakteure sind Alan Fountain und Caroline Spry, die auch einige meiner anderen Filme in ihr Programm übernommen haben: z. B. *Khush, Double the Trouble, Twice the Fun* und *A Place of Rage*. Sie sagten, daß sie interessiert seien, wieder mit mir zusammenzuarbeiten, und daß sie aufgrund des Treatments das Gefühl hätten, es würde ein guter und herausfordernder Programmbeitrag. Es ist gut, ihre Unterstützung zu haben.

Sie möchten den Film in einer Serie mit dem Titel *Critical Eye* zeigen, die im Herbst 1993 gestartet wird. Wir haben eine Stunde Sendezeit, und sie liegt in der Hauptsendezeit, die gewöhnlich hohe Einschaltquoten garantiert. *A Place of Rage* wurde auch zur Primetime ausgestrahlt.

Es gibt einige Dinge, die wir besprechen sollten:

1. Wenn wir im Sudan, im Senegal und in Kenia drehen wollen, müssen wir, zusätzlich zu dem Geld, das wir bereits haben, weitere 80000 Dollar aufbringen. Es wird schwierig sein, das in England zu bekommen, und ich frage mich, ob wir nicht eine amerikanische Stiftung anschreiben sollten, zum Beispiel die Rockefeller oder die Ford Foundation. Ich erinnere mich, daß Du, als wir uns das letzte Mal sahen, so etwas erwähnt hast. Sag mir, was Du davon hältst oder ob Dir in dieser Richtung noch etwas anderes einfällt.

2. Ich habe mit Sarah Wherry von Jonathan Cape in London gesprochen, die mir den Zeitplan für Deinen bevorstehenden Englandbesuch gegeben hat. Es wäre interessant, Dich zusammen mit Efua Dorkenoo im Africa Center zu filmen – soweit ich sehe, triffst Du sie dort am 14. Oktober.

Ich würde außerdem gerne die Podiumsdiskussion im Institute of Contemporary Arts aufnehmen, an der Du am 15. Oktober teilnimmst. Es scheint mir wichtig, diese beiden Ereignisse als Sequenzen in den Film zu integrieren, da sie eine konkrete Vorstellung von Deiner Lesereise vermitteln.

Laß mich wissen, was Du davon hältst, da ich mich schon ziemlich bald um eine Filmcrew und die Organisation kümmern muß. Wir müssen auch Zeit einplanen, uns weiter über den Film zu unterhalten. Ich habe mit Sarah einen Termin für den 17. Oktober abgesprochen. An diesem Samstag bist Du bei uns zum Dinner eingeladen.

3. Es muß so schnell wie möglich entschieden werden, wer Produktions- und Forschungsassistentin sein wird. Ist Rebecca noch interessiert und wäre sie in der Zeit frei, in der wir sie bräuchten? Wenn sie mitmachen möchte, richte ihr doch bitte aus, daß sie mich so schnell wie möglich anrufen soll, damit ich alles weitere mit ihr besprechen kann. Ich komme im Oktober für einige Wochen nach Kalifornien und habe vor, den Dezember dort zu verbringen. In der Zwischenzeit umarme ich Dich herzlich und warte gespannt auf Deine Antwort.

Alles Liebe,
Pratibha

Obwohl ich mich freute, daß Channel 4 bereit war, in den Film zu investieren, hatte es den Nachteil, daß der Film nur die Länge von einer Stunde haben durfte (was beim Fernsehen 52.30 Minuten bedeutet). Filme, die im Fernsehen gezeigt werden, müssen sich in festgelegte Zeitraster einpassen lassen. Dokumentarfilme von der Länge eines Features werden selten gezeigt. Trotzdem war ich begeistert. Der Dokumentarfilm in Feature-Länge würde warten müssen, und in der Zwischenzeit wollte ich mir das Geld sichern, das der Sender zur Verfügung stellte.

Ich wußte auch, daß im rezessionsgebeutelten England viele kleine Filmgesellschaften pleite gegangen waren und viele Filmemacher keine Arbeit hatten und sehen mußten, wie sie durchkamen. Es ist schwer, bei der Fernsehindustrie finanzielle Unterstützung für unabhängige Filme zu bekommen, besonders für Dokumentarfilme, die den Status quo in Frage stellen. Ich hatte Glück gehabt und wußte irgendwie, daß dieser Film gedreht werden würde. Jetzt, da wir das Geld bewilligt bekommen hatten, konnte ich weitermachen und die konkrete Seite der Sache planen. Ich mußte mein ursprüngliches Treatment angesichts der finanziellen Grenzen und der kürzeren Sendezeit nochmals überdenken. Ich entschloß mich, den Film zu verschlanken, indem ich die geplante Dramatisierung einiger Szenen aus *Sie hüten das Geheimnis des Glücks* wegließ, was mir schwerfiel.

Während dieser Zeit traf ich Efua Dorkenoo, die Gründerin der Foundation for Women's Health, Research and Development (FORWARD). Diese Gruppe, aus der später FORWARD International hervorging, ist eine unabhängige Organisation, die 1983 gegründet wurde, um die medizinische Versorgung afrikanischer Frauen und deren allgemeine Gesundheitssituation zu verbessern. Ein Schwerpunkt ihrer Arbeit ist die Aufklärung über die weibliche Genitalverstümmelung. Efua ist sehr engagiert für ihre Kampagnen und leistet seit Jahren Graswurzelarbeit mit afrikanischen Frauen. Das Engagement gegen die weibliche Genitalverstümmelung ist ein Hauptziel ihrer Arbeit. Sie war die erste Person, die 1982 die weibliche Beschneidung als eine Verletzung der Menschenrechte vor eine Menschenrechtskommission der UNO brachte.

Efua zu treffen und ihren zahllosen Geschichten über die afrikanischen Schwestern zuzuhören, die durch diese Brutalität fürs Leben gezeichnet sind, war ebenso lehrreich wie elektrisierend. Efua erklärte sich bereit, uns zu beraten. Ihre unschätzbaren Hinweise, welche Länder in Afrika wir besuchen sollen, und ihre Kontakte werden uns auf die richtige Spur setzen.

Oktober 1992
Die amerikanische Ausgabe von *Sie hüten das Geheimnis des Glücks* ist im Herbst 1992 erschienen. Alice kam zu einer Buchvorstellung, die ihr Verleger organisiert hatte, nach London. Das Buch sollte ursprünglich in Südafrika vorgestellt werden, und ich hatte gehofft, dort filmen zu können, aber die Reise wurde wegen der dortigen Eskalation von Gewalt abgesagt.

Die Kernidee des Films, an dem ich nun arbeitete, war Alices Beschäftigung mit der Beschneidung. Ich fand es wichtig, daß der Film Alice zeigte, wie sie verschiedenartige Frauen traf, deren Leben durch diese «Tradition» tief geprägt worden war.

Erster Drehtag
9. Oktober 1992
Wir filmten Alice, wie sie im Africa Center in Covent Garden eintraf und dort Efua kennenlernte. Da wir für das Interview und die Diskussion der beiden keinen ruhigen Raum finden konnten, verlegten wir die Aufnahmen ins Restaurant Ivy, das

Alice und die Yoruba-Priesterin in Tottenham

An der Themse in London. Pratibha Parmar im Gespräch mit Alice Walker

nicht weit vom Center entfernt ist. Danach mußten wir sofort zur African Refugee Group in Tottenham. Diese Gruppe, die sich in einem kleinen Raum im Norden Londons trifft, berät afrikanische Frauen, die isoliert und einsam sind, viele davon gerade erst angekommene Immigranten. Ich bekam einen guten Eindruck davon, mit welch wachem Interesse afrikanische Frauen in der Emigration gegen die weibliche Beschneidung vorgehen, und wie sie durch diese gemeinsame Arbeit ein Gefühl von Zusammengehörigkeit entwickeln. Eine Yoruba-Priesterin sang ein Willkommenslied für Alice. Schon bald wurde getanzt, Efua führte die Tänzerinnen an. Wir drehten einige gute Szenen.

Harriet Cox, eine Kamerafrau, mit der ich schon früher zusammengearbeitet hatte, kam mit den beengten Raumverhältnissen gut zurecht. Sie vermied es, mit der Kamera zu nahe an die Frauen heranzugehen, fing aber einige außergewöhnliche Momente ein. Den ganzen Tag über arbeiteten wir gegen die Zeit, da Alice am frühen Abend im ausverkauften National Theatre an der South Bank lesen sollte.

Zweiter Drehtag
10. Oktober 1992
Wir waren sehr früh am Morgen an der Themse zwischen Tower Bridge und London Bridge. Kaum jemand war unterwegs, was ganz ungewöhnlich ist, da der Sonntag traditionsgemäß der Tag der Flohmärkte ist. Vielleicht war der kalte verhangene Herbsttag daran schuld. Der Fluß sah nicht allzu sauber aus.

Wir drehten mit Alice und Aminata Diop. Alice hatte mir in einem Brief über diese mutige junge Frau berichtet und vorgeschlagen, ein Interview mit ihr und ihrer Anwältin Linda Weil-Curiel in den Film einzubauen.

Alice Walker und Aminata Diop in London

Linda Weil-Curiel, Aminata Diop und Pratibha Parmar (von links) in London

Aminata Diop war aus ihrem Dorf im Süden Malis geflohen, um der Beschneidung zu entgehen. Durch diesen Akt des Widerstands verlor sie ihren Verlobten, ihre Familie, ihre Zukunft in Mali und ihr gewohntes Leben. Sie war 22 Jahre alt, als sie mit Hilfe einer Freundin nach Frankreich entkam. Heute lebt sie in Paris, und obwohl ihr die französische Regierung eine unbeschränkte Aufenthaltsgenehmigung erteilt hat, kämpft Linda Weil-Curiel weiter. Die Anwältin möchte, daß Aminata der Status eines politischen Flüchtlings aufgrund ihrer Geschlechtszugehörigkeit zugestanden wird, gemäß der Genfer Konvention. «Es wäre das erste Mal, daß das Recht einer Frau anerkannt wird, vor dem Patriarchat zu fliehen», sagt Linda. «In jeder Regenzeit werden in meinem Dorf Beschneidungen durchgeführt. Mädchen schreien, leiden, werden in Todesangst versetzt. Eine Freundin von mir wurde an einem Donnerstag beschnitten; am Sonntag war sie tot», sagte Aminata Diop in unserem Interview.

Die erste Begegnung von Aminata, Linda, Alice und mir fand bei mir zu Hause statt, bei einem scharf gewürzten indischen Essen. Aminata, eine schüchterne junge Frau, war sichtlich glücklich, Alice zu treffen. Sie hatte von ihrem Buch gehört und wußte, daß Alice gegen weibliche Beschneidung war und ihren individuellen Kampf unterstützte. Als wir heute das Interview filmten, waren wir alle sehr bewegt. Linda übersetzte aus dem Französischen ins Englische, und obwohl die Sprachbarriere zwischen ihnen stand, spürte man eine starke Verbindung zwischen Alice und Aminata. Alle Mitglieder der Crew waren tief gerührt, als Aminata zu weinen anfing, während sie darum kämpfte, ihren Schmerz darüber in Worte zu fassen, daß ihre Mutter sie verstoßen hatte. Alice streichelte Aminatas Arm und hielt ihre Hand, und schließlich fing auch sie an zu weinen.

Als Aminata sagte: «Meine Mutter ist davon überzeugt, daß

eine Frau in ihrem Leben drei Prüfungen zu bestehen hat: die Beschneidung, die Ehe und die Geburt der Kinder. Beschneidung ist das Schicksal einer Frau», empfand ich einen innigen Wunsch: Möge Aminata in ihrem Innern das sichere Wissen spüren, daß sie durch ihr mutiges Handeln den Weg für ihre jüngeren Schwestern geebnet hat, daß sie ihnen nahegebracht hat, gegen die weibliche Beschneidung als unabwendbares Schicksal vorzugehen.

Aminata vermißt Mali. Ihre Mutter fehlt ihr. Trotzdem ist sie entschlossen zu kämpfen. Ihre Geschichte wird, muß eine Schlüsselstelle im Film sein. Es ist eine Geschichte von Leid und Widerstand. Eine Kriegerin!

Ich möchte im Film das Gefühl von Schwesterlichkeit einfangen, das ich zwischen Alice und Aminata bei ihrem ersten Zusammentreffen spürte. So entschied ich mich, die beiden zu filmen, während sie an der Themse entlangschlenderten. Alice und Aminata hatten sich eingehängt wie alte Freundinnen, die sich gegenseitig ihre Geheimnisse anvertrauen. Alices Warmherzigkeit ist sehr anziehend, und Aminata entspannte sich schnell. Einen besseren Anfang von Alices Filmreise hätten wir uns gar nicht wünschen können.

Da ich das Filmen nie an einer Hochschule gelernt habe, versuche ich bei jedem neuen Film, zumindest eine mir noch nicht vertraute Technik einzusetzen. Diesmal wollte ich eine Steadicam für die Filmszenen am Fluß. Eine Steadicam gestattet der Kamera, sich zu bewegen, wie es ein Körper nicht kann: in Ekken hinein, um Kurven herum und auf und ab. Die Bewegungen sind sehr weich, was eine handgeführte Kamera nicht bringt. Wenn aus der Hand gefilmt wird, verstärken sich zum Beispiel alle Bewegungen; bei der Projektion vergrößern sich die Unsicherheiten der Hand überdeutlich. Das kann eine Steadicam abschwächen.

12. November 1992

Liebe Alice,
diese letzten zehn Tage seit meiner Rückkehr aus Kalifornien waren hektisch. Was den Film anbelangt, so geht alles mit rasender Geschwindigkeit voran. Ich werde versuchen, Dich so gut wie möglich wieder aufs laufende zu bringen.

1. Efua ist inzwischen unsere offizielle Beraterin und bekommt dafür ein Honorar. Ihre Hilfe ist unersetzlich, gerade was die Kontakte in Afrika und anderswo betrifft. Ihre Beziehungen in Gambia und Senegal scheinen sehr viel besser zu sein als anderswo. Ich finde, wir sollten in Länder gehen, in denen unsere Kontakte gut sind, wo es leichter und sicherer ist zu filmen. Außerdem wollen wir in Ländern filmen, in denen starke und imposante Frauen Kampagnen gegen weibliche Beschneidung leiten.

Gambia: Efua kennt eine Frau, die sie wie ihre Schwester liebt und die seit Jahren für die Abschaffung weiblicher Beschneidung kämpft. Über sie können wir direkten Kontakt zu betroffenen Frauen etc. aufnehmen, und sie kann auch etwas zur Situation im allgemeinen sagen. Efua meint, daß sie uns in Empfang nehmen, uns die offiziellen Dinge erleichtern und ganz allgemein betreuen könne. Genau das brauchen wir. Die Arbeit dieser lokalen Organisation könnte ein positives Modell für andere afrikanische Länder sein.

Senegal ist die Seele Afrikas, sagte Efua, und wir müssen dorthin! Awa Thiam lebt im Senegal, sie ist, wie Du weißt, eine militante Kämpferin gegen weibliche Beschneidung. Wie es scheint, ist sie aber Ausländern gegenüber mißtrauisch und hat Interviews abgelehnt. Es wäre großartig, wenn wir ihre Einwilligung zu einem Interview bekämen. Ich lese gerade zum wiederholten Mal ihr Buch und glaube, sie könnte Interessantes beitragen. Ihre Sicht der Dinge ist radikal, sie betont den großen Zusammenhang zwischen weiblicher Genitalbeschneidung, patriarchalischer Kontrolle und der Gewalt gegen Frauen und begreift das nicht einfach als Problem der Gesundheitsfürsorge wie andere Aktivistinnen.

Dir ist das wahrscheinlich alles längst bekannt. Aber für mich ist ein großer Teil der Information neu. Ich recherchiere und lese zur Zeit viel, und oft packt mich der Zorn oder der Schmerz darüber, wie verbreitet diese Art von Gewalt gegen so viele Frauen und kleine Mädchen ist. Gleichzeitig bin ich ganz aufgeregt über die Möglichkeiten, die sich für den Film eröffnen.

Efua wird auch die Verbindung zu Henriette Kouyate herstellen, einer Gynäkologin, die gegen die weibliche Genitalbeschneidung kämpft. Dr. Kouyate leitet eine Klinik in Dakar, wo wir sie mit Patientinnen, die beschnitten wurden, filmen könnten.

Youssou N'Dour, dieser wunderbare Musiker, lebt ebenfalls im Senegal. Ein Freund von mir, Isaac Julien, kennt ihn und hat angeboten, den Kontakt zu ihm herzustellen, wenn wir wollen.

Was hältst Du davon, wenn wir einen gemeinsamen Brief an Awa schreiben und sie fragen, ob sie uns bei dem Film unterstützt? Dieser Brief hat absoluten Vorrang, da wir uns entscheiden müssen, in welchen Ländern wir drehen wollen, um die offiziellen Drehgenehmigungen der Regierungen einzuholen. Das kann Monate dauern.

2. Es gibt in den Vereinigten Staaten zwei Frauen, die für uns von Interesse wären, entweder für ein Interview oder für ein Gespräch:

Assitan Diallo: Eine Akademikerin aus Mali, die in den USA lebt und für ihre Dissertation über die weibliche

Beschneidung bei den Dogons in Mali viel Forschungsmaterial zusammengetragen hat. Efua meint, wir sollten mit ihr sprechen, da sie uns eventuell helfen könne, wenn wir in Mali filmen wollen. Wir versuchen gerade, ihre Telefonnummer herauszufinden, bis jetzt allerdings ohne Erfolg.

Seble Dawit: Sie schreibt an einem Buch über weibliche Beschneidung vom Standpunkt der Menschenrechte aus und hat für ihre Recherchen Senegal, Kenia, Ägypten, Äthiopien und Uganda bereist. Sie ist Beraterin für Menschenrechtsfragen bei verschiedenen Organisationen und lebt in New York.

Und: Ich habe eine Reihe von Vorstellungsgesprächen hinter mir, um eine Produktionsassistentin zu finden, die mich nach Afrika begleiten soll. Bis jetzt habe ich keine gefunden, die in Frage käme: Sie sind zu jung und/oder sehen es als einen reinen Job. Ich hätte gern eine Frau, die sich auch für das Thema engagiert oder zumindest von dem, was wir tun, überzeugt ist. Ich denke dabei auch an meine eigene Sicherheit und möchte eine Assistentin, die man nicht so leicht herumschubsen kann. Nun habe ich mir überlegt, ob nicht vielleicht Deborah dafür in Frage käme. Auf jeden Fall wäre sie in der Lage, mit den afrikanischen Beamten umzugehen, ohne sich einschüchtern zu lassen, und was ihr für eine Filmproduktion an technischem Know-how fehlt, würde sie durch ihr Engagement und ihr Verständnis wettmachen. Die Idee ist ein wenig abenteuerlich, und deshalb möchte ich, daß Du in aller Ruhe darüber nachdenkst und mir mitteilst, was Du davon hältst. Wer es auch immer sei, diese Assistentin würde mich nach Afrika begleiten, und wir würden dort innerhalb von drei Wochen alles auf die Beine stellen, alle vorgesehenen Interviewpartner treffen, Drehorte inspizieren und die offiziellen Dinge erledigen. Sie würde dann noch zwei weitere Wochen bleiben, wenn Du und die Crew für die eigentlichen Dreharbeiten eintreffen. Das wären alles in allem fünf Wochen, für die sie natürlich bezahlt würde. Wenn Deborah nicht in Frage kommt, kennst Du irgend jemand, den Du empfehlen könntest? Auch hier stehen wir unter Zeitdruck, denn unser Schedule sieht vor, am 18. Januar nach Afrika abzureisen.

Ich habe unseren Produktionsplan noch einmal verändert, denn Februar und März sind die klimatisch günstigeren Monate. Später kann es zu heiß werden und noch dazu regnen. Schreib mir, was Du von den Änderungen hältst.

Produktionsplan für *Warrior Marks*: Afrika

18. Januar 1993: Pratibha Parmar und Produktionsassistentin für drei Wochen im Senegal und in Gambia, um zu recherchieren und die Dreharbeiten vorzubereiten. Aufenthalt jeweils zur Hälfte in Senegal und in Gambia.

5. Februar 1993: Alice Walker trifft auf ihrer Reise nach Afrika in London ein.

8. Februar 1993: Alice Walker und die gesamte Crew reisen nach Gambia ab. Ein Reisetag, ein Ruhetag und fünf Drehtage.

9. Februar 1993: Alles Gute zum Geburtstag, Alice.

11. Februar 1993: Alles Gute zum Geburtstag, Pratibha. (Ich freue mich, daß wir unsere Geburtstage in Gambia feiern.)

15. Februar 1993: Pratibha, Alice und die gesamte Crew in den Senegal. Ein Reisetag, ein Ruhetag und fünf Drehtage.

22. Februar 1993: Rückreise vom Senegal nach London.
25. Februar 1993: Alice reist nach Kalifornien zurück.

Alice, zu Deiner Erinnerung: Du kannst natürlich, wenn Du willst, früher nach Afrika kommen und später abreisen. Wir können die Termine im Dezember festlegen, so daß die Tickets im voraus gebucht und all die erforderlichen Impfungen durchgeführt werden können. (Darauf freue ich mich nicht im geringsten!)

Also, Alice, es gibt viel, über das wir nachdenken, über das wir reden und das wir entscheiden müssen, wenn ich nach Kalifornien komme.

Ich werde in Kürze einen detaillierten Drehplan für den 1. und 2. Dezember an Dich abschicken. Jedenfalls steht die Crew, und die Übernachtungen sind gebucht. Ich werde am Sonntag, dem 29. November, bei Dir vorbeikommen, um zu entscheiden, wo und was ich aufnehmen möchte, bevor die Crew eintrifft. Ich freue mich schon auf ein heißes kalifornisches Sprudelbad.

Ich rufe Dich an, sobald ich in der Stadt bin. Inzwischen sende ich Dir

viele liebe Grüße
Pratibha

November–Dezember 1992
Montreal/San Francisco/Los Angeles
Ich flog nach Montreal, wo auf dem Montreal Lesbian and Gay Festival in einer kombinierten Vorstellung meine Filme *A Place of Rage* und *Double the Trouble, Twice the Fun* gezeigt wurden. Das letztgenannte Video geht den Erfahrungen nach, die körperlich behinderte Lesbierinnen und Homosexuelle mit dem Schön-

heitszwang machen, der in ihrer Kultur vorherrscht. Ich hatte das Video im Juni 1992 für die Serie *Out* im Channel 4 gedreht. Das schönste Kompliment, das ich dafür erhielt, kam von Derek Jarman, einem meiner Lieblingsfilmer, der mich nach der Sendung anrief und mir sagte, wie sehr ihn der Film bewegt habe. Er meinte, er sei sehr schön, wie ein Gemälde. Das war wirklich eine Anerkennung, und das von jemand, den ich außerordentlich respektiere und bewundere.

Kanada war kalt, eiskalt sogar, aber ich genoß meine kleine Reise. Daß die Filme so gut aufgenommen wurden, gab mir Energie. Es wurde mir klar, wie wichtig solche Festivals für unabhängige Filmemacher sind. Hier bekommen wir die Unterstützung und Bestätigung und auch die Kritik, die wir brauchen. Ich liebe es, wenn man mir nach den Aufführungen Fragen stellt. Man erfährt viel darüber, was in einem Film rüberkommt und was nicht, und stets präzisieren sich so die eigenen Überlegungen, die um den nächsten Film kreisen. Derek Jarman sagte einmal, «daß jeder, der auch nur einigermaßen engagiert bei der Arbeit ist, sich ein aktives Publikum wünscht».

Von Montreal aus flog ich in die Wärme Kaliforniens, um dort zwei Tage lang im Norden zu drehen, wo Alice lebt. Die Dreharbeiten waren ein reines Vergnügen. Ich kannte die meisten Mitglieder der Crew schon aus meinem Film *A Place of Rage*, und die Atmosphäre war entspannt und kameradschaftlich.

Als ich von Alices Haus aus in die Täler hinunterblickte, in den Nebel, der zu den Zedern und Redwood-Bäumen emporstieg, nahm mich der Zauber dieses Teils von Kalifornien gefangen. Es sah aus wie ein japanisches Gemälde, zart und poetisch. Einer meiner liebsten Orte auf der Welt! Ich würde mich hier auf meine alten Tage niederlassen, wenn ich sicher wäre, daß es gutes indisches Essen gäbe!

Ich möchte die Reise Alices damit beginnen lassen, daß ich sie bei sich zu Hause interviewe. Was veranlaßte sie, *Sie hüten*

Alice Walker und Pratibha Parmar bei den Dreharbeiten in Kalifornien

Die Kamerafrau Nancy Schiesari (rechts) mit ihrer Assistentin Brenda Haggart

das Geheimnis des Glücks zu schreiben? Wann hörte sie zum ersten Mal, daß es weibliche Genitalbeschneidung gab? Wie waren die Reaktionen auf ihr Buch? Was erwartet sie von Afrika?

Einige Wochen, bevor ich England verließ, um nach Kalifornien zu fliegen, schickte mir Alice ein Skript, das sie für den Film geschrieben hatte. Es trug den Titel *Wie die Pupille in einem Auge: Genitale Verstümmelung und die sexuelle Blendung von Frauen.* Während ich das Skript las, wurde mir wieder einmal klar, wie verwundbar Alice der Welt gegenüber durch ihr Schreiben wird. Die unprätentiöse Eleganz ihres Stils und die schmerzhafte Ehrlichkeit, mit der sie sich der Tatsache stellt, daß es ihr Bruder war, der sie auf einem Auge erblinden ließ, ergänzen sich in einer komplexen und starken Weise. Während der Aufnahmen in Kalifornien sprach Alice mit großer Weisheit über Tabuthemen und äußerst schwierige persönliche Dinge. Wir filmten ein paar Einstellungen von Alice am Kamin, wie sie liest und ihre Geschichte erzählt. Wir filmten sie auch mit ihrem Hund Mbele. Alice wartete geduldig, wenn wir die Filmrollen wechselten, was zehn Minuten dauert.

Wir vergeudeten zuviel Zeit mit der Beleuchtung!

Es war faszinierend, wie sie ihre Geschichte vor der Kamera erzählte. Als die Kamera lief und Alice sprach, wußte ich, daß diese Erzählung eine der Schichten war, die den Filmplot weitertreiben würde. Ich liebe es, Schicht um Schicht zu schaffen, Geschichten in Geschichten, weil ich darauf vertraue, daß die eine Schicht immer auch Informationen zur anderen enthält, daß sie die Erinnerung an die andere wachruft, daß sie sich alle dynamisch und kraftvoll ergänzen, daß sie zusammenwachsen: Bilder und Worte, durch die Bedeutungen durchschimmern wie in einem Gedicht.

Mit jedem weiteren Schritt schien der Film auf eine intuitive, gleichsam organische Weise in meinem Inneren zu wachsen. Was ich an Material gedreht, was ich an Büchern zu diesem

Thema gelesen hatte, schien Wurzel zu fassen. Da ich keine formale Ausbildung habe, entwickelte ich meine eigene Methode und ein persönliches Gespür für mein ästhetisches Vorgehen. Ich versuche bei jedem Film, einen poetischen Sinn zu finden, die eigene «poetische Logik», wie der russische Filmemacher Andrej Tarkowskij sagt. Einen Film zu drehen ist für mich wie verschiedenartige wertvolle Elemente und Einzelteile zu sammeln, die schließlich zu Teilen eines Ganzen werden. Nichts ist im voraus festgelegt. Auch während ich drehe, weiß ich noch nicht unbedingt, wie sich ein bestimmtes Element dem Ganzen einfügen wird. Ich folge gern und oft meinem Instinkt und nehme Bilder und Worte auf, die im Schnitt dann zusammengefügt werden und Form gewinnen. Diesen Aspekt der Dokumentarfilmerei liebe ich ganz besonders.

Am nächsten Tag, nachdem wir einige Standfotos von Alice im Gelände gemacht hatten, kehrten wir nach San Francisco zurück, aber zuerst mußten wir unseren Wagen aus dem Schlamm ziehen lassen. Ich fuhr mit Kerin und Sharin Sandhu, Zwillingsschwestern, die bei den Dreharbeiten eingesprungen waren, in die Stadt zurück. Wir hörten alte indische Filmmusik und versuchten, in unserem gebrochenen Hindi mitzusingen, während wolkenbruchartige Regengüsse niedergingen.

Obwohl ich von der Reise und den Dreharbeiten erschöpft war, mußte ich noch nach Los Angeles, um einer Vorführung meines Films *A Place of Rage* beizuwohnen. Nazila Hedayat, die Kodirektorin des Los Angeles Lesbian and Gay Film Festivals, hatte dies zusammen mit Frauen einer Gruppe lesbischer schwarzer Frauen organisiert.

Unglücklicherweise brach der Projektor zusammen, und die dreihundert Frauen, die den Saal füllten, waren genauso enttäuscht wie ich. Los Angeles ist wirklich nicht auf 16-mm-Filme eingerichtet! Man tröstete mich, daß Filmemacher zumindest einmal in ihrem Leben einen solchen Alptraum durchstehen müßten, aber ich fühlte mich dadurch nicht besser. Es ist eigenartig, daß ein solches Pech zu einer glücklichen Begegnung führen kann. Ich erzählte Nazila, daß ich eine französisch sprechende Produktionsassistentin suche, die mit mir nach Afrika kommen müsse. Ich hätte nur noch wenig Zeit und schon viele ergebnislose Vorstellungsgespräche hinter mir. Nazila schlug vor, daß sie den Job übernähme. Die Idee gefiel mir sofort, da ich mir leicht vorstellen konnte, mit ihr einen Monat zusammen zu verbringen.

Ich wollte darüber nachdenken: Ich brauchte zwar jemanden, der produktionserfahren, gleichzeitig aber auch eine Person, die von dem Film überzeugt war. Die Dreharbeiten in Afrika würden nicht einfach sein, und auch am Ende eines langen Tages mußte die Person, die mich begleitete, noch verläßlich und zu Entscheidungen fähig sein. Ich brauchte eine rechte Hand, eine Kollegin, die aber auch meine Freundin sein würde. Nazila war offensichtlich eine effiziente und hart arbeitende Person in ihrer Funktion als Kodirektorin des Filmfestivals, aber persönlich kannte ich sie eigentlich nicht.

Eine Woche später rief sie mich in San Francisco an, und ich beschloß, sie als Produktionsmanagerin für die Dreharbeiten in Afrika einzustellen. Nazila hatte Alices Buch gelesen und las gerade Awa Thiam. Es schien ihr ernst zu sein, sie war wirklich interessiert und sagte, daß sie diese Chance wolle, mit mir zu arbeiten. Zudem ging sie das Risiko ein, ihren jetzigen Job zu verlieren, und sie wollte ihre Wohnung kündigen. Mehr Engagement konnte ich wirklich nicht verlangen – und sie war ein Wassermann!

Wieder hatte ich das Gefühl, Glück gehabt zu haben, und war erleichtert. Dieses Projekt hatte bis jetzt eine Reihe gutherziger und engagierter Menschen angezogen.

1.–23. Januar 1993, London

Die drei Wochen Vorproduktion in London, bevor wir nach Afrika abfuhren, waren mit unerbittlich harter Arbeit gefüllt. Mit Nazila zusammenzusein war wunderbar; mit ihr zu arbeiten eine reine Freude.

Alice und ich hatten schon einige Monate lang erfolglos versucht, Awa Thiam zu erreichen, da ich mit ihr sprechen wollte, bevor wir in den Senegal aufbrachen. Endlich erreichten Nazila und ich sie telefonisch kurz vor unserer Abreise. Zum ersten Mal sprachen wir miteinander: ich in meinem gebrochenen Französisch und Awa, die französisch spricht, ganz langsam, damit ich ihr folgen konnte. Wir verabredeten uns auf ein weiteres Telefongespräch um eine bestimmte Uhrzeit am nächsten Tag. Sie wirkte herzlich und zugänglich, überhaupt nicht so, wie man uns gesagt hatte. Sie bot sogar an, uns vom Flughafen abzuholen. Awa würde unsere wichtigste Kontaktperson im Senegal sein. Es grenzte an ein Wunder, daß wir sie nach all den Monaten des Suchens und Herumtelefonierens just in dem Augenblick noch erreichten, als wir schon kurz vor unserer Abreise nach Afrika standen. Was für eine schwer zu definierende Person sie zu sein scheint!

Nazila und ich reisten am Samstag, dem 23. Januar, in den Senegal ab, Alice und die Crew sollten zwei Wochen später folgen. Wir fuhren voraus, um alles vorzubereiten und die nötigen Recherchen an Ort und Stelle durchzuführen. Ich hatte gehofft, dafür drei Wochen zur Verfügung zu haben, aber unsere finanziellen Mittel erlaubten dies nicht. Immerhin blieben uns zwei Wochen. Diese Zeit war allerdings unbedingt nötig, da man viele Dinge einfach nicht telefonisch oder schriftlich erledigen kann.

Bevor wir abreisten, hatte mich eine großartige Nachricht erreicht: Ich sollte den Frameline Award des San Francisco International Lesbian and Gay Film Festivals verliehen bekommen. Es ist ein Preis, der für «einen außergewöhnlichen Beitrag zu lesbischen oder homosexuellen Medien» verliehen wird. Das war eine wunderbare Nachricht. Es verleiht Sicherheit zu wissen, daß es beachtet und gewürdigt wird, wenn man sich auf schwierige und komplexe Themen in der filmischen Arbeit einläßt, wie ich es tue. Es hätte keine bessere Nachricht geben können. Sie half mir durch Afrika hindurch, sie half mir, dem bevorstehenden Monat mit neuer Energie und Zuversicht entgegenzusehen.

Ich freute mich darauf, wieder in Afrika zu sein, den Boden des Kontinents zu betreten, auf dem ich geboren wurde, Awa Thiam und andere Frauen kennenzulernen, deren Zorn und Schmerz sie dazu brachte, die tiefverwurzelten Traditionen zu bekämpfen, die die jungen Mädchen so verletzen. Und ich grübelte darüber nach, wie schwierig diese Reise emotional werden würde, gelobte mir aber, alles in meiner Kraft Stehende zu tun, um einen Film zustande zu bringen, der sensibel und zornig, informativ, aber auch gefühlvoll sein würde: einen Film, der vielleicht zu einer wenn auch noch so geringfügigen Veränderung beitragen könnte.

... wer würde sie ihnen glauben,
die fantastische und schreckliche Geschichte all dieses
Überlebens,
ihnen, die nie
überleben sollten
Joy Harjo

Samstag, 23. Januar 1993
Erschöpft landeten Nazila und ich nach zwölf Stunden Flug in Dakar. Eigentlich sollten wir ab Brüssel direkt fliegen, aber die

Maschine hatte einen Aufenthalt von zwei Stunden in Conakry, Guinea. Hier fand der Übergang vom vorherrschenden Weiß Europas zum Afrika der Afrikaner statt. Die meisten Weißen stiegen aus, und eine große Gruppe afrikanischer Männer, die nach Dakar wollte, bestieg das Flugzeug.

Es sind sechs Jahre her, daß ich das letzte Mal in Afrika war. Damals besuchte ich Kenia, zwanzig Jahre nachdem meine Familie 1967 von Nairobi nach England ausgewandert war. Ich hatte die ersten elf Jahre meiner Kindheit dort verbracht und habe eine körperliche Erinnerung an Afrika.

Die Gerüche, die Farben, das Licht, die Straßen aus roter Erde, die Menschen, alles erweckte in mir Kindheitserinnerungen an Mombasa, an die Hafenstadt in Kenia, in der sich meine Großeltern niederließen, als sie in den vierziger Jahren aus Indien kamen. Viele Inder emigrierten damals nach Afrika und in Teile der Karibik, also in ehemalige britische «Kolonien». Die Engländer «förderten» diese Auswanderung, indem sie Inder als vertraglich gebundene Arbeiter beim Bau von Eisenbahnnetzen oder auf den Plantagen der englischen «Sahibs» einsetzten.

In Dakar angekommen, schafften wir es, ohne zu großen Ärger durch den Zoll und die Einwanderungsbehörde zu kommen. Zwar wurde Nazila angehalten und befragt. Aber sie hatte mich gewarnt, daß ihr das des öfteren passiere. Beamte von Einwanderungsbehörden auf der ganzen Welt sind einfach nicht daran gewöhnt, einen Flüchtlingspaß der UNO zu sehen, und Nazila ist aus dem Iran geflohen. Sie glaubt, daß man sie mehr aus Neugier kontrolliert.

Das Taxi, das uns vom Flughafen zum Hotel bringen sollte, mußte erst angeschoben werden. Der Fahrer hatte ein zerfurchtes Gesicht, dem man ein Leben voller Härten ansah. Er war ein freundlicher Mann, der mit seinen 62 Jahren einziger Ernährer seiner großen Familie war. Er klagte über die immense Arbeitslosigkeit im Senegal, die vor allem Männer treffe, und über die allgemeine Armut.

Überall hingen Plakate mit der Fotografie von Präsident Abdou Diouf, Zeichen der bevorstehenden Wahlen. Ich fragte mich, ob das unser Filmprojekt beeinträchtigen würde. Das Hotel ist dreckig, aber teuer, und die Angestellten an der Rezeption waren ziemlich unhöflich... Ich glaube, sie mögen Frauen ohne männliche Begleitung nicht. Der Taxifahrer hatte jedenfalls recht, als er uns sagte, daß dieses Hotel überschätzt würde!

Nazila und ich teilen uns ein Zimmer (Einzelzimmer sind zu teuer). Das Reisen mit ihr hat Spaß gemacht. Wir lernen einander kennen, erzählen uns Geschichten aus unserem Leben. Es verbindet uns, daß wir beide als Exilantinnen in vielen Ländern lebten, und wir haben entdeckt, daß wir beide im Grunde unseres Herzens Nomaden sind.

Sonntag, 24. Januar 1993

Ich habe letzte Nacht wie ein Stein geschlafen, aber einen merkwürdigen Traum gehabt. Im Traum wachte ich auf und blickte aus dem Fenster. Der Himmel war schwarz; es regnete, und alles machte einen desolaten Eindruck. Ich schrie, daß dies nicht Afrika sei und ich hier ganz unmöglich einen Film machen könne. Ob es ein Angsttraum war oder eine Art Vorzeichen?

Heute war ein heißer dunstiger Tag, und die Tatsache, daß ich nach sechs Monaten Reisevorbereitungen wirklich in Afrika war, setzte sich endlich in meinem Kopf fest, als ich vom Fenster aus Männer in langen fließenden Gewändern in der Nähe des Hoteleingangs um den Taxistand herumsitzen sah, und Frauen vorbeigingen, die mit lässiger Sicherheit Gefäße auf ihren Köpfen balancierten.

Ich werde hier die wichtigsten Szenen in Afrika drehen und

verstehe kaum, weshalb ich so ruhig und zuversichtlich bin, so, als ob alles gutgehen würde und nichts passieren könne.

Nach einem Frühstück mit Kaffee und Croissants erkundeten wir die Stadt und andere Hotels in Dakar. Morgen werden wir in ein billigeres und freundlicheres Hotel umziehen. Überall starrt man uns an. Wir wurden auch von einer Gruppe Männer verfolgt, die uns unechten Schmuck verkaufen wollten. Wir schafften es, ihnen zu entkommen, bevor die Situation zu unangenehm wurde.

Einige Frauen verkauften an einem Marktstand Obst, sie sahen königlich und stolz aus. Blumenhändlerinnen gingen mit wunderschönen leuchtendfarbigen Blumenarrangements in Gold, Purpur und Rot auf dem Kopf über den Marktplatz. Selbst Fellinis Fantasie hätte sich etwas dergleichen nicht ausmalen können.

In einem Torweg saß eine Frau, die all ihr Hab und Gut in ein paar Tüten und einem Koffer bei sich hatte. Sie saß da, die Sonne schien ihr ins Gesicht, und schrieb mit höchster Konzentration in einem Buch. Sie blickte auf, sah, daß ich sie beobachtete, und wir lächelten uns in gegenseitigem Erkennen zu.

Es ist schwer, sich vorzustellen, daß so viele dieser Frauen vermutlich beschnitten sind. Laut der einzigen vorhandenen Statistik im *Hosken-Report* sind es 50 Prozent der im Senegal lebenden Frauen.

Mögliche Abfolge innerhalb des Films:
Äußerungen verschiedener Frauen, als Ton unterlegt, die alle üblichen Rechtfertigungen für die Aufrechterhaltung der weiblichen Genitalverstümmelung zitieren.

Erste Frau: «Sie sagen, es werde von der Religion verlangt, aber im Koran wird die Beschneidung nirgends erwähnt.»

Zweite Frau: «Sie sagen, daß die Klitoris schmutzig sei und deshalb zerstört werden müsse.»

Dritte Frau: «Sie sagen, die Klitoris würde wie ein Penis wachsen und zwischen den Beinen herunterhängen, wenn man sie nicht entfernt.»

Vierte Frau: «Sie sagen, daß eine Frau keine Kinder bekommt, wenn sie nicht beschnitten ist.»

Fünfte Frau: «Die Klitoris ist ein Übel, das Männer impotent macht und die Kinder bei der Geburt tötet.»

Montag, 25. Januar 1993

Was für ein Tag! Wir haben das Hotel diesen Morgen gewechselt und endlich mit Awa Thiam Kontakt aufgenommen. Anscheinend war sie mit einer Freundin gestern ins Hotel gekommen und hatte nach uns gefragt, aber diese Trottel an der Rezeption konnten unsere Namen in der Registratur nicht finden.

Es nahm mehr als eine Stunde in Anspruch, Geld umzutauschen. Erinnert mich an die Zeit in Indien, als man eine Stunde brauchte, um eine Briefmarke zu kaufen und einen Brief abzuschicken!

Awas Büro ist eine Außenstelle des Institut Fundamental d'Afrique. Awa ist sehr groß und ziemlich beeindruckend. Wir verbrachten drei Stunden mit ihr, erklärten, was wir mit dem Film wollten, wer Alicc ist und warum sie bei dem Film dabei ist. Die ersten zwei Stunden dachte ich, daß sie nicht mit uns zusammenarbeiten wird. Sie war schwer zu durchschauen und schien mißtrauisch zu sein. Ich verstehe, daß sie zögert, da wir uns erst jetzt kennengelernt haben, aber warum war sie am Telefon, bevor wir aus England abreisten, so freundlich? Warum war sie damit einverstanden, gefilmt zu werden und uns den Kontakt zu den autonomen Frauengruppen herzustellen, mit denen sie zusammenarbeitet?

Gegen Ende unseres Gesprächs war Awa liebenswürdig,

aber distanziert, und machte uns keine konkreten Zusagen. Sie schien überrascht zu erfahren, wie alt ich war und daß ich eine Filmemacherin bin. Sie hatte angenommen, ich sei so um die Zwanzig, und ich vermute, daß das als Schmeichelei gemeint war, da ich fast vierzig bin, aber so was stört mich.

Irgendwie fanden wir dann doch noch eine gemeinsame Basis, und sie begann, offener zu reden. Sie äußerte sich kritisch zu dem «sehr weichen» Vorgehen des Inter-African Committee. Sie ist der Ansicht, daß es den autonomen Frauengruppen, die gegen die weibliche Genitalverstümmelung kämpfen, in den Rücken fällt. Das Inter-African Commitee on Traditional Practices Affecting the Health of Women and Children (ICA) wurde 1984 von Delegierten der Conference on Traditional Practices in Dakar gegründet. Das ICA, dessen Sitz in Genf ist, hat nationale Abteilungen oder Gruppen in vielen afrikanischen Ländern gebildet, auch im Senegal.

Awa ist der Ansicht, daß es nicht mehr ausreiche, nur mit Frauenorganisationen zusammenzuarbeiten. Sie ist in eine der politischen Oppositionsparteien eingetreten, in die Partie Democratique Senegalais (PDS), arbeitet mit männlichen Politikern zusammen und hofft, daß so die Veränderungen im Leben der senegalesischen Frauen, für die sie kämpft, schneller einsetzen und umfassender ausfallen werden. Die Macht liege in den Händen von Männern, besonders in denen religiöser Führer.

Wenn morgen, meint sie, alle religiösen Führer im Senegal anordnen würden, daß weibliche Genitalverstümmelungen nicht mehr durchgeführt werden dürften, würde es sie im Laufe von ein paar Jahren nicht mehr geben. Es ist klar, daß sie diese religiösen Führer zu beeinflussen hofft, denn viele von ihnen haben auch ein politisches Amt inne. Aber sie ist auch immer noch ein Mitglied der Commission for the Abolition of Sexual Mutilation, einer autonomen Frauengruppe, die sie 1982 gegründet hat. Diese Frauen kämpfen gegen jede Form von Verstümmelung und geben die Zeitschrift *Women and Society* heraus, vermutlich die einzige feministische Zeitschrift in Westafrika.

Als Zeichen meines Respekts vor dem, was sie schreibt und tut, schenkte ich Awa einen schönen blauen indischen Schal, den ich in London gekauft hatte. Ich gab ihr auch eine Videokopie von *A Place of Rage*. Sie war so freundlich, mein Exemplar ihres Buchs *Black Sisters, Speak Out: Feminism and Oppression in Black Africa* zu signieren. Nach seinem Erscheinen hatte es einen enormen Backlash unter Männern und Frauen in Afrika gegeben, die Awa wegen ihres Radikalismus tadelten. Sie wurde dafür kritisiert, in ihrem Buch so offen über weibliche Genitalverstümmelung, Polygamie, Kinderehen und andere für Afrika spezifische Formen patriarchaler Unterdrückung gesprochen zu haben. Gerade ihr Buch brachte mich zu der Überzeugung, daß ich als Frau und als Feministin die moralische und politische Pflicht habe, von diesem Thema betroffen zu sein. Ihr unversöhnlicher Zorn und ihre logische Argumentation verlangen vom Leser das Engagement, für fundamentale Veränderungen und für die Gleichberechtigung der Frauen zu kämpfen. Awa ist einer der Hauptgründe, weswegen wir in den Senegal gekommen sind.

Die große Frage ist jetzt, ob sie uns helfen kann. Sie sagt, sie wird es uns morgen wissen lassen, sobald sie ihren Zeitplan für den Vorwahlkampf kennt. Sie muß in den ländlichen Gegenden für die PDS auf Stimmenfang gehen.

Nach unserem Treffen mit Awa gingen Nazila und ich in der Hitze der Stadt spazieren. Die Reiseführer sagen, daß Dakar das Paris Afrikas sein soll, aber wir sahen nichts, was dem Reichtum und der Opulenz von Paris gleichkam. Was wir sahen, waren kleine französische Patisserien und Eissalons, die von expatriierten französischen Familien am Abend besucht werden.

Das Leben auf den Straßen Dakars erinnert mich an Indien, die Leute hängen in den Ecken herum und schlendern, sobald die Sonne untergeht und die Stadt kühler wird, die breiten Straßen hinunter. Wir tranken einen Kaffee in einem Restaurant und bemerkten plötzlich, warum uns so viele der Frauen mit Mißtrauen beäugten: Es waren junge afrikanische Prostituierte, die uns im Verdacht hatten, in ihr Territorium einzudringen. Ihre Freier sind weiße Männer, Touristen, die eigens nach Afrika kommen, um mit afrikanischen Frauen Sex zu haben. Es ist so traurig, daß diese Frauen sich prostituieren müssen, um leben zu können.

Während wir unseren Kaffee tranken, stellte mir Nazila eine Menge Fragen über den Film, über Alices Rolle im Film, über weibliche Genitalverstümmelung, wie ich das Thema angehen wolle. Ihre intensiven Fragen irritierten mich zwar ein wenig, zwangen mich aber, mich auf einige ungelöste Dinge im Umfeld des Films zu konzentrieren.

Ich glaube, daß Nazila heute einen harten Tag hatte! Sie ist noch immer dabei, sich zu akklimatisieren. Und natürlich ist dies hier etwas völlig anderes als ihr Leben in Los Angeles!

Abends spielte ein freundlicher, sanfter Mann die «Kora» und sang uns etwas vor, während wir in einem einheimischen Restaurant, das uns der Hotelportier empfohlen hatte, ein Fischragout aßen.

Ich habe mit Shaheen telefoniert. Ich vermisse sie sehr. Ich habe das Gefühl, daß ich bereits Hunderte von Jahren weggewesen bin. Ist der Film heute wirklicher geworden? Ich weiß es nicht. Ich bin nervös, muß meditieren, bevor ich ins Bett gehe. Wenigstens haben Nazila und ich hier Einzelzimmer.

Dienstag, 26. Januar 1993

Die Gorée-Insel ist zwanzig Minuten von der Küste Senegals

Gorée-Insel, Senegal. Das Tor, durch das unsere Vorfahren gingen

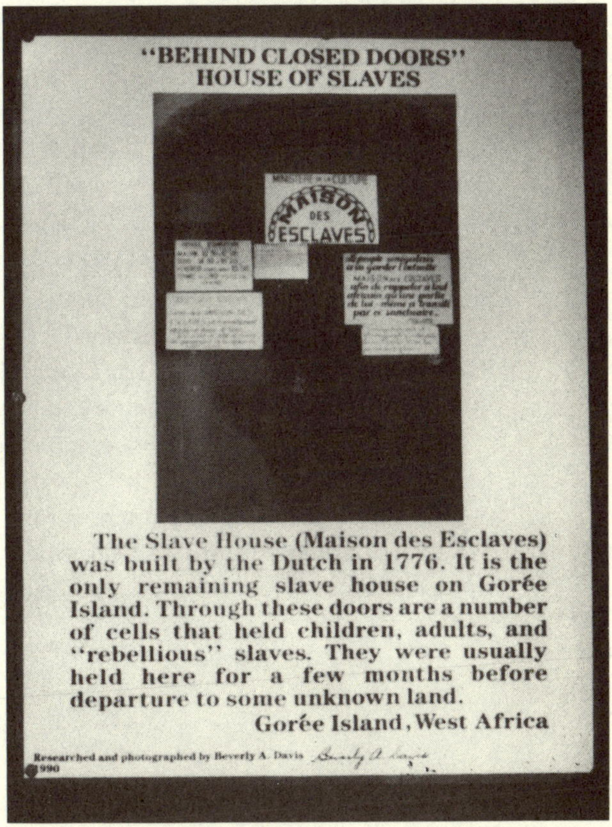

Die Tafel erzählt von der Geschichte und der Bedeutung des «Hauses der Sklaven»

entfernt. Man kann sie nur mit einer Fähre erreichen, die von Dakar aus ablegt. Es ist ein historischer Ort, an dem man Hunderttausende afrikanischer Frauen, Kinder und Männer einsperrte, die man als Sklaven an der Westküste Afrikas gefangen hatte, bevor man sie nach Nord- oder Lateinamerika verschiffte.

Heute ist es ein sehr hübscher Platz, mit staubigen rosa und verblichenen gelben Häusern, die von Bougainvilleen überwachsen sind. Autos sind auf der Insel nicht erlaubt, man kann sie aber gemütlich in einer Stunde durchwandern. Vom höchsten Punkt der Insel konnten wir die schöne Küstenlinie sehen. Dort trafen wir auf eine kleine Kolonie von Rastafarians. Sie lebten in Notunterkünften, die es dort seit der Invasion der Portugiesen, dann der Holländer, dann der Franzosen, dann der Engländer gibt. Die Reihe der Kolonialisten ist lang und leicht auszumachen.

Viele der Familien, die auf der Insel leben, haben Höfe, die sich zur Straße hin öffnen, und als wir umherschlenderten, sahen wir Frauen, die Getreide zerstampften und Kinder wuschen und anzogen. Ich bemerkte, wie stolz die Frauen waren, wie elegant und majestätisch sie sich hielten. Die Eindrücke von diesen Höfen erinnerten mich an das Heim meiner Kindheit in Nairobi.

Das alltägliche Leben der Inselbewohner von Gorée wird regelmäßig von Touristen unterbrochen, die zweimal am Tag mit der Fähre ankommen. Die Einheimischen leben damit, wenn auch ungern, aber der Tourismus ist ihre hauptsächliche Einnahmequelle. Auf der Fähre trafen wir einen Ingenieur, der als Reiseführer arbeitete, da er keine andere Arbeit bekommt.

Nach einem köstlichen Fischessen machten wir uns auf, das «Haus der Sklaven» zu besichtigen, dessentwegen wir hauptsächlich auf die Insel gekommen waren. In dem Interview, das wir im Dezember mit Alice in Kalifornien aufgenommen hatten, sprach sie über die zweifache Tragödie der Frauen, die beschnitten worden waren und nun in die Sklaverei verkauft wurden. Was geschah mit den schwangeren Frauen an Bord der Sklavenschiffe, die niemand hatten, der ihnen bei der Geburt zur Seite stand? Welche Schmerzen erlitten diese beschnittenen und häufig infibulierten Frauen, wenn sie von den Sklavenaufsehern vergewaltigt wurden, was, wie wir wissen, häufig geschah? Ich hatte damals in Kalifornien beschlossen, daß ich Alice filmen wollte, während sie über diesen bis dahin unbekannten Leidensaspekt versklavter Frauen sprach. Es hätte keinen geeigneteren Drehort dafür geben können als dieses Haus, Symbol der Geschichte der Sklaverei. Ich wollte Alice auf einer Pilgerfahrt zur Gorée-Insel filmen, und vor allem wollte ich ein abschließendes Interview mit ihr im «Haus der Sklaven» aufnehmen, das für viele Afroamerikaner der Beginn ihrer Reise in die Sklaverei war. Ich wollte die Szene am Ende des Films, sozusagen als Schlußpunkt unserer Reise nach Afrika.

Das «Haus der Sklaven» ist von einer barbarischen Schönheit. Von holländischen Sklavenaufsehern erbaut, steht es in einem staubigen Rosa da, eingerahmt von symmetrischen überwölbten Aufgängen. Das Erdgeschoß ist in kleine Räume aufgeteilt, in denen man einst Frauen, Kinder und Männer voneinander trennte, und ich stellte mir vor, wie die dicken, kompakten Mauern ihre Schmerzensschreie verschluckt hatten.

Hier waren stolze, würdevolle Menschen in Ketten gehalten worden, bevor sie verschifft wurden, um nie mehr zurückzukehren. Sie wurden von denen, die sie liebten, getrennt, viele starben auf der Reise, andere in der Sklaverei.

Es gibt einen Torweg, der aufs Meer hinausführt, durch den das Wasser verführerisch glitzert. Von hier aus wurden die Versklavten, Gefesselten und in Handschellen Gelegten auf die Schiffe getrieben.

Unter den Treppen gibt es einen Ort, der, wie eine Aufschrift informiert, für «Rebellen» vorgesehen war, für diejenigen, die noch härter gezüchtigt wurden, weil sie Widerstand leisteten und den Befehlen ihrer Herren nicht gehorchten. In den oberen Stockwerken, wo die Sklavenaufseher wohnten, gehen große Fenster zum Meer hinaus.

Als ich durch das Haus ging, quälte mich die schmerzhafte Vorstellung dessen, was vor nicht allzu langer Zeit hier geschehen war. Es fror mich bei den Bildern, die diese Umgebung in mir aufsteigen ließ: Bilder von Kindern, Frauen und Männern, die in diesen Ställen eingepfercht worden waren. Nazila fragte mich: «Kannst du sie auch schreien hören?»

An diesem Abend fuhren wir in einen der Vororte Dakars, wohin Awa uns eingeladen hatte, um an einem Treffen teilzunehmen, das eine der Oppositionparteien, die PDS, veranstaltete. Alle Frauen saßen auf dem Boden, die Männer auf Bänken. Das Treffen fand in einem Hof statt, und als die Sonne unterging und ein zunehmender Mond langsam am Himmel aufstieg, wurden Kerzen angezündet, damit der Sekretär seine Rede verlesen konnte.

Wir wurden jedermann vorgestellt und herzlich begrüßt. Natürlich wurde nicht erwähnt, was wir hier taten und was Thema des Films war. Awa sagt, daß wir vorsichtig sein müßten. Später lernten wir den persönlichen Berater des PDS-Vorsitzenden kennen. Er hat in Princeton studiert, und das merkt man – er quasselt nur unverständliches Zeug und legt sich nie konkret fest.

Die Frauen der PDS baten darum, mit dem Vorsitzenden sprechen zu können, sie wollten wissen, ob er im Laufe der Wahlkampagne über Frauenthemen sprechen würde. Der Berater verhielt sich sehr gönnerhaft und brachte all die alten Hüte vor: Laßt uns zuerst über die sozialistische Tagesordnung und die umfassenderen Probleme diskutieren, später reden wir dann über spezifischere Dinge usw. Nazila engagierte sich und stellte ein paar heikle Fragen, aber der Vorsitzende blieb ungerührt.

Ich war müde und wollte zurück in mein schmutziges Hotelzimmer. Awa verabschiedete sich und verließ uns, aber zuvor instruierte sie uns noch über unsere bevorstehende Reise ins Dorf Kavil. Ich hatte Awa gesagt, daß ich in einem Dorf filmen wolle, da die meisten Beschneidungen auf dem Land stattfinden, und so organisierte sie diese Fahrt für uns.

Awa hat mit Frauen auf den Dörfern gearbeitet, besonders in Kavil. Sie arrangierte ein Treffen mit der Hebamme des Dorfes, die früher Beschneidungen durchführte, aber inzwischen durch Awa überzeugt wurde, damit aufzuhören.

Ein PDS-Mann stellte uns seiner Tochter Adelaide vor, die uns morgen als Übersetzerin nach Kavil begleiten wird. Und er wollte, daß wir seine erste Frau kennenlernten. (Er hat zwei – Polygamie ist sogar unter den sogenannten aufgeklärten Männern weit verbreitet.) Es stellt sich heraus, daß sie eine ganz reizende Frau ist, die uns, zusammen mit ihrem anderen Gast, Madame Fall, für nächste Woche zum Lunch einlädt. Madame Fall, die Organisatorin der Frauensektion der PDS, hat elf Kinder allein großgezogen. Sie trägt wunderschöne Batikkleider und redet viel über Sex. Sie möchte, daß wir ihren Vorsitzenden kennenlernen.

Alle haben uns freundlich aufgenommen, selbst als bekannt wurde, daß wir einen Film über weibliche Genitalbeschneidung drehen würden. Ich hatte mich auf Gespräche unterderhand eingestellt, aber das war nicht nötig. Das ist ein gutes Zeichen. Das letzte, was ich an diesem Abend noch brauchen konnte, als ich ins Hotel fuhr, um ein wenig Schlaf nachzuholen, war, daß ich von der Polizei angehalten wurde. Ich war, wie sich herausstellte, falsch in eine Einbahnstraße eingebogen, aber weshalb man mich deswegen eine ganze Stunde verhörte, wird mir für immer schleierhaft sein.

Mittwoch, 27. Januar 1993
Ich saß am Steuer, als wir nach Kavil fuhren, das in der Region Kaolack liegt. Nazila dirigierte mich, und Adelaide saß auf dem Rücksitz und war zu schüchtern, um auch nur ein Wort herauszubringen. Die Straßen waren staubig, und der berüchtigte senegalesische Wind wirbelte den Staub in alle Richtungen. Ich nahm mir vor, mit Nancy, unserer Kamerafrau, über die Ausrüstung zu sprechen, die sie für hier mitbringen mußte. In diesem Klima zu filmen, verspricht, eine Herausforderung zu werden: Die glühende Sonne bleicht so viel aus und bewirkt viele Schatten, und der Wind bläst den Sand und den Staub in die Luft, so daß die Landschaft unter einer Dunsthaube liegt.

Wir machten Rast bei Awas Schwester, die bürgerlich, schön und sehr umgänglich ist. Ihr Mann ist Besitzer der örtlichen Gießerei, deren Arbeiter zur Zeit alle streiken. Sie hatte einen Lunch für uns vorbereitet, und wir saßen alle um den Tisch herum und aßen aus derselben Schüssel. Es gab Reis mit einer Fischsauce. Inzwischen mag ich Fisch. Entweder man mag ihn oder man verhungert.

Das Interessanteste war, uns mit Awas vierzehnjähriger Nichte und deren Schulfreundin zu unterhalten und sie auf Video aufzunehmen. Beide kennen sich in Frauenrechtsfragen hervorragend aus und sind sich der Unterschiede, die zwischen ihrem eigenen komfortablen Leben und dem Leben der Mehrheit gleichaltriger Mädchen auf den Dörfern herrschen, äußerst bewußt.

Im Anschluß an die Interviews waren wir gezwungen, ein paar Stunden herumzuhängen und Small talk zu machen. Ich wurde ungeduldig. Endlich konnten wir mit Adelaide und ihrer Freundin weiterfahren, auf die wir gewartet hatten.

Wir erreichten Kavil und gingen zu dem eingefriedeten Platz, den Awa uns beschrieben hatte. Dort stand das Haus mit zwei Zimmern, ein Nebengebäude und ein Auslauf für Ziegen und Hühner. Wir wurden von der ganzen Familie begrüßt: der Mutter (wir erfuhren nie, wie sie hieß), ihrer Tochter Hadija und deren beiden Kindern, Hadijas Bruder Jacques und dessen Freunden aus dem Dorf, und natürlich vom Hund und den Ziegen. Wir gaben der Mutter das Empfehlungsschreiben von Awa, aber sie las es nicht.

Nachdem wir innerhalb des umzäunten Platzes geparkt hatten, sprach Nazila auf französisch mit Jacques, und wir machten durch unsere Dolmetscherin klar, was wir wollten. Obwohl sie etwas irritiert waren, schienen wir der Familie doch immer noch willkommen zu sein.

Kavil ist ein kleines Dorf, das an beiden Seiten einer unbefestigten Hauptstraße liegt. Jedesmal, wenn ein Laster oder ein Bus vorbeifährt, wirbelt er Wolken von rotem Staub von der roten Erde auf, der alles und jeden bedeckt. Kinder mit ebenholzschwarzer Haut, die von der Sonne ausgetrocknet ist, sind von rotem Staub überzogen. Es ist so trocken wie in der Wüste, und die Armut ist erschreckend.

Die neunzehnjährige Hadija macht alle Arbeit. Sie hat zwei Töchter, drei und fünf Jahre alt. Wir waren schockiert, als wir erfuhren, daß Hadijas Mutter erst 30 Jahre alt ist. Sie verhält sich wie eine alte Frau und sieht auch so aus, was wir der Armut zuschreiben. Sie ist die Tochter des Dorfhäuptlings und ein weiblicher Medizinmann. Sie liest die Zukunft aus Kaurimuscheln voraus und verrät für einen Aufpreis Mittel, wie man sich schützen kann.

Wir gingen mit Hadija zum Brunnen, um ihr beim Wasserholen zu helfen. Es gab nur vier Schöpfstellen, aber mehr als 100 junge Frauen und Mädchen standen mit ihren Eimern in einer Warteschlange. Die unfruchtbare Landschaft und die absolute Knappheit lebensnotwendiger Dinge wie Wasser ist beunruhigend. Es erinnerte mich an die Zeit, als ich 1975 in einem Dorf im Norden Indiens als freiwillige Helferin bei einem Gesundheitsprojekt mitgearbeitet hatte. Die Armut ist die gleiche, auch die Härte des Lebens, die die Frauen zu ertragen haben, ähnelt sich.

Für die Mädchen des Dorfes waren Nazila und ich natürlich Anlaß für viel Gelächter und Gekichere. Sie haben sich sicher gefragt, was wir hier eigentlich wollten. Später saßen wir im Freien und unterhielten uns mit Jacques, dem Bruder von Hadija, einem freundlichen und sensiblen Mann. Als wir ihn fragten, warum er seiner Schwester nicht beim Wasserholen helfe, groß und stark, wie er sei, und sie so viele andere Dinge erledigen müsse, sagte er, daß er das früher getan habe, aber alle anderen Männer des Dorfes sich über ihn lustig gemacht hätten, und so habe er damit aufgehört.

Die Familie wollte Musik hören, aber in ihrem Kassettenrecorder fehlten die Batterien. Also zwängten wir uns alle in unseren Mietwagen und fuhren zur nächsten «Stadt», deren Namen wir nicht in Erfahrung bringen konnten. Die eine Straße, die die Stadt besaß, war voll von Prostituierten, die es auf die vorbeikommenden Lastwagenfahrer und auf jeden einheimischen Mann abgesehen hatten, den ihnen der Zufall bescherte. Diese Fahrt in die Stadt war für Hadija eine große Sache, und sie hatte ihr bestes weißes Kleid angezogen. Eine Unterbrechung ihrer täglichen Arbeitslast ist etwas sehr Ungewohntes für sie. Nazila und ich haben sie wirklich ins Herz geschlossen: Sie ist unglaublich resolut und entschlossen.

Als wir auf den dunklen staubigen Straßen zurückfuhren, überholten wir kleine Busse, die vollgestopft waren mit Leuten. Sie hingen noch an den hinteren Türen und an den Fenstern, und die Gepäckträger waren bis zum Äußersten beladen. Die Waren – Grundnahrungsmittel wie Zucker und Mehl und Kleider – waren offensichtlich Schmuggelware aus Gambia. Es ist uns schon aufgefallen, daß alles im Senegal viel teurer ist.

Ich weiß, daß dieses Bild mir eine lange Zeit im Gedächtnis

bleiben wird: der afrikanische Sternenhimmel und die in leuchtenden Farben wunderschön bemalten Busse, die, beladen mit Menschen, durch die Nacht fuhren.

Als wir wieder im Dorf waren, kam die Großmutter und steckte eine Kassette in den Recorder, auf der ihre Lieblingsmusik war. Unglaublicherweise war es Musik aus einem alten indischen Film, den ich aus meiner Kindheit kannte, und ich übersetzte ihnen eins der Lieder. Es war bizarr und ungewohnt, die vertrauten Töne in dieser fremden Umgebung zu hören, und doch machte es irgendwie Sinn.

Bevor wir uns in die Hütte zurückzogen, bemerkten wir, daß die Männer alle um den Platz herumsaßen und Musik hörten, während Hadija ihnen Tee machte. Die Männer hier scheinen spät ins Bett zu gehen, spät aufzustehen und nicht viel zu arbeiten!

In dieser Nacht passierte, bevor wir schlafen gingen, etwas Lustiges: Awa hatte uns davor gewarnt, Wasser zu trinken oder etwas zu essen, so hatten wir sehr wenig vom gemeinsamen Familienmahl zu uns genommen und waren demzufolge ziemlich hungrig. Nachdem wir uns, für alle sichtbar, für die Nacht zurückgezogen hatten, beschlossen wir – Nazila, Adelaide, ihre Freundin und ich –, uns zu unserem Wagen zu schleichen und etwas zum Essen zu holen. Und da hockten wir also, verschlangen die Reste unserer Sandwiches, die vom Tag übriggeblieben waren, und tranken abwechselnd aus der Flasche mit Wasser, die wir mitgebracht hatten. Und all das, um die Familie nicht zu beleidigen!

Wir hatten uns mit einer ganzen Ladung Insektenvernichtungsmittel eingedeckt, um die Moskitos abzuwehren, und wir sprühten sie um die Matratze herum, die Hadija für uns auf den Boden gelegt hatte, und auf die bloßen Körperstellen. Nazila und ich lagen nebeneinander, kicherten und versuchten, keine Platzangst aufkommen zu lassen, da Hadija die Tür geschlossen hatte. Anscheinend kommen Tiere des Nachts in die Zimmer, wenn die verrosteten Eisentüren nicht geschlossen werden.

Nazila erzählte mir, daß ein Mann aus der Filmszene, den wir beide kannten, sie gewarnt habe, ich sei eine Diva und sie müsse mit Schwierigkeiten rechnen, wenn sie mit mir zusammenarbeite. Sie sagte, sie könne es kaum erwarten, ihm zu erzählen, daß diese Diva die Nacht in einer Bretterbude auf einer dünnen Matratze verbracht habe, und ihn zu fragen, wieviel Diven er kenne, die so etwas tun würden? Es ist komisch, aber ich habe es immer wieder erlebt, daß man als Diva abgestempelt wird, wenn man direkt und unverblümt ist und Forderungen stellt. Männer machen das die ganze Zeit, und alles, was man dazu sagt, ist, «Männer»!

Plötzlich gab es ein Geräusch, Nazila richtete sich auf und sagte mit warnender Stimme: «Schau nicht hin, Pratibha – was immer du auch tust, schau nicht hin.» Es klang absolut entsetzt. Natürlich mußte ich hinsehen. Ich setzte meine Brille auf, richtete mich auf, und da, nur ungefähr einen halben Meter von uns entfernt, wo Adelaide die Taschenlampe hatte brennen lassen, waren Kakerlaken, Hunderte von ihnen, die mit ziemlicher Geschwindigkeit umherkrochen. Wenn wir nicht die Seiten unserer Matratze eingesprüht hätten, wären sie im Nu über uns hergefallen. Es war wie eine Szene aus einem schlechten Horrorfilm. Wir krochen wie zwei Diebe aus der Hütte, kletterten in den Wagen und blieben dieses Mal dort.

Ich versuchte, in dem dunklen Wagen keine Angst zu bekommen, obwohl wir uns mitten im Senegal befanden und nur Awa wußte, wo. Jedesmal, wenn ein Laster vorbeifuhr, spürten wir, wie der Staub aufstieg und durch die Fenster drang. Obwohl es uns einschüchterte, hatte es doch auch etwas Magisches, sich der Millionen von Sterne bewußt zu sein, die auf uns herabschauten, während wir darauf warteten, daß der Tag anbrach. Als es hell wurde, gingen Nazila und ich zu den Büschen hinüber und putzten uns mit dem letzten Rest Wasser die Zähne. Das erwies sich als angenehm erfrischend.

Später unterzog sich Nazila einer Reinigungszeremonie. Am Tag zuvor hatte die Großmutter der Familie Nazila die Zukunft gedeutet und ihr gesagt, daß sie böse Geister gesehen habe. Diese bösen Geister mußten, der Großmutter zufolge, ausgetrieben werden, oder Nazila würde nie einen Mann bekommen. Obwohl das Nazila keine großen Sorgen machte, entschloß sie sich doch, die Reinigungszeremonie über sich ergehen zu lassen. (Die Deutung meiner Zukunft enthielt die Warnung, daß da etwas in mir sei, das Männern angst mache. Das paßt mir gut und soll so bleiben.)

Die Reinigungszeremonie bestand aus allen möglichen Pulvern, die in Eimer voll Wasser gestreut und dann über Nazila ausgegossen wurden, die vollständig nackt am Boden kauerte. Es ist gut, daß sie Nudistin ist und es ihr nichts ausmachte, vor all diesen Leuten ausgezogen zu werden. Ich sagte ihr, sie solle alle ihre Körperöffnungen gut verschlossen halten. Ich wollte auf keinen Fall, daß meine Produktionsmanagerin und rechte Hand sich irgendeine Krankheit zuzog. Ich nahm das Ganze mit meiner Hi8-Kamera auf Video auf.

Wir sprachen mit Hadija, ihrer Mutter und ihrem Bruder Jacques lange über weibliche Genitalbeschneidung und erfuhren, daß es in Kavil von einigen Familien praktiziert werde, von anderen wiederum nicht. Von Hadija und ihrer Familie nicht, und sie ermutigten auch andere Familien, es nicht zu tun. Sie bestätigten uns, was wir bereits in Dakar gehört hatten – daß es nur von bestimmten Stämmen praktiziert werde.

Jacques wurde ausgeschickt, um die Beschneiderin zu holen, damit wir sie interviewen konnten. Es stellte sich heraus, daß sie noch in einem anderen Dorf unterwegs war, um dort ihre Arbeit zu tun, so verabredeten wir, daß wir auf unserer Rückreise von Gambia nach Senegal noch einmal in Kavil vorbeikommen würden. Jacques versprach uns, dafür zu sorgen, daß die Beschneiderin dann anwesend sei und wir ein Interview mit ihr filmen könnten. Ich war froh, daß wir wegkamen, aber es machte mich ein wenig traurig, Hadija adieu zu sagen.

Wir fuhren nach Dakar zurück. Sobald wir im Hotel angekommen waren, rannte ich unter die Dusche und schrubbte mir den ganzen roten Staub von der Haut. Ich rief den Zimmerservice an und bestellte mir ein Omelett, das mit Sicherheit vor Fett triefen würde. Für ein Curry hätte ich in diesem Augenblick mein Leben gegeben!

Später beeilten wir uns, zu einem Treffen der Frauengruppe der PDS zu kommen, zu dem Awa uns eingeladen hatte. Es waren zirka 60 Frauen anwesend – unglaublich stark, beredt und temperamentvoll. Sie sprachen über ihre verschiedenen Ideen, selbständig zu arbeiten: Abkommen mit Fischern zu treffen, Secondhand-Kleider zu verkaufen, Möbel herzustellen. Wirtschaftliches Überleben war ihr vorrangiges Interesse. Wir redeten mit ihnen auch über den Film, aber nur allgemein, denn Awa hatte uns gewarnt, Beschneidung nicht zu schnell zu erwähnen, und so warteten wir auf ihr Stichwort. Endlich stand eine Frau auf und sprach gegen Beschneidung. Sie sagte, es sei zwar tabu, über Sex zu sprechen, aber es sei an der Zeit, daß Frauen wie die hier anwesenden über die Folgen genitaler Verstümmelung redeten. Sie selbst war nicht beschnitten, hatte aber Freundinnen, die beschnitten worden waren und viel deswegen gelitten hatten. Einige ältere Frauen beschimpften sie als schmutzig, weil sie so öffentlich über etwas spreche, das ihrer Ansicht nach intim und privat sei. Die Meinungsverschiedenheiten zwischen den Generationen zeigen den Wechsel an, der sich langsam vollzieht.

Ich hätte gerne die Crew dabeigehabt. Das Treffen war unglaublich gut besucht, und die Energie der Frauen war fantastisch. Immerhin konnten wir viele von ihnen dazu bringen, daß sie sich interviewen ließen.

Endlich habe ich den Eindruck, daß wir konkrete und verbindliche Kontakte knüpfen. Der Film, der natürlich noch keine definitive Form angenommen hat, fängt an, ein wenig zu leben.

Awa hat ihren Einsatzplan für die Vorwahlen immer noch nicht erhalten, was bedeutet, daß sie uns keine festen Zusagen machen kann.

Freitag, 29. Januar 1993

Fühlte mich heute wie zerschlagen. Bekomme meine Periode. Nazila und ich haben den ganzen Morgen über telefoniert. Zuerst rief ich Efua in London an, um ihr über unsere Fortschritte im Senegal zu berichten. Sie erzählte mir, sie organisiere zur Zeit eine Protestdemonstration gegen eine Gemeinderatsversammlung im Londoner Stadtteil Brent, die in einigen Tagen einberufen werde. Der Protest zielt gegen den Vorschlag einer afrikanischen Frau, die Mitglied des Gemeinderats ist, eine Petition an die britische Regierung zu richten. Darin wird gefordert, die Beschneidung von Frauen zu legalisieren, und zwar «als besonderes Recht der afrikanischen Familien, die an dieser Tradition festhalten wollen, obwohl sie in England leben».

Mehrere afrikanische Frauenorganisationen und deren Anhänger haben sich zusammengetan, protestieren gegen diese unglaubliche Petition und wollen am 1. Februar demonstrieren. Poline Nyaga hatte die Petition initiiert, nachdem der Fernsehsender BBC 1 im Januar eine Sendung über weibliche Genitalverstümmelung ausgestrahlt hatte, in der der bekannte, in England lebende nigerianische Schriftsteller Buchi Emecheta diese Praktik verteidigte.

Als Reaktion darauf schickte mir Alice folgendes Statement:

Als Matronin von FORWARD möchte ich hiermit meiner überzeugten und eindeutigen Unterstützung des Statements gegen weibliche Genitalverstümmelung Ausdruck verleihen, das Efua Dorkenoo, Direktorin von FORWARD International, und Bisi Adeleye-Fayemi, Koordinatorin von Akina Mama wa Afrika, Ihnen vorgelegt hat.

Ich bin über alle Maßen traurig, daß eine afrikanische Frau die Folter afrikanischer Kinder gutheißt.

Poline Nyagas Verrat an dem Recht des Kindes schmerzt mich, und trotzdem werde ich alles tun, was in meiner Macht steht, um die Anstrengungen afrikanischer Frauen in aller Welt zu unterstützen, die sagen: Wenn ein Kind weint, ist etwas nicht in Ordnung! Nein zur Beschneidung! Nein zum Verrat! Nein zur Folter! Ja zu glücklichen, gesunden, lächelnden freien Kindern!

Anschließend rief ich Debra Hauer in London an und bat sie, ein Filmteam zu organisieren, das die Demonstration aufnehmen und einige Demonstrantinnen interviewen könnte. Das Thema scheint sich wahrlich in der afrikanischen Diaspora auszubreiten. (Als ich die Muster sah, war ich sehr angetan von den Interviews, die Sophie Gardiner, die Produktionsmanagerin in London, mit Comfort I., Ottah und Bisi Adeleye-Fayemi, der Koordinatorin von Akina Mama wa Afrika in London, während der Demonstration geführt hatte. Comfort, eine Hebamme aus Nigeria, die in London arbeitet, sprach über ihre Enttäuschung, von Poline Nyaga, einer afrikanischen Frau, verraten zu werden. «Folter ist nicht Kultur», rief sie. Bisi äußerte sich leidenschaftlich darüber, daß weibliche Genitalverstümmelung eine der Wurzeln der Unterdrückung afrikanischer Frauen sei.)

Zurück in Dakar riefen wir, wie vereinbart, Awa an. Es war ihr noch immer nicht möglich, irgendwelche festen Zusagen zu machen, aber immerhin konnte sie über Geld sprechen – wieviel würden wir der Frauengruppe der PDS spenden? Wir verabredeten uns in ihrem Büro nach dem Lunch mit Madame Fall.

Verbrachte eine Stunde auf der Bank, wo ich versuchte, Geld zu wechseln, und so kamen wir zu spät zum Lunch.

Unsere Gastgeber hatten sich große Mühe gegeben und waren höchst elegant gekleidet. Ich kam mir schäbig vor in meinem T-Shirt und den «Shalwars», den indischen Hosen, die mir Shaheen für die Reise geschenkt hatte.

Nazilas Lippen waren durch die Chilisauce gefühllos geworden. (Später sagte sie, sie glaube, sie habe Durchfall. O nein...)

Die zwei Stunden während des Essens bescherten uns die anregendste Unterhaltung, die wir auf dieser Reise bisher hatten. Madame Fall (aus irgendeinem Grund sprechen sie alle mit «Madame» an) ist 54, lebenslustig und redet viel und gern. Sie sprach über Beschneidung und erzählte zahlreiche Geschichten und Anekdoten. Es war einer der Momente, in denen ich mir wünschte, eine Kamera dabeizuhaben, aber andererseits wäre Madame Fall nicht so locker gewesen mit einem Aufnahmeteam im Hintergrund.

Sie erzählte uns die Geschichte von einem der ehemaligen Präsidenten Malis, der auf einem Staatsbesuch im Senegal verlangte, daß sein Essen nur von beschnittenen Frauen zubereitet würde. Um sicherzugehen, ließ er Frauen aus Mali kommen, bei denen er wußte, daß sie beschnitten waren. Ihm zufolge waren unbeschnittene Frauen unrein und demzufolge auch ungeeignet, sein Essen zu kochen.

Ich bat Madame Fall, ihre Bemerkung, senegalesische Männer seien immer weniger daran interessiert, beschnittene Frauen zu heiraten, noch etwas mehr auszuführen. Besonders in den Städten, berichtete sie, würden sich immer mehr Männer dazu bekennen, daß Sex mit einer nichtbeschnittenen Frau mehr Spaß mache, da so gegenseitige Befriedigung und gegenseitiges Vergnügen möglich sei.

Das erinnerte mich an ein Interview in Hanny Lightfoot-Kleins Buch *Das grausame Ritual*, in dem ein Mann darüber spricht, wie unglücklich er und seine Frau sind, wenn sie versuchen, sich zu lieben, da sie infibuliert wurde und demzufolge beim Geschlechtsverkehr Schmerzen hat.

Dort ist auch die Rede davon, daß einige Männer zu einer Hebamme gehen und ihre Frauen öffnen lassen, während es andere mit Rasierklingen und Messern selbst machen. Aber viele Männer berichten, daß ihr Sexleben im allgemeinen schwierig sei:

«Die meisten Männer versuchen, wenn sie mit anderen Männern reden, den Eindruck zu erwecken, daß sie dazu fähig waren, ihre Frau in der ersten Nacht zu penetrieren ... Ich weiß aber sicher, daß das vollkommen unmöglich ist. Es handelt sich um dickes Narbengewebe, das verwachsen ist, und ein Penis ist aus Fleisch und nicht aus Eisen. Eine Wand kann man auch nicht mit Fleisch durchbohren, und dies ist eine Wand. In Wirklichkeit haben die meisten Männer Angst davor ...

Einer meiner Freunde zog sich Schürfwunden am ganzen Penis zu – was für Dummköpfe. Die meisten Männer, die beim ersten Mal versuchen, ihre Frau zu penetrieren, betrinken sich sinnlos, damit sie nicht spüren, was sie tun, denn sie wissen, daß sie etwas Falsches tun. Wenn sie betrunken sind, ist es ihnen egal, ob ihre Partnerin leidet.»

Madame Fall hat eingewilligt, sich um Interviewpartnerinnen zu kümmern, und wir haben alle Termine und Honorare mit ihr abgesprochen. Ich bin sehr erleichtert! Es war schwierig, soweit zu kommen, aber unsere Bemühungen lohnen sich nun. Ich bin erstaunt und erfreut über die Offenheit der Frauen, die wir kennengelernt haben, besonders über die von Madame Fall. Als ich ihr erzählte, warum Alice und ich daran interessiert seien, einen Film über weibliche Beschneidung zu machen, war sie hilfreich und ermutigend. Sie sagte, sie hätte sich gefreut, Nazila und mich kennenzulernen, sie freue sich über Frauen, die ihren Weg in der Welt machen. Sie selbst tut das auf jeden Fall.

Nach dem Lunch, der sich ziemlich lange hinzog, trafen wir uns mit Awa. Anfangs war sie unverbindlich, aber dann sagte sie, sie wolle eine Pressekonferenz mit dem Vorsitzenden ihrer Partei, der PDS, organisieren und Alice einladen, um dort über weibliche Beschneidung zu sprechen. Das sollen wir ihrer Meinung nach filmen. Als wir konkrete Details über den Zeitpunkt dieser Pressekonferenz erfahren wollen, stellt sich heraus, daß der Vorsitzende womöglich gar nicht in Dakar ist, wenn wir filmen. Ich sagte Awa, daß ich lieber die autonome Frauengruppe, die die Commission for the Abolition of Sexual Mutilation bildet, filmen würde als einen Parteivorsitzenden, der nicht daran interessiert ist, sich für Frauenfragen zu engagieren. Und, um es deutlich zu sagen, obwohl der allgemeine Rahmen des Films Unterdrückung von Frauen sei, liege sein besonderer Schwerpunkt auf der weiblichen Beschneidung als Zeichen patriarchaler Unterdrückung.

Immer und immer wieder kauten wir das durch, und als ich ging, schwirrte mir der Kopf. Werden wir je ein Interview mit ihr zustande bringen, oder wird sie aufs Land verschwinden, im Schlepptau dieser Kampagne und dieses «Führers», der sich weigert, über weibliche Unterdrückung zu sprechen? Sie ist die wichtigste Person, die ich interviewen wollte, und sie ist einer der Hauptgründe für unsere Reise in den Senegal. Es ist ausschlaggebend, Stimmen afrikanischer Feministinnen und Aktivistinnen wie Awa zu haben, die in früheren Dokumentarfilmen zu diesem Thema nicht zu finden sind.

Der schwere Gegenwind und die Isolation, die Awa trafen, als ihr Buch erschien, läßt sie verständlicherweise zögern, erneut in der Öffentlichkeit über weibliche Beschneidung zu sprechen. Vielleicht ist es Teil ihrer jetzigen politischen Strategie, darüber in ausgleichender und akademischer Weise zu reden statt in dem zornigen, auf Konfrontation angelegten Ton ihres Buches.

Während ich versuchte, mit meiner Frustration über Awas unverbindliches Verhalten fertig zu werden, erinnerte ich mich an Efuas Äußerung bei dem Londoner Interview mit Alice: «Frauen können getötet werden, wenn sie über dieses Thema sprechen.» Vielleicht ist Awa vorsichtig, womöglich verhält sie sich politisch geschickt. Ich habe Verständnis für alle diese Gründe, aber es würde uns von einer ganzen Menge Streß befreien, wenn sie uns eine Antwort geben würde, so oder so. Morgen reisen wir nach Gambia ab, und während mit Awa nichts endgültig entschieden ist, hat Madame Fall zugestimmt, uns zu helfen. Sie wird mit der PDS-Frauengruppe klären, daß wir sie filmen können, und eine Beschneiderin finden, die im Film interviewt wird.

Nazila und ich beschlossen den Tag mit einer Budgetsitzung.

Samstag, 30. Januar 1993

Wir flogen nach Banjul, der Hauptstadt Gambias. Wir waren erleichtert, Dakar zu verlassen, das ermüdend und schwierig wurde. Am Flughafen erwartete uns eine freundliche junge Frau, die von unserer hiesigen Kontaktperson, Bilaela, geschickt worden war. Da wir Bilaela selbst noch nicht persönlich kannten, schauten wir auf unserem Weg ins Hotel bei ihr vorbei, um uns vorzustellen. Eines der ersten Dinge, die sie ansprach, war die Frage, wann sie für ihre Arbeit bezahlt werde. Sie sollte Interviews und Besuche auf den Dörfern vermitteln. Ich hatte sofort das Gefühl, daß irgend etwas mit Bilaela nicht stimmte.

Nazila und ich teilen uns ein Zimmer in einem teuren Hotel, dem einzigen in ganz Gambia, das Telefon auf dem Zimmer hat, aber wenigstens hat uns Bilaela zu einem Sonderpreis untergebracht.

Sonntag, 31. Januar 1993

Unser erstes richtiges Treffen mit Bilaela verlief schlecht. Ich kam mir betrogen vor und war empört, daß sie uns gegenüber nicht offen gewesen war. Wir hatten uns telefonisch von London aus über eine Geldsumme geeinigt, die ich per Fax bestätigte. In diesem Fax war sehr deutlich aufgeführt, wieviel Geld wir Bilaela für unsere Auslagen in Gambia zur Verfügung stellten und für was es ausgegeben werden sollte. Bilaela sagte uns jetzt, daß sie bereits die gesamte Summe verbraucht habe. Das heißt, daß wir unsere Drehtage von fünf auf vier reduzieren müssen, da wir kein zusätzliches Geld aus dem Ärmel schütteln können, was Bilaela vielleicht denkt.

Ich befürchte, sie denkt sowieso, wir seien wie das Filmteam des großen amerikanischen Fernsehsenders, das vor drei Wochen hier war. Bilaela zufolge verfügten sie über sehr viel Geld, wohnten in Fünf-Sterne-Hotels und legten häufig Ruhetage am Pool und am Strand ein.

Sie war die örtliche Kontaktperson der amerikanischen Crew und hatte, wie es scheint, Schwierigkeiten, das Geld, das sie ihr schuldeten, zu bekommen. Vermutlich denkt sie, daß wir sie auch nicht bezahlen werden. Ich erklärte ihr, wir seien keine große Fernsehgesellschaft wie die aus New York, sondern eine kleine unabhängige Produktionsfirma. Ich erzählte ihr von Alice und davon, daß ein Teil der Gewinne aus dem Verkauf ihres Buchs *Sie hüten das Geheimnis des Glücks* in dem Film steckten.

Bilaela sagte, daß sie einige «Perlen» für unseren Dreh reserviert habe und sie, wenn wir bereit wären, dafür zu zahlen, die Beschneidung einiger Mädchen arrangieren könne. Sie sagte, das hätte sie auch für die New Yorker Crew getan. Ich traute meinen Ohren nicht. Die Beschneidung von Frauen war zum Medienartikel geworden! Sie rechtfertigte sich damit, daß diese Mädchen ohnehin beschnitten würden, sobald ihre Eltern genug Geld dafür gespart hätten, warum es also nicht jetzt tun, wo es für gutes Filmmaterial sorge.

Sie fuhr fort, das Szenarium zu beschreiben, wie es für das amerikanische Fernsehteam arrangiert worden war: Der Beschneiderin waren zwei Räume zur Verfügung gestellt worden, die durch einen Vorhang getrennt waren. Die Mädchen wurden eine nach der anderen hereingebracht, was gefilmt wurde. Sie hatten die Schreie auf Tonband aufgenommen und danach die Mädchen nochmals gefilmt, als sie herausgeführt wurden. Ich sagte Bilaela, daß ich nicht daran interessiert sei, mein Einverständnis zur Folter und zur Beschneidung von Mädchen zu geben, nur um ein paar gute Szenen zu drehen.

Unter keinen Umständen würde ich etwas Derartiges filmen. Es gibt viele Möglichkeiten, den Horror einer Beschneidung zu zeigen, aber dies war eindeutig nicht die Art und Weise, wie ich es darstellen wollte.

Es ist sehr leicht für Filmemacher, zum Teil des Problems zu werden, selbst wenn man versucht, zu seiner Lösung beizutragen. Trotzdem war ich entsetzt über das, was das New Yorker Team getan hatte. Es fiel mir keine rationale Erklärung und auch keine annehmbare Rechtfertigung dafür ein.

Fatima, die Dolmetscherin, die uns Bilaela für die Dauer der Dreharbeiten besorgt hatte, erzählte uns ebenfalls von dem New Yorker Fernsehteam. Sie hatte auch für sie gearbeitet. Sie meinte, welches Glück das Team gehabt hätte, daß es «in der Beschneidesaison» gekommen sei. Wie kann ein Mensch so etwas nur als Glück bezeichnen? Was manche Filmteams tun, um an bestimmte Szenen zu kommen, wie distanziert und losgelöst sie vom Thema sein müssen, wird mir immer unbegreiflich bleiben.

Am frühen Abend fuhren wir mit Fatima zum Dorf Dar Salamay, das, wie man uns gesagt hatte, etwa 60 Kilometer von Banjul entfernt liegt. Auf dem Weg dorthin hielten wir an einem

Markt in der Stadt Serekunda, um einen Sack Reis und Kolanüsse als Geschenk für die Dorfbewohner zu kaufen, wie Bilaela es uns geraten hatte. Die Straße war holprig und staubig. Ich hatte Schwierigkeiten, mich zu konzentrieren, da mir die Sache mit Bilaela die Laune verdorben hatte und ich es immer noch verheerend fand, was sie mir erzählt hatte.

Als wir im Dorf ankamen, führte uns Fatima zu einem Hof, wo wir auf die älteren Frauen warteten. Als ich dort stand, entschied ich mich, auf diesem Hof zu filmen, da er von Leben vibrierte, wie ein Bienenstock. Der kleine Platz schien eine ganze weibliche Welt zu umfassen: Frauen, die Getreide zerstampften und Essen bereiteten, Frauen, die ihre Kinder stillten, kleine Mädchen, die Eimer mit Wasser vom Brunnen brachten, alte Großmütter, die Rinde kauten und ihre Zähne reinigten. Dieses Dorf war ein hervorragender Drehort, um die alltäglichen Verrichtungen von Frauen im ländlichen Afrika zu zeigen.

Fatima erklärte den Ältesten, daß wir gerne in einer Woche mit unserem Team zurückkommen würden, um die «Coming out»-Zeremonie aufzunehmen, die hier stattfinden sollte. Diese Zeremonie wird traditionsgemäß abgehalten, um die Heimkehr der Mädchen zu feiern, die zwei Wochen zuvor beschnitten worden waren. Sie werden zu einem geheimen Ort am Rande des Dorfes gebracht, wo man sie beschneidet, sie über ihre Aufgaben als zukünftige Ehefrauen und Mütter belehrt und ihnen beibringt, die Ältesten zu respektieren. Dieser «Rite de passage» erhält seine besondere Bedeutung auch noch durch eine rituelle Zeremonie, während der alle Frauen des Dorfes mit den zu ihren Familien heimkehrenden Mädchen gemeinsam tanzen und essen. Wir waren hierhergekommen, um mit den weiblichen Ältesten, besonders der Beschneiderin, darüber zu verhandeln, ob wir diese Zeremonie filmen dürften. Die Beschneiderin starrte uns anfangs unverwandt an, dann stimmte sie zu.

Wir gaben ihnen den Sack Reis und die Kolanüsse, und einige der Frauen fingen an zu tanzen.

Es war bereits dunkel, als wir hungrig und müde ins Hotel zurückkehrten. Nazila versuchte, mich bei Laune zu halten, aber ich war entsetzlich deprimiert und wütend. Ich hatte so gehofft, daß Gambia sich als einfacher erweisen würde als Senegal.

Schlimme Menstruationsbeschwerden machten die Sache auch nicht besser. Ich hatte England erst vor einer Woche verlassen, aber es kam mir vor, als sei ich bereits seit Monaten unterwegs. Zum ersten Mal hatte ich Heimweh und vermißte Shaheen. Ging hungrig ins Bett, da der Zimmerservice mal wieder nicht funktionierte.

Montag, 1. Februar 1993

Wo wir auch hingehen, werden wir von Männern belästigt. Es macht Naz verrückter als mich. Bilaela sollte uns einen Wagen vorbeischicken, aber es kam keiner. Wir hängen ihr eindeutig genauso zum Halse heraus wie sie uns. Ich rief Bilaela mehrmals an, um herauszufinden, wo unser Wagen geblieben war, erreichte sie aber nicht. Sie war gerade in ein anderes Büro umgezogen, und ich hatte die neue Adresse nicht. Ein wenig Detektivarbeit führte uns schließlich zu ihr, und Bilaela war sichtlich schockiert, uns zu sehen.

Ich hätte sie rausgeworfen, aber sie ist unsere einzige Kontaktperson in Gambia. Wir brauchen sie, und das weiß sie. In ihrem Büro kommandierte sie jedermann herum. Ihr armer Sekretär wagte nicht einmal, den Mund aufzumachen und etwas zu sagen, ohne sie vorher mit einem Blick um Erlaubnis zu fragen.

(Im nachhinein sehe ich, daß die Geschichte mit Bilaela sehr traurig ist. Ich habe versucht, eine Brücke des Verstehens zwischen uns aufzubauen. Es war sehr mutig von ihr, in Gambia eine Kampagne gegen weibliche Beschneidung zu starten, und sie scheint immer noch engagiert zu sein. Aber entweder ist sie dem emotionalen Druck nicht gewachsen, den es mit sich bringt, gegen schwere Widerstände anzugehen, oder den Umständen nicht, unter denen sie arbeiten muß – jedenfalls macht es mich fassungslos zu erleben, wie bitter und mißtrauisch sie ist. Während der ganzen Zeit, die wir in Gambia zusammenarbeiteten, mußte ich sie immer wieder daran erinnern, im Auge zu behalten, weshalb wir diesen Film drehen. Wenn ich sagte, daß wir hofften, ihn einem breiten Publikum zugänglich zu machen und ihn auf Filmfestivals, im Fernsehen, in erzieherischen Institutionen und auf politischen Veranstaltungen zu zeigen, schloß sie daraus, daß wir eine Menge Geld verdienen würden. Ich sagte ihr, daß Alice und ich mit dem Geld, das der Film einspiele, Organisationen unterstützen wollten, die gegen weibliche Beschneidung kämpften, daß wir selbst nichts daran verdienen würden. Ich sagte ihr, um das Leben von Frauen zum Besseren hin zu verändern, müßten wir Information über Beschneidung überall verbreiten, wo wir nur könnten. Bilaela hörte mir mit ungläubigem Blick zu. Sie sagte kein Wort.)

Während wir in ihrem Büro saßen, wurde ein Anruf aus New York durchgestellt. Es war Stephanie, die Produzentin und Direktorin, die sich in der Nachrichtenredaktion des amerikanischen Fernsehsenders auf weibliche Beschneidung spezialisiert hatte. Bilaela hatte mit dem Film viel zu tun gehabt, und doch erzählte sie Stephanie nicht, daß wir ihr in ihrem Büro direkt gegenüber saßen. Stephanie hatte irgendwie herausgefunden, daß Bilaela an einem anderen Film über weibliche Beschneidung mitarbeitete, und fragte sie, wer wir seien und wann unser Film gezeigt würde. Sie wollte Bilaela dazu bringen, das nicht zu tun. Wir hörten Bilaela sagen, daß sie dem amerikanischen Filmteam keine Exklusivrechte eingeräumt hätte und sich somit frei fühle, mit uns zusammenzuarbeiten. Sie beendete die Unterhaltung, indem sie sagte: «Bitte wein nicht, Stephanie. Natürlich liebe ich dich auch, Stephanie, mach dir keine Sorgen.»

Ich betonte Bilaela gegenüber, daß es uns nur lieb sei, wenn das Thema so viel Aufmerksamkeit bekäme wie nur irgend möglich. Sie begreift nicht, daß wir kein Konkurrenzdenken entwickeln. Ich kam nicht als Journalistin oder als Redakteurin für Zeitgeschehen zum Film, sondern als politische Aktivistin. Das bedeutet, daß ich nicht in der grauenhaften Haltung gefangen bin wie die meisten Medienleute, die hinter allem nur noch eine Geschichte sehen, bei der irgendein anderer womöglich schneller sein könnte.

Nachdem wir den ganzen Morgen und den halben Nachmittag mit Bilaela zugebracht hatten, entschlossen wir uns, in einem Café, das uns von unserem Reiseführer empfohlen worden war, etwas zu essen. Zum wiederholten Mal Fisch!

Den Rest des Nachmittags verbrachten wir damit, gründlich verstimmt und traurig in Banjul herumzulaufen. Es ist kaum zu glauben, daß es die Hauptstadt des Landes ist. Es gibt nur wenige gepflasterte Straßen; infolgedessen ist alles mit Staub bedeckt. Viele Leute leben auf der Straße. Die Geschäfte sehen wie Bretterverschläge aus. Banjul scheint sehr viel ärmer zu sein als Dakar.

Als die Engländer 1965 Gambia kurz vor der Unabhängigkeit verließen, zerstörten sie aus Wut darüber, daß sie gehen mußten, absichtlich viele Gebäude und Straßen. Auch in Indien wurden viele Tempel, Skulpturen und historische Gebäude von den Briten zerstört, bevor sie das Land verließen, in dem sie 400 Jahre gelebt hatten. Auf der ganzen Welt gibt es solche Zeichen kolonialer Verwüstung. Aimé Césaire faßte es in ihrem *Discourse on Colonialism* zusammen: «Sie reden von Fortschritt, von ‹Leistung›, von besiegten Krankheiten, gehobenem Lebensstandard. Ich spreche von Gesellschaften, denen ihr Innerstes geraubt wurde, Kulturen, die man niedergetrampelt hat, ausgehöhlten Institutionen, konfisziertem Land, zerschlagenen Religionen, großartigen Kunstwerken, die zerstört, und außergewöhnlichen Möglichkeiten, die ausradiert wurden.»

Dienstag, 2. Februar 1993

Es war so schön, heute morgen mit Shaheen zu telefonieren. Sie war klar, baute mich auf und ermutigte mich, einen Weg zu finden, wie ich all diese Erfahrungen zu einem Teil des Films werden lassen könne. Ich habe noch nie einen Film auf diese Weise gemacht; die Recherchen vor Ort sind so abhängig von den Kontakten irgendwelcher Leute und deren Engagement und beziehen Personen mit ein, bei deren Motiven mir nicht immer ganz wohl ist.

Ich sprach mit Alice, die auf ihrem Weg hierher für einen Tag in meinem Haus in London übernachtete. Die Aussicht, nach Afrika zu kommen, schien sie in Hochspannung zu versetzen, und ich fragte mich, wie sie wohl auf alles reagieren werde. Ich darf sie, wenn sie am Freitag mit dem Team ankommt, nicht gleich mit all meinen Befürchtungen und meinem Zynismus überfallen. Sie war seit 1967 nicht mehr in Afrika, und damals war sie in Ostafrika. Ich möchte, daß ihr diese Reise in guter Erinnerung bleibt.

Erhielt einen Brief von Wendy, einer Freundin, die in Montreal lebt. Ihre ermutigenden und verständnisvollen Zeilen besserten zwar meine Laune, aber mein Körper schmerzte noch immer von oben bis unten. Ich fühle mich schwach nach meiner Periode und habe Fieberbläschen auf der Lippe. Es ist ein Zeichen, daß ich ziemlich fertig bin. Der Streß setzt mir zu.

Ich begann den freien Tag mit einer Reflexzonenmassage, die

ein Massageinstitut im Hotel anbietet. Es wird von zwei schottischen Schwestern geleitet, die schon über zehn Jahre in Gambia leben. Eine von ihnen, Rose, kam vor zehn Jahren mit ihrem Mann von England auf einer Urlaubsreise nach Gambia und verliebte sich in Malign, ihren Reiseleiter. Sie verließ ihren Mann und ihre erwachsenen Kinder, um mit ihm zusammenzuleben. Es ist nicht zu übersehen, daß sie Gambia liebt und sich hier zu Hause fühlt. Wie romantisch!

Nach der Massage fühlte ich mich sehr viel besser und war nicht mehr so angsterfüllt. Nazila und ich riefen Awa an, die noch immer nicht zu einer Entscheidung gekommen war. Wir versuchten, einen Drehplan auszuarbeiten, und ihre Entschlußlosigkeit war keine große Hilfe. Wir nahmen auch Kontakt mit Henriette Kouyate in Dakar auf, an die uns Efua verwiesen hatte. Sie ist Generalsekretärin des Senegalese National Committee on Traditional Practices, ein Zweig des Inter-African Committee. Dr. Kouyate scheint sehr hilfsbereit zu sein und bat uns, ihr eine inhaltliche Zusammenfassung des Films zu faxen. Ich schrieb eine auf englisch, die Nazila ins Französische übersetzte. Wir haben keine Schreibmaschine, also schrieb Nazila das Ganze langsam in bester französischer Schönschrift ab. Ach, die Freuden einer Produktion, die nur aus Außenaufnahmen besteht, ohne Büro oder Sekretariat! Wir beeilten uns, es an Dr. Kouyate abzuschicken, denn Zeit ist im Augenblick das wichtigste, Alice und das Team werden in zwei Tagen eintreffen. Ich wünschte, wir hätten mit Henriette Kouyate schon früher Verbindung aufgenommen, aber ich wollte die Hoffnung nicht aufgeben, daß Awa sich positiv entscheiden würde. Ich habe sie noch immer nicht aufgegeben!

Wir saßen auf unserem Balkon, von dem aus man die Gärten überblicken kann. Wunderschöne, seltene afrikanische Vögel flogen um uns herum und ließen sich in unserer Nähe nieder. Es ist eine große Freude zu sehen, daß diese Vögel so frei sind.

Menschen aus aller Welt kommen nach Gambia, um Vögel zu beobachten. Es war gut, zur Abwechslung einmal einen kleinen kostbaren Augenblick der Ruhe zu genießen. Und obwohl Nazila und ich inzwischen daran gewöhnt sind, zusammenzuwohnen, freuen wir uns vermutlich beide darauf, wieder unsere eigenen Zimmer zu haben.

Wir bekamen endlich ein Fax vom Ministry of Culture and Communication im Senegal. Es ist die Antwort auf das Fax, das ich ihnen noch von London aus geschickt hatte, in dem wir um die offizielle Dreherlaubnis für den Senegal baten. Die meisten Regierungen der Welt müssen ausländische Filmteams auf Herz und Nieren prüfen, bevor sie ihnen die Einreise gestatten. Da wir nie eine Antwort erhielten, entschlossen wir uns, auch ohne Genehmigung zu kommen, vor allem, da uns Awa beruhigte, daß wir auf Einladung ihrer Frauenorganisation im Senegal seien. Ist es zu fassen? Der Kulturminister wünscht noch weitere Details darüber, wen wir im Senegal treffen und filmen werden. Das ist ein solcher Streß! Wir können nicht zu offen sein, was das Thema des Films anbelangt, da die Regierung sehr empfindlich auf ausländische Filmemacher reagiert, bei denen sie vermuten, daß sie Senegal in schlechtem Licht erscheinen lassen. Aber etwas müssen wir ihnen erzählen, sonst halten sie uns womöglich an der Grenze zwischen Gambia und Senegal an und lassen uns nicht einreisen. Wir können auch Madame Fall und ihre Gruppe nicht erwähnen, da sie zur Oppositionspartei gehören und ich sicher bin, daß wir keine Einreisegenehmigung bekommen, wenn wir ihren Namen nennen. Was tun?

Mittwoch, 3. Februar 1993

Gleich nach dem Frühstück verhandelten Nazila und ich mit dem Manager des Hotels wegen einer Pauschale, die auch reduzierte Zimmerpreise für die Crew mit einschloß. So werden wir wenigstens unser Budget nicht überschreiten.

Wir trafen uns mit Malign, den wir als Reisebegleiter engagiert haben. Er war früher Polizist, jetzt besitzt er ein Taxi. Wie erleichternd, auch einmal selbst eine wichtige Kontaktperson aufzutun, vor allem eine, der wir trauen können. Malign fuhr Nazila, Rose und mich zu möglichen Drehorten, die wir uns anschauen wollten. Ich bat ihn, uns aufs Land hinauszufahren, damit ich ein Gefühl für die Farben, das Licht und die Pflanzenwelt bekomme. Wir sahen riesige Termitenbauten entlang der Straßen. Der rote Staub setzt sich auf allem ab, sogar auf den Blättern der Palmen, die aussahen, als seien sie aus roter Erde gemacht.

Später suchten wir Bilaela auf und übergaben ihr die Hälfte des vereinbarten Honorars. Sie beklagte sich, daß sie nicht auch die andere Hälfte bekomme, und bestand darauf, das Geld in unserem Beisein zu zählen, um sicherzugehen, daß wir sie nicht betrogen! Wir haben einen Kompromiß mit ihr ausgehandelt, so daß sie unter anderem für uns arrangiert, die «Coming out»-Zeremonie diesen Sonntag und den Workshop mit den noch nach traditionellen Methoden arbeitenden Hebammen filmen zu können, den die örtliche Organisation gegen weibliche Beschneidung regelmäßig anbietet.

Wenn Alice morgen nicht einträfe, würde Bilaela, da bin ich mir ganz sicher, nicht weiter mit uns zusammenarbeiten.

Freitag, 5. Februar 1993

Alice und die Crew sind heute angekommen, und den ganzen Tag über war ich sowohl in Hochstimmung als auch nervös. Wir mußten Last- und Personenwagen organisieren, um die Leute und die Ausrüstung abholen zu können. Ich ging in die Ankunftshalle, um sie zu begrüßen. Es war wunderbar, sie alle zu sehen, und es elektrisierte mich, vor all diesen wundervollen, glänzenden silbernen Kisten zu stehen, die die Filmausrüstung enthielten! Das Schönste an einer Produktion ist für mich das Drehen, und jetzt, endlich, war es soweit.

Ich hatte mir Sorgen gemacht wegen des Zolls, aber Malign, der erstaunlich gute Beziehungen hat, sprach mit einem seiner Freunde, der zufällig Zollbeamter am Flughafen war, und er ließ uns ohne Schwierigkeiten durch.

Samstag, 6. Februar 1993
Die Crew hatte einen Tag Pause, mit der einen Unterbrechung, daß Naz und ich uns mit ihnen trafen, um den Drehplan der folgenden Woche zu besprechen. Judy, die Tontechnikerin, und Lorraine, die Kameraassistentin, sind die beiden Mitglieder der Crew, mit denen ich noch nicht zusammengearbeitet habe. Nancy Schiesari, die Kamerafrau, und ich haben schon früher zwei Filme miteinander gemacht, wir kennen uns und auch unsere jeweilige Arbeitsweise.

Ich traf mich mit Alice und Deborah Matthews, die Alice als Assistentin begleitet, zu einem langen Gespräch. Ich bin froh, daß Deborah mit dabei ist, um Alice Gesellschaft zu leisten, denn wir werden sie nicht jeden Tag brauchen. Ich habe Malign gebeten, den beiden zur Verfügung zu stehen, wenn sie etwas besichtigen wollen.

Alice und ich fanden auch etwas Zeit, alleine miteinander zu reden. Sie war so glücklich über ihre neue Liebe zu Hause in den USA. Sie strahlte und lächelte und war kaum zu halten.

Sonntag, 7. Februar 1993
Erster Drehtag! Es war traumatisch und emotional erschöpfend. Ich weiß nicht, wie ich mich auf das, was wir heute erlebt haben,

hätte vorbereiten können. Wir drehten im Dorf Dar Salamay, das wir während unserer Recherchen besucht hatten. Es war geplant, daß wir heute zurückkommen würden, um das «Coming out» der Mädchen zu filmen, die zwei Wochen zuvor beschnitten worden waren und nun aus dem Busch zurückkehrten.

Heute war der Tag, für den alle Frauen des Dorfes die Zeremonie vorbereitet hatten. Traditionellerweise findet bei dieser Gelegenheit unter speziellen Gesängen, Tänzen und Sprechgesängen auch die Initiation in das Erwachsenenleben statt. Wenn Kinder im Alter von vier dieser Initiation und der Beschneidung unterzogen werden, möchte ich wirklich wissen, was sie dabei über weibliche Pflichten lernen! Das ganze Dorf scheint die Beschneidung zu praktizieren, allerdings nicht die Infibulation. Diese Zeremonie ist das erste öffentliche Auftreten der Mädchen nach der Beschneidung.

Dar Salamay, Gambia. Der Baum am Rande des Dorfes, wo die «Feierlichkeiten» stattfinden

Dar Salamay, Gambia. Die Kinder des Dorfes improvisieren eine spontane «Show» für uns

Wir kamen mit Fatima, unserer Dolmetscherin, im Dorf an. Während wir im gleichen Hof warteten, in dem wir schon eine Woche zuvor gestanden hatten, gab es eine sehr schöne Überraschung für uns. Eine große Gruppe Mädchen im Alter von drei bis zehn Jahren und auch ein paar Jungen fingen an, Abklatschspiele vor uns aufzuführen. Ein Junge mit einer improvisierten Gesichtsmaske und einem Stock in der Hand stürmte, gefolgt von einer Gruppe von Jungen, auf den Hof und tanzte, während die Mädchen zusahen und in die Hände klatschten. Diese spontane kleine Vorführung der Dorfkinder war ein charmantes Geschenk und gab uns das Gefühl, willkommen zu sein.

Ich freute mich, daß ich die Gelegenheit bekam, die Gesichter dieser jungen Leute zu filmen. In Gedanken war ich bei den Mädchen in der tanzenden lachenden Gruppe, die noch nicht

Die Mädchen von Dar Salamay bei den Dreharbeiten

beschnitten waren, dies in naher Zukunft aber vor sich hatten. In den Augen vieler glaubte ich eine gewisse Traurigkeit zu erkennen.

Erwartung lag in der Luft. Alice saß auf dem Hof, unterhielt sich mit Bilaela und wirkte gelöst. Sie hatte es, wie alle aus der Crew, genossen, den Kindern bei ihrem Tanz zuzuschauen.

Während wir darauf warteten, daß die Zeremonie begann, beschloß ich, eine der Mütter der gerade beschnittenen Kinder interviewen zu lassen. Ich wollte wissen, warum Mütter ihre Töchter diesen schrecklichen Schmerzen aussetzten, die sie ja am eigenen Leib erfahren hatten. Die Antwort scheint zu sein, daß das Gewicht der Tradition so schwer ist, daß Protest das Leben kosten oder zumindest eine Verbannung aus dem Dorf nach sich ziehen kann und eine Trennung von den Menschen, die man liebt, bedeutet. Aminata Diops Erfahrung auf diesem Gebiet illustriert das auf schmerzhafte und eindrückliche Weise.

Fatima stellte Alice und mich einer Frau namens Mary vor, deren Tochter unter den eben beschnittenen Mädchen war. Ihre Tochter heißt ebenfalls Mary, so nannten wir sie «große Mary» und «kleine Mary».

Alice und ich berieten über die Fragen, die wir ihr stellen wollten, und Fatima übersetzte sie.

Die große Mary war anfangs ziemlich schüchtern, taute aber bald auf. Irgendwie hatte ich den Eindruck, daß die gezielten Fragen, die Alice ihr vor der Kamera stellte, einen Prozeß des Nachdenkens ins Rollen brachten und ihr die Beschneidung zum ersten Mal in einem anderen Licht erschien. Die kleine, erst vier Jahre alte Mary ist die jüngste in der Gruppe beschnittener Mädchen. Als die große Mary im Laufe des Interviews sagte, daß sie diese Praktik beenden würde, wenn sie die Macht dazu hätte, und zwar wegen der Schmerzen, war das ein starker Augenblick. Vermutlich werde ich dieses Interview doch in seiner Gänze in den Film übernehmen. Es strahlt zumindest ein wenig Hoffnung aus, wenn eine Mutter zugibt, daß Beschneidung schmerzhaft ist und die meisten Mütter, wenn sie die Wahl hätten, ihre Töchter nicht beschneiden ließen.

Inzwischen war es sehr heiß, und die Crew verbrauchte das Wasser, das wir in Kisten mitgebracht hatten, sehr schnell. Endlich führte man uns zum Rande des Dorfes, wo die Zeremonie beginnen sollte. Frauen tanzten im Kreis um einen riesigen Baum, der wie ein Schirm gegen die heiße, stechende Sonne schützte.

Als ich durch den Kreis ging, sah ich eine Gruppe Mädchen, ihre gesenkten Köpfe in Schals gehüllt, die mit ausgestreckten Beinen dasaßen. Sie wirkten völlig betäubt, verstört, wie im

Die «kleine Mary» und ein anderes Mädchen werden vor der Rückkehr ins Dorf (die «Coming out»-Zeremonie) gebadet im Sinne einer «Reinigung»

Die «kleine Mary» wird von einer der erwachsenen Tänzerinnen zurechtgewiesen

Schock und vollkommen verzweifelt. Einige Minuten lang starrte ich sie nur an, und plötzlich traf mich der Ausdruck auf ihren Gesichtern mit solcher Macht, daß mir die Tränen übers Gesicht liefen. Schnell verließ ich den Kreis, griff mir Nazila und sagte ihr, sie müsse mich wieder zur Raison bringen. Ich mußte das Team dirigieren und konnte mich nicht von diesem Schmerz überwältigen lassen, jedenfalls nicht jetzt.

Minuten später war ich zurück und sagte der Crew, was zu tun sei. Ich wollte mich nicht von meinen Gefühlen abschneiden, aber ich mußte sie unter Kontrolle bringen, damit die Traurigkeit mich nicht von dem abbringen würde, was ich zu tun hatte. Ich konnte es mir nicht leisten, von meinen Gefühlen überwältigt zu werden, und wenn ich daran dachte, was diese Mädchen durchgemacht hatten, die da vor uns saßen, war das, was ich empfand, zweitrangig. Aber, um ehrlich zu sein, ich konnte mir ihre Gefühle nicht vorstellen.

Es ist sehr schwierig, die Balance zu finden zwischen den Menschen, die man filmt und mit denen man kommuniziert, und der Tatsache, daß man eine Distanz aufbauen muß, um sich die nächste Einstellung zu überlegen, das nächste Bild, die nächste Frage. 1987, als ich mein Video *Reframing AIDS* drehte, war ich das erste Mal mit dieser Verquickung von Gefühlen und Aufgaben konfrontiert. Ich interviewte einen Mann, George Cant, der Aids hatte und voller Stolz und Schmerz über seinen bevorstehenden Tod sprach. Es fiel mir außerordentlich schwer, seinen Schmerz nicht mit ihm zu teilen, aber ich mußte mich auf die nächste Frage konzentrieren und auch noch die Kameraeinstellung im Auge behalten.

Wenn ich an diese Mädchen denke, sehe ich sie als kleine Vögel, deren zerbrechliche Körper zerstört, deren Flügel gestutzt wurden, noch bevor sie die Kraft ihrer Seele und ihrer erotischen Persönlichkeit erfahren konnten. Sie sind in nicht wiedergutzumachender Weise durch Traditionen verletzt worden, die ihnen Schmerzen bereitet haben und ihnen die Freiheit verstellen, zu fliegen und sich zu entwickeln.

Das Messer der Beschneiderin schneidet diesen Mädchen eine Quelle lebensnotwendiger Freude weg. Es schneidet tief in ihre Seelen, bringt das Leuchten in ihren Augen zum Verlöschen, wenn die seelische und geistige Verstümmelung Wurzeln schlägt. Was ich heute gesehen habe, wird mich immer verfolgen, und so wird es vermutlich allen gehen, die an diesem Tag Zeuge des Geschehens waren. Diese Überlegungen halfen mir, die nächsten Wochen durchzustehen. Da ich während der Dreharbeiten stark sein und einen klaren Kopf behalten mußte, war ich gezwungen, den Schmerz wegzuschieben, den ich wegen dieser Mädchen fühlte. So blieb er im Schattenbereich meines Unterbewußtseins und tauchte erst wieder auf, als ich am Schneidetisch saß. Als ich später den Verlust der Ganzheit im Leben dieser Mädchen, den Verlust sexueller Freude zu betrauern begann, fühlte ich mich am Boden zerstört und von Wut erfüllt. Es war ihnen etwas so Grundsätzliches geraubt worden. Aber an diesem Tag gingen mir Fragen durch den Kopf, die sich mehr zufällig einstellten:

Würden sie je so etwas wie den reinen Genuß eines klitoralen Orgasmus erleben können?

Wie viele dieser Mädchen würden Infektionen bekommen?

Wie viele würden infolge der Beschneidung sterben?

Wie viele würden entsetzliche Schmerzen haben, jedesmal, wenn sie menstruierten?

Wie viele würden sich entschließen, ihren Töchtern diese Verstümmelung nicht zuzumuten, und wie viele würden die Tradition fortsetzen?

Wann würde dieser Teufelskreis aus Gewalt und Demütigung enden?

Das Tanzen schien kein Ende nehmen zu wollen. Die Frauen

drehten sich ohne Unterlaß um die Mädchen, und die Mittagssonne knallte auf uns herunter. Die beiden Männer, denen es erlaubt war, anwesend zu sein, trommelten pausenlos, und die ganze Zeit über saßen die Mädchen da, verängstigt und entsetzt.

Die meisten der Frauen, die um die Mädchen herumtanzten, nannte man die unfruchtbaren Frauen. Anscheinend hat jedes Dorf eine Gruppe unfruchtbarer Frauen, Witwen, Frauen, die nicht verheiratet sind oder nicht heiraten wollen, Frauen, die von ihren Männern verlassen wurden, weil sie keine Kinder haben können. Einige waren als Männer verkleidet, was uns anfangs verwirrte, da wir dachten, daß viele Männer an der Zeremonie teilnehmen würden. Vielleicht waren einige der Frauen lesbisch.

Das Lied, das Alice während der Aufnahmen in Kalifornien vorgelesen hatte, kam mir in den Sinn, ein rituelles Lied, das die Mütter am Tag der Beschneidung ihren Töchtern vorsingen. Es steht in einem Buch, das 1937 in Paris erschienen ist und von einem Holländer, Hans Puamp, ins Englische übersetzt wurde. Diesen Holländer hat Alice auf einer ihrer Reisen kennengelernt.

«Wir waren Freundinnen, aber heute bin ich der Herr, denn ich bin ein Mann. Schau her – ich habe das Messer in meiner Hand, und ich werde dich beschneiden. Deine Klitoris, die du so eifersüchtig bewachst, werde ich abschneiden und wegwerfen, denn heute bin ich ein Mann.

Mein Herz ist kalt. Ich könnte dir das sonst nicht antun.»

Die Töchter antworten:

«Deine Worte ängstigen uns, aber wir können nicht entrinnen. Auch du bist beschnitten worden, und du bist nicht gestorben. So werden wir auch nicht sterben.»

Die alten Frauen versuchen, die Angst der Mädchen zu steigern:

«Seid euch da nicht so sicher, Schwestern. Mein Herz bricht mir

fast, und ich habe tödliche Angst. Ach, wenn ich mich doch in einen Vogel verwandeln könnte – ach, wie schnell würde ich wegfliegen.»

Die Mädchen antworten:

«Es ist eine Schande, Angst zu haben. Es ist schade, wenn wir sterben sollten, aber wir müssen mutig sein.»

Nach dem Eingriff werden die Mädchen von den anwesenden Frauen gedemütigt und verspottet. Sie singen:

«Ihr habt gedacht, niemand könne euch besiegen. Ihr konntet alleine essen. Ihr konntet schnell laufen, aber jetzt seid ihr verwundet. Ihr sagtet, niemand könne euch je Einhalt gebieten, aber heute seid ihr von zwei Frauen festgehalten worden. Ihr konntet für euch selber sorgen. Jetzt muß ein anderer euch waschen und pflegen. Ihr habt Liebe gemacht, aber das ist jetzt nicht mehr möglich. Ihr konntet Wasser lassen, ohne einen Gedanken dran zu verschwenden, ab jetzt werdet ihr weinen dabei. Ihr konntet so anmutig gehen, mit geschlossenen Beinen. Jetzt geht ihr mit gespreizten Schenkeln wie eine Kröte oder eine Maus.»

Die Opfer antworten:

«Heute hat das Messer den Beschützer getötet. Er ist jetzt tot. Mein Dorf ist ungeschützt. Es war bis jetzt schmutzig, aber der Beschützer hat es verlassen. Es wird rein sein.»

Die älteren Frauen spotten:

«Ihr habt nicht so gelitten wie wir. Eure Klitoris ist viel kleiner.»

Darauf antworten die jungen Mädchen:

«Meine Klitoris ist genau so groß wie deine, und wenn wir unseren Schmerz tauschen könnten, würdest du wissen, daß wir genauso leiden, wie ihr gelitten habt.»

Zum Schluß drohen die ältesten Frauen im Ritual:

«Sucht keinen Streit, oder wir bestrafen euch. Wir werden euch Salz in die Wunden reiben, damit eure Schmerzen unerträglich werden.»

Aus: A. M. I. Vergiat, *Mœurs et Coutumes des Manjas,*
Payot, Paris 1937

In diesem Lied singen die Frauen davon, Männer zu werden, um die Beschneidung durchzuführen. Frauen müssen sich im wahrsten Sinn des Wortes als Frauen vernichten und eine männliche Identität annehmen, um an dem Ritual teilzunehmen. Das rituelle Lied enthüllt auch, wie ein tiefverwurzeltes Patriarchat diese Gewalt am Leben hält, indem es Frauen zu Heroen macht, weil sie dem schrecklichen Schmerz der Beschneidung die Stirn bieten. Das Lied und der Tanz symbolisieren die Zerschneidung des Bandes zwischen Großmutter und Mutter, Mutter und Tochter.

Vielleicht ist dieses frenetische Tanzen ein Mittel für die Frauen, sich zu betäuben. Ich dachte, daß der Tanz ihnen womöglich hilft, sich zu distanzieren und ihren Schmerz zu verleugnen. Die Komplexität dieses Gespinstes aus Verleugnung und Distanzierung beweist die Fähigkeit von Frauen, patriarchalische Macht zu verkörpern, anzunehmen und durchzusetzen. Unseligerweise ist dieses Phänomen der «Kolonisierung» und Unterdrückung der eigenen Leute nicht neu und einzigartig, noch kommt es selten vor.

Da den Mädchen nicht gesagt wurde, was ihnen im Busch passieren würde, wußten sie vermutlich auch jetzt nicht, was ihnen als nächstes angetan wird. Wir folgten den Frauen mit der Kamera, als die Mädchen in einer Reinigungszeremonie gewaschen wurden. Es folgte eine strenge Lektion der Beschneiderin, und danach wurde von den beiden männlichen Trommlern, die an der Zeremonie teilnahmen, ein Huhn geköpft. (Alice sagte später, daß die Botschaft für die Mädchen sehr klar gewesen sein mußte. «Wenn du nicht tust, was wir dir sagen, wird dir ebenfalls der Kopf abgehackt.» Kontrolle durch unterschwellige Angst.)

Das kopflose Huhn flatterte auf die Füße der Mädchen zu und schien sich besonders in die Richtung der kleinen Mary zu bewegen, deren blutbespritzte Füße sich vor der Berührung mit dem sterbenden Tier zurückzogen. Eine Frau in Männerkleidern drückte Klein Marys Füße hart auf den Boden zurück. Die Augen des kleinen Mädchens waren traurig und entsetzt; während sie gewaschen wurde, starrte sie in die Kamera. Eine Frau kam auf die Kamera zu und tanzte herausfordernd.

Ich weiß, daß ich einige dieser Bilder nie vergessen werde.

Schließlich wurde den Mädchen ein besonderes Essen serviert. Sie bekamen außerdem wunderschöne Kleider geschenkt, darunter gewebte Schals. Man sagte uns, daß es eine der wenigen Gelegenheiten in ihrem Leben sein würde, bei der sie so reichlich und gut essen und so eindeutig im Mittelpunkt der allgemeinen Aufmerksamkeit stehen. Dann führte man die Mädchen in einer Prozession, die von der Beschneiderin und ihren Assistentinnen angeführt wurde, in ihr Dorf zurück. Diese trugen die Kalebassen, die ihre Folterinstrumente enthalten, voller Stolz auf ihrem Kopf. Eine Heimkehr nach zwei Wochen im Busch. Ich bat Nancy, das aus der Hand heraus aufzunehmen. Ich war besonders daran interessiert, Bilder von den Füßen der Mädchen zu bekommen, die sich in einer Reihe hintereinander entlangschleppten, während eine Gruppe tanzender und singender Frauen sie zum Dorf eskortierte. Die kleine Mary ging zwischen zwei größeren Mädchen. Viele Mädchen versteckten ihre Gesichter hinter ihren schönen neuen Schals, als man sie zum Dorfplatz führte und sie dazu zwang, mit ihren Müttern zu der unaufhörlichen Trommelmusik zu tanzen, die seit dem frühen Morgen nicht ein einziges Mal ausgesetzt hatte.

Es gelang uns, ein Interview mit der Beschneiderin des Dorfes zu filmen. Sie war in ein weißes langes Gewand gekleidet und trug einen weißen Turban und eine lange dicke Silberkette mit mehreren Anhängern. In den Händen hielt sie einen rotgrün gestreiften Stab. Neben ihr saß ihre Assistentin, ebenfalls in Weiß. Zu ihren Füßen stand die Kalebasse, die ihre Instrumente enthielt. Die Beschneiderin sah hart aus. Alice setzte

Die Kinder, die zwei Wochen vor unserer Ankunft beschnitten worden waren. In der Mitte die «kleine Mary», vier Jahre alt

Dar Salamay, Gambia. Wir warten, daß die Beschneiderin aus ihrem Haus kommt

sich neben sie. Es war ein höchst spannungsgeladenes Tableau. Sie war defensiv und zugleich auf Streit aus, weigerte sich, viel preiszugeben. Alles ist ein Geheimnis, und selbst «wenn man den beschnittenen Mädchen ein Messer an die Kehle setzen würde, würden sie nicht verraten, was weggeschnitten wurde und wie es gemacht wird». Als sie sagte, daß sie sich niemals in der Gesellschaft von Frauen aufhalten würde, die nicht beschnitten seien, und sie solche Frauen von den anderen unterscheiden könne, ging Alice zum Gegenangriff über: «In diesem Augenblick sind Sie aber von vielen Frauen umgeben, die nicht beschnitten sind – Tatsache ist, daß wir alle nicht beschnitten sind. Wußten Sie das, und an was erkennen Sie es?» Die Beschneiderin lachte nur und sagte: «Sie möchten alles wissen.»

Dieses Interview machte mir klar, wie tief verankert diese Bräuche und Traditionen in der Psyche von Frauen sind, und daß sie, selbst wenn es Gesetze gäbe, die die Beschneidung verbieten würden, nicht über Nacht verschwänden. Es gäbe auch dann noch eine Menge zu tun.

Es braucht viel Geld und andere Mittel, um weibliche Gesundheitsbeauftragte in die ländlichen Gebiete zu schicken, in denen die meisten Beschneidungen vorgenommen werden, und die Frauen darüber aufzuklären, wie gesundheitsschädlich die Folgen dieser Praktik sind. Die Regierung müßte überzeugend und in aller Öffentlichkeit Stellung dagegen beziehen und nicht vorrangig den Verlust von Wählerstimmen im Auge haben. Die muslimischen Führer, die dagegen sind, müßten im ganzen Land offen darüber sprechen, um dem Glauben Boden zu entziehen, es sei eine Vorschrift des Korans. Viele islamische Theologen argumentieren, daß im Koran nichts über Beschneidung steht. Es gibt noch andere Strategien, die zu einer Veränderung führen könnten und von afrikanischen Frauen immer wieder diskutiert werden, aber wie immer, wenn man nicht aktiv wird, lautet die Ausrede, daß nicht genug Geld vorhanden sei.

Unser letztes Interview an diesem Tag führten wir mit zwei Mädchen, zwölf und vierzehn Jahre alt, die vor zwei Wochen beschnitten worden waren. Das Interview wurde im selben Hof geführt wie das mit der Beschneiderin, und obwohl sie selbst nicht mehr anwesend war, gab es genügend Frauen in der Nähe, die jedes Wort der Mädchen überwachten. Natürlich waren die Ärmsten verängstigt und sagten uns in fast roboterhaftem Ton, daß dies der glücklichste Tag ihres Lebens gewesen sei, und, ja, sie würden ihre Töchter ebenfalls beschneiden lassen, es sei ihre Tradition. Es war ein trauriger Anblick: Das Licht war aus ihren schönen Augen verschwunden, und ihre Gesichter wirkten eingefallen. In den vergangenen zwei Wochen waren sie mit unglaublicher Gewalt ins Erwachsenenleben hineinkatapultiert worden.

Es war ein langer, langer Tag, ein unglaublich schmerzlicher Drehbeginn. Wir verbrauchten fast zwölf Filmrollen (120 Minuten), und die Crew arbeitete schnell und gut trotz der emotional und körperlich belastenden Umstände. Nancy reagierte sofort, wenn es etwas gab, und brachte ihre Kamera ohne Verzug in Position. Sie spürte fast intuitiv, was ich wollte. Sie ist eine sensible und brillante Kamerafrau. Deshalb arbeite ich gern mit ihr.

In der folgenden Nacht wurde ich von Nazila wachgerüttelt. Ich hatte geschrien und geweint, und mein ganzer Körper war verkrampft. Alle Gefühle des Tages explodierten in der Dunkelheit. Ich träumte, ich würde beschnitten, und schrie: «Nein, nein, bitte tut es nicht», während mir aus dem Hintergrund die Trommeln in den Ohren dröhnten. Der Klang der Trommeln verließ mich ganze Tage lang nicht.

Montag, 8. Februar 1993
Der erste Teil des Drehtags heute verlief glatt, außer daß Lorraine, die Kameraassistentin, direkt neben dem Termitenbau in Ohnmacht fiel. Es war extrem heiß, und sie war am Morgen wegen eines verstauchten Knöchels behandelt worden.

Als wir Alice vor dem Termitenbau filmen wollten, sahen wir eine Gruppe von Frauen, in ihre besten Gewänder gekleidet, die staubige rote Straße herunterkommen. Es war ein starkes Bild, und es zeigte mir die Entschlossenheit afrikanischer Frauen. Die Art, wie sie da zusammen gingen, vermittelte ein Gefühl von Schwesterlichkeit, Freundschaft und Hoffnung. Außerdem entsprach es genau der Vorstellung von Alice, die zusammen mit afrikanischen Frauen, die ihre Stärke feiern, gefilmt werden wollte. Glücklicherweise stammten einige aus Maligns Dorf, und er stellte uns vor. Sie waren unterwegs zu einer Namengebungszeremonie.

Ich sagte Alice, es könnte eine schöne Szene abgeben, wenn sie mit ihnen zu Labi Siffres Lied «Something Inside So Strong» ein Stück Wegs zusammen gehen würde. Ich hatte das Lied über Alice kennengelernt, sie liebt es, und so war sie von der Idee angetan. «Ich wußte, daß du daran gedacht hast», sagte sie. Wir erinnerten uns beide an den Abend in London, an dem Labi Siffre diesen Song im Hackney Empire gesungen hatte und alle Zuschauer aufstanden, mitsangen und mitklatschten:

(Something Inside) So Strong

The higher you build your barriers
The taller I become
The further you take my rights away
The faster I will run
You can deny me
You can decide to turn your face away
No matter 'cause there's . . .

Something Inside So Strong
I know that I can make it
Though you're doin' me wrong, so wrong
You thought that my pride was gone, oh no,
There's Something Inside So Strong
Something Inside So Strong

The more you refuse to hear my voice
The louder I will sing
You hide behind the walls of Jericho
Your lies will come tumbling
Deny my place in time
You squander wealth that's mine
My light will shine so brightly
It will blind you
Because there's . . .
Something Inside So Strong . . .

Brothers and sisters
When they insist we're just not good enough
Well we know better
Just look 'em in the eyes and say
«We're gonna do it anyway»
«We're gonna do it anyway»
There's Something Inside So Strong . . .

Wir filmten die Szene mit dem 300-mm-Objektiv. Dieses Weitwinkelobjektiv ermöglicht es, Menschen in Großaufnahme zu filmen, auch wenn sie weit weg sind. Hoffentlich kommt das dabei heraus, was ich mir vorgestellt hatte. Manchmal frustriert es mich, daß ich nicht hinter der Kamera stehe. Ich wußte, daß ich auf die Abzüge warten mußte, um zu sehen, was wir aufgenommen hatten; bis dahin konnte ich nur hoffen und beten.

Als nächstes filmten wir Alice zwischen den zahlreichen

Termitenbauten, die sich am Rande der Straßen entlangziehen. Alice streichelte die zerklüftete Oberfläche, ihre braune Hand bewegte sich langsam und liebkoste ihn zart. Es war ein sehr sinnliches Bild, eine Feier zu Ehren der Klitoris und zu Ehren des Vergnügens, das sie Frauen schenkt. Die Bedeutung der Termitenbauten war mir zum ersten Mal über ein Zitat in *Sie hüten das Geheimnis des Glücks* klargeworden:

Der Gott Amma, so heißt es, nahm einen Klumpen Lehm, drückte ihn in der Hand zusammen und warf ihn von sich, wie er es mit den Sternen gemacht hatte. Der Lehm ging auseinander und landete oben, auf dem nördlichsten Punkt der Welt, und breitete sich von dort aus bis nach unten, zum südlichsten Punkt der Welt, obgleich die ganze Bewegung horizontal verlief. Die Erde liegt flach, aber der Norden ist oben. Sie erstreckt sich nach Osten und Westen, mit einzelnen Gliedmaßen wie ein Fötus im Mutterleib. Sie ist ein Körper, das heißt ein Gebilde mit Gliedmaßen, die von einer zentralen Masse ausgehen. Dieser Körper, der mit dem Gesicht nach oben in Nord-Süd-Richtung daliegt, ist weiblich. Sein Sexualorgan ist ein Ameisenhügel und seine Klitoris ein Termitenbau. Amma war einsam. Es gelüstete ihn danach, mit diesem Geschöpf Verkehr zu haben, und er näherte sich ihm. Das war der Moment, als die Ordnung des Universums zum erstenmal durchbrochen wurde ...

Als sich der Gott dem Geschöpf näherte, reckte sich der Termitenbau empor. Er versperrte den Weg und entfaltete seine Männlichkeit. Er war genauso stark wie das Organ des Fremden, und der Verkehr konnte nicht stattfinden. Aber Gott ist allmächtig. Er hackte den Termitenbau ab und vollzog den Verkehr mit der beschnittenen Erde ...

Gott hatte weiter Verkehr mit seiner Erd-Frau, nun aber ohne Hindernisse irgendwelcher Art, da mit der Entfernung des anstößigen Glieds auch die Ursache der Störung beseitigt war.

Ein Termitenbau, bei den Dogon in Mali ein uraltes Symbol der Klitoris

Die Passage gehört zu einem Schöpfungsmythos der Dogon im Norden Malis, ein Stamm, in dem die weibliche Beschneidung sehr verbreitet ist.

Dienstag, 9. Februar 1993
Alles Gute zum Geburtstag, Alice!

Ich hatte eine Geburtstagskarte für Alice aus London mitgebracht. Während dieser ganzen Drehtage war sie guter Laune und unkompliziert. Sie macht mir von allen die geringsten Sorgen. Ihr Glaube an mich und ihr Vertrauen hilft mir, diese spannende, aber oft anstrengende Zeit zu überstehen.

Heute morgen filmten wir den Workshop für Beschneiderinnen in Banjul. Fatima und ihre Kolleginnen bieten diese Workshops regelmäßig für Hebammen und Geburtshelferinnen an, die normalerweise auch Beschneiderinnen sind, und versuchen, sie über die Gefahren aufzuklären. Im Laufe des Workshops wurden Dias gezeigt, und man sprach über die Gesundheitsschäden, die eine Beschneidung verursacht. Sie benutzten zwei Attrappen: die eine, um zu demonstrieren, wie die unbeschnittenen weiblichen Genitalien aussehen, die andere, um die Auswirkungen der Beschneidung deutlich zu machen. Zweck der Vorführungen war es, über die Schwierigkeiten zu sprechen, die eine beschnittene Frau bei der Entbindung hat. Mary, eine Gesundheitsberaterin, die diese Workshops mit organisiert, erzählte mir später, daß die wenigsten dieser Frauen über eine genaue Kenntnis der weiblichen Anatomie verfügen und die gesundheitlichen Probleme der beschnittenen Frauen nur selten mit der Beschneidung in Verbindung bringen. Oft erleben die Frauen einen echten Schock, wenn sie über die medizinischen Tatsachen aufgeklärt werden, obwohl ich heute nur Widerstand gegen die Informationen mitbekam.

Es gab hitzige Diskussionen zwischen einigen Teilnehmerinnen und den Veranstalterinnen. Viele Beschneiderinnen reagierten abwehrend und beharrten auf ihren festgefahrenen Einstellungen. Ich fragte mich, weshalb sie gekommen waren, wo sie doch nicht zuhören wollten. Wie sich herausstellte, wurden sie für die Teilnahme bezahlt. Trotzdem, man konnte zumindest hoffen, daß ein wenig Information sie erreichte.

Ich machte Einzelinterviews mit zwei der Beschneiderinnen. Sie beharrten eisern auf ihrer Ansicht, daß es eine Tradition sei, die niemals ausgelöscht werden könne und auch nicht sollte. Mir war die Geschichte eines Mädchens zugetragen worden, das vor kaum einem Monat von ihren Eltern aus Frankreich nach Gambia gebracht worden war, um beschnitten zu werden, und unter den Händen einer dieser Frauen gestorben war. In meinem Interview fragte ich die eine Beschneiderin, ob ihr jemals ein Mädchen als Folge der «Operation» gestorben sei. Sie sah mir in die Augen und sagte, es habe bei ihr noch nie irgendwelche «Unfälle» gegeben.

Ein islamischer Gelehrter war als Gastdozent eingeladen. Er sprach darüber, daß die Gesetze des Korans die weibliche Beschneidung nicht als obligatorisch ansehen, aber die Beschneiderinnen weigerten sich zuzuhören.

Filmtechnisch gesehen war die Lage schwierig. Außerordentlich schwaches Licht, viele Leute, die alle gleichzeitig sprachen, und das unaufhörliche Geräusch des Generators waren nur einige der Probleme, vor denen wir standen. Da es keine Elektrizität gab, hatten wir einen Generator für die Mikrophone und Kameras gemietet. Es dauerte erst mal einige Stunden, nachdem er endlich geliefert worden war, um ihn überhaupt in Gang zu bringen. Der Lärm, den er verursachte, machte einen fast taub, und ich befürchte, daß wir viel von dem, was wir heute gefilmt haben, nicht verwenden können.

Natürlich mußten wir uns auch alles übersetzen lassen, und demzufolge war es sehr schwer zu entscheiden, wann wir drehen und wann die Kamera ausgeschaltet werden konnte. Natürlich konnten wir auch nicht einfach das Ganze aufnehmen, da unser Budget nicht so groß ist, um die Tausende von Meter Film abzudrehen, die dazu nötig wären.

Wenn ich höre, daß viele Filmemacher bei der BBC im Verhältnis 20:1 drehen – das heißt, sie drehen zwanzig Minuten Film für die eine Minute, die sie dann übernehmen –, bin ich zutiefst erstaunt. Die meisten unabhängigen Filmemacher können sich nur ein Verhältnis von 12:1 leisten, und ich kenne Kollegen, die noch weniger Geld zur Verfügung haben als wir und im Verhältnis 5:1 drehen!

Das Beste während dieses Drehtages waren die Interviews mit zwei jungen Mädchen, beide 15, die in ihrer Schule ein Jugendkomitee gegründet haben, um gegen weibliche Beschneidung zu kämpfen. Sie reden eine deutliche Sprache und wissen, was sie wollen, und es tut gut, diese jugendliche Widerstandskraft zu spüren. Die eine sagte herausfordernd: «Ich finde, daß Beschneidung falsch ist und abgeschafft gehört.» Dies könnte die Generation sein, die große Veränderungen bewirkt.

An diesem Abend ging ich an den Strand, um zu joggen. Ich wandte Alices Taktik an und erzählte allen Männern, die dort herumlungerten und die vorbeigehenden Frauen belästigten, daß ich betete und allein gelassen werden müsse. Es funktionierte. Irgendwie betete ich tatsächlich. Es war eine Meditation der Bewegung, mit der ich versuchte, die melancholische Stimmung aus meinem Körper zu vertreiben. Am Horizont sah ich einen Rausch von Farben: tiefes Orange, Rot, Purpur mit goldenen Strahlen durchschossen, und als ich am Saum des Meeres entlanglief, war es, als wenn die atlantische Brise mir die Müdigkeit aus dem Hirn blies.

Mittwoch, 10. Februar 1993
Wir verließen das Hotel bei Tagesanbruch, um die Fähre von Banjul zu erreichen, und fuhren ins Landesinnere, um eine Frau zu filmen, die für ihre Hochzeit hergerichtet wurde. Ich wollte eine ganze Sequenz mit diesem Material erarbeiten, das mit Ausschnitten aus Interviews mit Dr. Kouyate oder Awa gegengeschnitten werden sollte. Es sollte thematisch darum gehen:

... daß eine Frau vor ihrer Hochzeit von der Hebamme aufgetrennt werden muß;

... daß der Ehemann manchmal ein Schwert oder ein Messer benutzt, um seine Frau aufzuschneiden;

... daß es bis zu drei Monate dauern kann, bevor der Ehemann seine Frau penetriert;

... daß Frauen manchmal in der Hochzeitsnacht ins Krankenhaus eingeliefert werden müssen, um die schweren Blutungen zum Stillstand zu bringen, die auftreten können, wenn der Ehemann eine Penetration erzwingen will;

... daß die Versuche, die Vagina zu öffnen, so frustrierend sein können, daß ein Ehemann den Analverkehr vorzieht;

... daß man die Braut oft vor Schmerzen schreien hört, wenn die Penetration erzwungen wird, während die Hochzeitsfeier munter weitergeht.

Heute wollten wir auch Gärtnerinnen filmen, die fruchtbare grüne Gärten auf zuvor dürrem Gelände hochgezogen haben sollen. Ich möchte zeigen, daß Frauen hier die Kontrolle über ihr eigenes Leben übernehmen, etwas aus dem Nichts schaffen und dazu fähig sind, ökonomisch selbständig zu sein. Diese Frauen sind Überlebende. Es war ein wichtiger Drehtag, er müßte uns essentielles Material für den Film bringen.

Die Fahrt mit der Fähre über den Gambia-Fluß war wie ein Wunder. Es wimmelte auf dem Schiff von Gemüseverkäuferinnen, Händlerinnen, die Batikstoffe verkauften, und Frauen, die Kleider anboten. Wir filmten ein paar sehr schöne Szenen mit

Alice auf dem Boot und fingen ein wenig von der Landschaft ein, während das Boot an den Ufern des Flusses entlangfuhr. Die aufgehende Sonne gab ein exquisites Licht. Wir drehten Alice, die über den Fluß schaut. Zwei Männer stehen hinter ihr, blicken aufs Wasser, in dem sich das Sonnenlicht spiegelt. Sie waren völlig in sich versunken und störten sich nicht daran, daß wir sie filmten. Es war perfekt, völlig durchkomponiert. Ich stelle mir diese Szene mit der Musik von Oumou Sangare vor, einer bekannten Sängerin aus Mali.

Nancy und ich bemerkten beide, daß uns diese Szene an Chris Markers Film *Sans Soleil* erinnerte. Von diesem Film hatte ich noch nie etwas gehört, als ich mein erstes Video *Emergence* machte und die Leute mich fragten, ob ich von Marker beeinflußt gewesen sei. *Sans Soleil* war der erste Film, den ich von ihm sah, und ich fand die Art, wie er den Zuschauer visuell und intellektuell fordert, anregend und aufregend.

Ich konnte meine kleine Hi8-Videokamera benutzen, die ich eigentlich viel häufiger hatte einsetzen wollen. Bis jetzt war es unmöglich, da die Dreharbeiten mich völlig in Anspruch nahmen. Wir waren eine große Gruppe: das Team, der Laster mit unserer Filmausrüstung, Alice und Deborah in Maligns Taxi. Bilaela kam erst in letzter Minute auf die Fähre, zusammen mit Fatima und Mary, einer weiteren Dolmetscherin.

Das Land am anderen Ufer des Gambia-Flusses war wilder, staubiger und heißer. Wir folgten alle Bilaelas Landrover. Die Leute hier fahren wie verrückt, und wir mußten unseren Fahrer immer wieder dazu anhalten, das Tempo zu drosseln. Ich wollte nicht, daß wir einen Unfall hatten. Wir baten Bilaela, ihren Fahrer anzuweisen, daß er Sichtkontakt zu uns halten solle. Wir hatten keine Ahnung, wohin die Fahrt ging, und mußten ihm hinterherfahren. Natürlich verloren wir irgendwann ihren Jeep aus den Augen. Trotzdem wies ich unsere Fahrer an, nicht in diesem halsbrecherischen Tempo weiterzufahren, nur um sie einzuholen. Wir waren alle nervös, und ich war um unsere Sicherheit besorgt. Als unser Laster um eine Ecke bog, bekamen wir einen heftigen Schreck: Bilaela, ihr Fahrer und die beiden Dolmetscherinnen standen mitten auf der Straße, völlig benommen. Der große Landrover lag kopfüber und vollständig zerbeult in einem Graben, und Benzin floß aus dem Tank. Wir stürzten aus unserem Auto und schrien, sie sollten schnellstens aus der Nähe des Wagens verschwinden. Ich hatte Angst, er würde explodieren.

Wunderbarerweise schienen sie mit blauen Flecken und Schürfwunden davongekommen zu sein, aber es war nicht sicher auszumachen, ob sie sich nicht etwas gebrochen hatten. Fatima und Mary standen zudem unter Schock. Ich hielt es für das beste, nach Banjul zurückzukehren und ein Krankenhaus aufzusuchen. Aber Bilaela wollte nicht umkehren, und so fuhren wir weitere 30 Kilometer zur nächsten Ambulanz. Dort gab es keinen Arzt.

Bilaela bestand darauf, daß wir unser Tagespensum durchzogen. Sie ließ nicht mit sich reden. Sie ist eine sehr entschlossene Frau und wollte von meinem Vorschlag, nach Banjul zurückzufahren, nichts wissen.

Wir fuhren einige Stunden weiter durch die glühende Sonne und kamen zu einer anderen Ambulanz. Eine Krankenschwester reinigte ihre Schnitte und Schürfwunden, während wir übrigen unter einem großen vielblättrigen Baum saßen.

Schließlich erreichten wir eine andere Anlegestelle und mußten eine Stunde warten, bis die Fähre ablegte. In Gambia muß man immer an mehreren Stellen den Fluß überqueren, um ein Ziel zu erreichen.

Gegen Mittag war die Temperatur auf dem Siedepunkt, und wir hatten keine Klimaanlage in unserem Laster. Bilaela hatte entschieden, daß unser erste Ziel die Gärten sein sollten, wo die Frauen auf uns warteten. Es war ein wunderschöner Anblick, viele kleine Gärten, sichtbar gepflegt. Es ist fast unglaublich, was für eine grüne, fruchtbare frische Oase diese Frauen aus der Dürre rundherum geschaffen haben. Der Glaube, die Arbeit und die Kreativität, die so etwas braucht, sind fast unvorstellbar. Alice liebte die Gärten und bekam sofort Kontakt zu den Frauen, da sie selbst Gärtnerin ist.

Wir hätten eine Stunde gebraucht, um hier eine sinnvolle Sequenz zu drehen, und soviel Zeit hatten wir nicht. Bilaela willigte schließlich ein, die Dreharbeiten für diesen Tag abzubrechen und nach Banjul zurückzufahren.

Wir kamen spät zurück. Als ich im Bett lag, mußte ich immer wieder daran denken, wie unfaßbar es war, daß keiner bei diesem Unfall ums Leben gekommen war. Was wäre aus der Bewegung gegen weibliche Beschneidung in Gambia ohne Bilaela geworden?

Donnerstag, 11. Februar 1993

Heute ist mein Geburtstag. Ich wachte etwas zerschlagen auf. Den gestrigen Tag werde ich nicht so schnell vergessen.

Wendy rief von Kanada aus an, um mir zu gratulieren. Es muß sie ein Vermögen gekostet haben, aber es tat mir gut, von ihr zu hören.

Dann rief ich meine Mutter an, denn es ist eine Tradition in unserer Familie, daß wir an unseren Geburtstagen miteinander telefonieren. Als ich sie am Apparat hatte, sagte sie, daß sie eben ihre Morgengebete beendet habe und an mich denke. Ich war den Tränen nahe und spürte, daß ich sie vermißte. Ich vermisse auch meinen Vater. Manchmal vergesse ich fast, daß er vor sechs Jahren gestorben ist. Es ist eigenartig, daß man, egal, wie alt man ist, an seinem Geburtstag immer an seine Eltern denkt.

Ich ließ mich eine halbe Stunde lang massieren, in der Hoffnung, daß es meine schlimmen Kopfschmerzen lindern würde. Rose war freundlich und besorgt. Ich traf Alice bei ihr, die mich in eine ihrer tiefen Umarmungen zog. Sie sagte, sie habe eine Geburtstagsüberraschung für mich, die gerade heute morgen angekommen sei. Ich fragte mich, was es sein könne.

Als ich wieder in meinem Zimmer war, hätte ich weinen können. Die Ereignisse des letzten Tages forderten ihren Tribut. Ich wollte unbedingt mit Shaheen sprechen, also rief ich sie in London an. Es tat gut, ihre ruhige, liebevolle, ermutigende Stimme zu hören, während ich weinte. Sie ist meine Seelenfreundin.

Irgendwie fühlte ich mich danach wieder so wohl, daß ich die Dreharbeiten dieses Tages in Angriff nehmen konnte, die sehr gut liefen. Sicher verdankten wir das der Tatsache, daß wir alles selber zusammen mit Malign geplant hatten und uns nicht auf irgend jemand anderen verlassen mußten.

Am Vormittag filmten wir auf dem örtlichen Markt, wo die Frauen eine Vielzahl von Dingen verkaufen. Ich brauche solche Szenen als Hintergrundmaterial für den Film, ich will Frauen bei ihren alltäglichen Verrichtungen zeigen. Ich glaube, daß es wichtig ist, solche Bilder einzufügen, die eine Vorstellung von der Struktur und dem Abwechslungsreichtum dessen vermitteln, was die Frauen Tag für Tag erleben.

Alice begleitete uns heute nicht, da wir hauptsächlich Straßenszenen, den Marktplatz und einen Besuch in Maligns Dorf filmten, um dort Frauen aufzunehmen, die das Essen für eine Namengebungszeremonie vorbereiteten.

Nachdem Malign von den Frauen die Erlaubnis erhalten hatte, nahmen wir von unserem Wagen aus die Gemüse- und Kleiderstände auf dem Markt auf, während unser Fahrer Ibrahim langsam an ihnen vorbeifuhr. Nancy hatte mit Ibrahims Hilfe die Kamera hinter dem Wagenfenster installiert. Es war ein wenig holprig, da die Straßen in so schlechtem Zustand sind, deshalb bat ich Nancy, weniger schnell zu drehen, um etwas von dem Gerüttele auffangen zu können. Die Klimaanlage tat das ihrige, die Crew bei Laune zu halten.

Die Frauen kleiden sich hier in wunderschöne farbenprächtige Stoffe, von denen Nancy behauptet, sie würden in kreativer Weise den Schmerz der Frauen widerspiegeln. Sie sagt, Schmerz müsse immer irgendwie seinen Ausdruck finden, und diese prunkvollen Farben seien ein Zeichen von Schmerz.

Wir filmten die Frauen, wie sie Hirse in großen hölzernen Schalen zerstießen, Babies auf ihren Rücken gebunden. Sie stampften im Takt, machten Musik. Ich werde diese Aufnahmen meinem immer größer werdenden Archiv von Bildern einfügen, in denen ich Frauen bei ihren täglichen Verrichtungen festgehalten habe, und am Ende wird hoffentlich ein Mosaik des weiblichen Lebens daraus entstehen.

Nachdem wir einen Imbiß, bestehend aus Sandwiches und Früchten, zu uns genommen hatten, fuhr uns Malign in sein Dorf, nach Jambour. Seine Schwester hat gerade ein Kind bekommen, das entzückend ist und bereits den Kopf voller Haare hat. Es war eine ganz neue Erfahrung für mich, ein einwöchiges Baby im Arm zu halten. Macht mich traurig. Hier dürfen die Frauen das Haus bis zur Namengebungszeremonie nicht verlassen, die eine oder zwei Wochen nach Geburt des Kindes stattfindet. Zumindest sind sie keinen Augenblick allein, immer sind sie von Verwandten umgeben, die sie besuchen.

Es ging mir sehr viel besser nach diesem Drehtag. Manchmal muß man sich bei einem Dokumentarfilm einfach dem Lauf der Dinge überlassen und sich neue Szenenfolgen, Themen und Regieanweisungen von einem Tag auf den anderen ausdenken. Gestern hatte ich eine Frau, die für ihre Hochzeit vorbereitet wurde, nicht filmen können, aber heute habe ich Hintergrundmaterial bekommen, Frauen, die Hirse zerstoßen, singen und auf Marktständen arbeiten. Es entstand zwar eine andere Filmsequenz als die, die ich geplant hatte, aber sie ist genauso wichtig.

Als ich am frühen Abend ins Hotel zurückkam, stand ein großer Geburtstagskuchen in meinem Zimmer, mit Glückwünschen von der Hoteldirektion. Das hatte Nazila veranlaßt, da war ich mir sicher.

Wir feierten all unsere Geburtstage, indem wir in einem Restaurant mit regionaler gambischer Küche zu Abend aßen. Das Essen war wunderbar. Als wir alle saßen, wünschte mir Alice alles Gute zum Geburtstag und sagte, sie habe ein Gedicht für mich geschrieben. Sie las es vor, und es rührte mich zu Tränen. Das Gedicht ist wunderschön und fängt unsere Erfahrungen hier in Afrika auf vollkommene Weise ein, selbst die Schwierigkeiten, die wir bei unseren Versuchen hatten, diesen Film zu drehen. Als Alice zu Ende gelesen hatte, standen Deborah die Tränen in den Augen, und auch Alice weinte. Ich fühlte mich geehrt, dieses denkwürdige Geburtstagsgeschenk zu empfangen.

Das Essen war köstlich und Alice wirklich in Form. Sie kann sehr lustig sein und hat einen scharfen, fast boshaften Sinn für Humor. Dies ist mein erster Geburtstag in Afrika seit vielen Jahren. Einen Monat, bevor wir Nairobi verließen und nach England gingen, wurde ich elf Jahre alt. Das ist jetzt 27 Jahre her. Ich ging ins Bett und las das sehr witzige, neun Seiten lange Fax, das mir Shaheen geschickt hat.

Freitag, 12. Februar 1993
Alles Gute zum Geburtstag, Nazila!

Es gibt so viel Wassermannenergie in diesem Team. Das treibt die Sache trotz aller widrigen Umstände voran. Den ganzen Morgen über mußten wir die zig Briefe für das Kultusministerium in Dakar auf französisch tippen lassen und sie an die verschiedenen Abteilungen faxen. Die Dreharbeiten im Senegal sind für morgen angesetzt, und ich weiß bis jetzt noch nicht, wie wir ins Land kommen sollen.

Arme Nazila! Sie ist so müde. Sie braucht eine Ruhepause, aber ich kann diese Briefe nicht allein erledigen, sie muß sie mir ins Französische übersetzen. Wir hatten noch keinen einzigen freien Tag, seit wir in Afrika sind, und das macht uns beiden zu schaffen. Selbst wenn wir an einem Tag nicht drehen, müssen wir das Essen für die Crew organisieren oder uns um andere Details kümmern. Produktionsmanager, Produzenten, Regisseure und Rechercheure haben bei Dreharbeiten dieser Art nie auch nur einen Tag Pause. Und wir beide machen das alles alleine!

Ich beschloß, mit Hilfe eines Freundes von Alice eine Assistentin zu engagieren, die Nazila im Senegal zur Seite stehen könnte. Es ist eine afroamerikanische Frau. Sie heißt Cheryl Williams-Nam und ist mit einem Senegalesen verheiratet. Glücklicherweise hat sie Erfahrung mit Filmproduktionen. Hoffentlich hilft uns das ein wenig.

Ich versuchte heute, im Hotel einige Postkarten zu kaufen. Alles, was ich finden konnte, waren die üblichen Ethnostereotype von barbusigen afrikanischen Frauen, die in die Kamera starren, Bilder, die etwas exotisch anderes suggerieren, Bilder der Verfügbarkeit für den männlichen weißen Touristen. Wer nimmt sich schon die Zeit, um an die Realität zu denken, die sich hinter diesen Bildern verbirgt? Bestimmt nicht die englischen und deutschen Männer, die in diesem Hotel wohnen, sich den ganzen Tag am Strand der ultravioletten Strahlung aussetzen und sich vermutlich ihren kolonialen Fantasien über eine Zeit hingeben, die schon lange vergangen ist. Die Frau des neuen holländischen Hoteldirektors rief gestern einem der afrikanischen Ober zu: «Der Master möchte kaltes Wasser.» Wir hätten sie alle in «Masters» kaltem Wasser ertränkt, wenn wir gekonnt hätten.

Der ideologische Einfluß solcher Bilder, die man auf Postkarten, aber auch in Filmen wie *Out of Africa* findet (den ich neulich auf einem Flug sah), führt zu der verächtlichen Behandlung afrikanischer Männer und Frauen (die in diesen Hotels ihren Lebensunterhalt verdienen müssen) durch die größtenteils weißen Gäste und Hotelbesitzer. *Out of Africa* ist ein nostalgischer Schinken, der die afrikanische Landschaft und die Ergebenheit afrikanischer Diener gegenüber ihren weißen Herren oder Herrinnen und dem europäischen Imperialismus romantisiert. Wir haben viele ältere weiße Touristinnen gesehen, die von jungen Gambiern begleitet wurden. Interessant.

Ich glaube nicht, daß das Hotel schon jemals so etwas wie unsere kleine Frauencrew gesehen hat. Die Angestellten sind begeistert von Alice und Deborah, vor allem von ihren Dreadlocks. Morgen fahren wir in den Senegal.

Samstag, 13. Februar 1993

Wir verließen das Hotel noch vor Sonnenaufgang, um die Fähre zu erreichen. Die Straße, die in den Senegal führt, liegt auf der anderen Seite. Sobald wir die Grenze zum Senegal hinter uns hatten, bekamen wir den starken, staubigen Wind zu spüren. Die Straßen waren voller Schlaglöcher, und wir waren gezwungen, auf dem Seitenstreifen zu fahren. Wir kamen an Lastern vorbei, die unter der Last der Erdnußsäcke, die sie transportiert hatten, zusammengekracht waren. Alice, die Erdnüsse mag, war ganz entzückt, so viele auf einem Haufen zu sehen.

Wir kamen gegen Mittag in Kavil an. Ich erinnerte mich natürlich an unsere Schreckensnacht mit den Kakerlaken, die wir in diesem Dorf verbracht hatten. Adelaide, unsere Dolmetscherin, war nicht da. Hadi und Jacques freuten sich, uns zu sehen, besonders Nazila.

An diesem Morgen hatten sie die Beschneiderin und einige andere Frauen versammelt, damit wir mit ihnen sprechen konnten. Sie warteten schon den ganzen Vormittag auf uns, obwohl wir ihnen gesagt hatten, daß wir nicht vor Nachmittag eintreffen würden. Es ist nur eines von vielen Kommunikationsproblemen, die sich am laufenden Band ergeben. Jacques fuhr uns ins Dorf der Beschneiderin im Landesinnern, ungefähr fünf Kilometer von Kavil entfernt. Es stellte sich heraus, daß sie in der nächsten Stadt war, in Kavolack, und dort ein paar unglückliche Mädchen verstümmelte. Es klingt unglaublich, aber sie hatte eine Nachricht für uns hinterlassen: Wenn wir sie filmen wollten, wie sie Beschneidungen durchführte, sollten wir dorthin kommen.

Statt dessen entschloß ich mich, etwas Hintergrund für die Geschichte der P. K. aus Awas Buch aufzunehmen. Dies ist der authentische Bericht einer Frau, die selbst vom Tag ihrer Beschneidung erzählt. Als ich diese schreckliche Geschichte zum ersten Mal las, war ich aufs tiefste bewegt; nicht nur durch die detaillierte Beschreibung dessen, was ihr angetan worden war, sondern auch durch die schmerzhaft direkte Art, in der sie darüber spricht.

Es war also, als ob ich eine wirkliche Filmszene drehte, deren Inhalt ich in Bilder umsetzen wollte. Ich hatte schon eine gewisse Vorstellung davon, was ich machen würde. Wir filmten das umzäunte Anwesen, auf dem die Beschneiderin lebt, und dazu die Hütte, in der sie die Mädchen beschneidet. Ich nahm die Mutter der Beschneiderin auf, die früher selbst Beschneidungen durchgeführt hatte, wie sie in die Hütte ging, dazu zwei Frauen und ein Kind, die die hin- und herschwingende Blechtür beobachteten. Mit einer Handkamera filmten wir, wie es sich aus der Perspektive eines Kindes ausnimmt, in diese Hütte geführt zu werden, an die ich nur noch als ein Haus der Folter denken konnte. Eine gespenstische Szene, diese Bilder werden die Geschichte dramatisch zum Leben bringen, was wichtig ist.

Nazila stand vor der unmöglichen Aufgabe, den Leuten auf dem Anwesen zu erklären, warum ich sie nicht alle filmen wollte. Es war schwierig, die hundert Kinder, die sich aufgeregt um uns versammelt hatten und hofften, vor die Kamera zu kommen, in Schach zu halten. Judy, die Tontechnikerin, gab es auf, eine authentische Geräuschkulisse auf Band zu bekommen.

Deborah kam uns zu Hilfe. Sie lenkte die Kinder ab, indem sie ein paar hundert Meter von der Stelle entfernt, an der wir drehten, anfing zu trommeln und zu tanzen. Die Temperatur betrug an die 70 Grad, und die Belastung der Crew machte sich bemerkbar.

Wir setzten Alice und Deborah in der kleinen Stadt Sindia ab, die sich an Dakar anschließt. Der Schriftsteller Ayi Kwei, ein Freund von Alice, der aus Ghana stammt, lebt hier mit seinen Kindern. Er ist ein gutaussehender Mann mit einem wunderschönen Lächeln.

Es war schon gegen Abend, als wir uns von Ibrahim, unserem Fahrer, verabschiedeten, dessen Ausgeglichenheit, Ruhe und Know-how es uns ermöglicht hatten, die Grenze zu passieren. Die Passierscheine des Kulturministeriums waren immer noch nicht eingetroffen, und ich hatte mich entschlossen, das Risiko einzugehen und auf gut Glück ohne Erlaubnis in den Senegal zu fahren. Ibrahim kannte viele an der Grenze stationierte Polizeibeamte, was sich als außerordentlich hilfreich erwies.

Er sah traurig aus, als er sich von Nazila verabschiedete. Ich glaube, er hat sich in sie verliebt. (Als sie wieder in Kalifornien war, erhielt sie einen Brief von ihm, in dem er sie fragte, ob sie ihn heiraten wolle!)

Während unserer Reise durch den Senegal hatten wir Musik

von Ibrahims Kassetten gehört. Er spielte Oumou Sangare und Sali Sidibi, Musikerinnen aus Mali, deren Lieder ich schon vorher gehört hatte und sehr mochte. Auf dieser Reise zwischen Gambia und dem Senegal entschied ich mich, die Musik dieser beiden Frauen in den Film zu integrieren.

In Dakar wohnen wir im Hotel Independence. Es hat einen Pool mit gläsernem Boden auf dem Dach; darunter befindet sich das Restaurant. Die Vorstellung, daß all diese gelangweilten Ober mir auf die strampelnden Beine schauen, während ich schwimme, ist nicht sehr erbaulich.

Judy, Lorraine, Nancy, Nazila und ich gingen an diesem Abend zusammen essen. Außer Nazila redeten alle über die Einkäufe, die sie in Gambia getätigt hatten, und über die Kleider, die sie sich hatten anfertigen lassen. Ich habe keine Zeit gehabt, auch nur ein einziges Geschenk zu kaufen, nicht einmal ein Geburtstagsgeschenk für Nazila. Aber ich hüte die wunderschönen Sanddollars, die ich am Strand von Gambia für Shaheen gesammelt habe.

Ich glaube nicht, daß Alice dieses Hotel gefallen wird. Es gibt ein besseres am Strand, aber es ist viel zu teuer für uns alle.

Sonntag, 14. Februar 1993
Heute war ein Tag, an dem Bilanz gezogen wurde. Ich war von Zweifeln geplagt, was unser Filmmaterial anging. Es gab immer noch Lücken, und ich fing an, an der ganzen Konzeption des Films zu zweifeln. Bei allen Filmen, die ich bisher gemacht habe, gibt es eine solche Minikrise, in der meine Zuversicht zu bröckeln beginnt. Ich muß lernen, daß dies eben so ist, daß es zu mir und zu der Art und Weise gehört, wie ich Filme mache. Es kann während des Drehs passieren, wie heute, oder in der Postproduktionszeit, wenn der Film geschnitten wird.

Ich telefonierte lange mit Shaheen. Wenn ich an unsere Telefonrechnung denke, wird mir ganz schlecht, aber ich brauche es, mit ihr zu sprechen!

Ich hatte auch eine ausführliche Diskussion mit Nazila, die mich an meine ursprünglichen Intentionen erinnerte. Es ist so entscheidend, daß ich in ihr eine Produktionsmanagerin an der Seite habe, die meine früheren Filme kennt und mit meinem Stil vertraut ist. Sie schafft es, mich daran zu erinnern, was meine Dokumentarfilme unverwechselbar macht, mit ihr kann ich sowohl über Filmstile und -genres als auch über Budgetfragen sprechen. Ich wünschte, sie lebte in London! Ich würde sehr gerne wieder mit ihr zusammenarbeiten, ich weiß, daß sie eine exzellente Produktionsmanagerin wäre.

Es stört mich, daß wir immer noch nicht genügend Interviews mit Frauen haben, die selbst beschnitten wurden, ihre Töchter aber nicht beschneiden lassen wollen. Es ist von großer Wichtigkeit, diese Stimmen des Widerstands zu dokumentieren und zu zeigen, daß Frauen Überlebende und Sieger sind statt immer nur Opfer.

Ich wünschte, ich könnte die Frauen aus Awas Gruppe filmen, die Commission for the Abolition of Sexual Mutilation. Ich habe das Gefühl, daß eine Diskussion mit ihnen das bringen würde, was dem Film immer noch fehlt. Aber ohne Awa komme ich an diese Frauen nicht heran, und sie hat uns noch immer keine definitive Zusage gegeben, ein Treffen mit diesen Frauen zu arrangieren oder sich selbst interviewen zu lassen.

Das Material aus Gambia ist vermutlich ganz gut, aber sicher kann ich mir da erst sein, wenn der Bericht des Kopierwerks eintrifft. Wir haben es ans Kopierwerk in London geschickt, aber Sophie vom Londoner Büro scheint mit einer anderen Produktion in New York zu sein und hat den Bericht nicht abgeschickt. Wir wissen nicht, wie die Muster, die wir in Gambia aufgenommen haben, geworden sind. Auf jeden Fall ist mir klar, daß das Material nicht ausreicht.

Verbrachte den größten Teil des Nachmittags damit, zusammen mit Nazila und unserer Produktionsassistentin Cheryl die Ersatzstative durch den Zoll zu bringen. Man hatte mir gesagt, daß alle Zollgebühren bereits in London gezahlt worden seien, aber die Jungs hier bestanden darauf, daß wir ihnen noch mehr bezahlten. Am Ende waren wir gezwungen, einen von ihnen mit einer großen Summe zu bestechen, nur um unsere Ausrüstung und unser Material freizubekommen.

Cheryl nahm uns in ein Fischerdorf in der Nähe von Yoff mit, eine halbe Stunde Fahrt von Dakar entfernt, in dem Afrikas berühmtester Filmemacher, Ousmane Sembene, lebt. Es war ein interessantes Dorf, fast eine kleine Stadt, und es war aufregend für mich.

Mit Fischen bestreiten viele Leute, die an der Küste Senegals wohnen, ihren Lebensunterhalt, und ich würde zu gerne die Frauen aufnehmen, die hier fischen. Aber das hieße, zuvor ihr Einverständnis einzuholen und die Bezahlung zu regeln. All diese Vorarbeiten! Doch diese Bilder von starken Frauen, die ihren eigenen Geschäften nachgehen und ökonomisch unabhängig sind, wären ein guter Ersatz für das Material über die Gärtnerinnen, das wir in Gambia wegen des Autounfalls nicht bekamen.

Ich bin müde, aber erleichtert, daß wir bereits die zweite Woche in Afrika drehen. Es fällt mir ein Stein vom Herzen, daß bis jetzt trotz der Hindernisse alles geklappt hat. Ich bin auch froh, daß niemand krank geworden ist, von ein paar Magenbeschwerden einmal abgesehen. Besonders Nancy war sehr in Sorge, daß sie sich irgendwelche schrecklichen Krankheiten zuziehen würde. Naz und ich können wirklich stolz sein, daß wir all die Hotels und die Restaurants vorher gecheckt hatten – Versuchskaninchen für die anderen. Ich habe beschlossen, nicht nach Ouagadougou, Burkina Faso, zum FESPACO-Filmfestival zu gehen, wie Alice und ich es ursprünglich vorhatten. Das Panafrikanische Filmfestival, das eine Woche lang dauert, findet nur alle zwei Jahre statt, und es ist reiner Zufall, daß es einen Tag nach Beendigung unserer Dreharbeiten beginnt. Ich bin viel zu müde. Ich möchte nur heim. Alice hat noch immer vor, es mit einem amerikanischen Freund zusammen zu besuchen. Ihre Frische hat nicht nachgelassen, und sie genießt es, Freunde wiederzusehen, die sie während ihrer Collegezeit in den USA kennengelernt hat. Sie sieht blendend aus.

Montag, 15. Februar 1993

Heute morgen hat mir Rachel Wexler vom Londoner Büro endlich den Bericht gefaxt. Eine Rolle hat einen Kratzer auf den Negativen und wird unbrauchbar sein, aber alles andere scheint o.k. zu sein. Ich bin erleichtert!

Wir hatten uns um 9 Uhr mit Madame Fall in demselben Hof in der Vorstadt von Dakar verabredet, in dem vor kurzer Zeit das Treffen der PDS-Frauen stattgefunden hatte. Wir waren pünktlich zur Stelle, um ein Interview mit ihr und den anderen Frauen ihrer Gruppe zu machen, aber Madame Fall tauchte nicht auf.

Wir gingen die Straße hinunter, um sie zu suchen. Es stellte sich heraus, daß sie noch nicht gefrühstückt hatte, so mußte ich mir überlegen, was ich mit dem Team anstellte, während wir auf sie warteten. Nazila leistete ihr Gesellschaft, um sie zur Eile anzutreiben. Es dauerte noch ein paar Stunden, bis wir anfangen konnten, und inzwischen waren alle hungrig, durstig und generell genervt. Cheryl verspätete sich mit dem Essen und den kalten Getränken, und es war extrem heiß.

Nach all der Warterei war das Interview dann auch noch eine Enttäuschung. In unseren früheren Gesprächen hatte Madame Fall über die Freuden der Sexualität gesprochen, wie wichtig das für sie war, und daß die Beschneidung den Frauen den Genuß nahm. Sie hatte gelacht, war gut informiert, unterhaltsam, überzeugend. Nichts davon war in dem Interview zu spüren, das wir mit ihr führten, all unsere Bemühungen brachten nicht das zum Vorschein, was wir uns von ihr erwartet hatten. Stattdessen redete sie über ihren «Führer» und über die Partei, der sie angehörte.

Glücklicherweise waren die Interviews mit den beiden Schwestern eine wahre Inspiration. Eine der Schwestern sagte: «Mit diesem Schmerz kann man sich nie versöhnen. Die Erinnerung bleibt, selbst wenn man nur zwei Jahre alt war. Eine Tetanusinjektion ist nichts im Vergleich zu dem traumatischen Schmerz, den man erleidet, während man mit gespreizten Beinen auf dem Boden hockt und zusieht, wie sie einem in den Körper schneiden.»

Das Interview mit der jüngeren Schwester belegt hoffnungsvoll, daß die Tradition, die Mütter ihre Töchter verstümmeln läßt, vielleicht einmal ein Ende finden wird. «Was mich anbelangt», sagte sie, «so habe ich mir seit frühester Kindheit geschworen, daß ich, wenn ich je eine Tochter haben würde, sie nie beschneiden lassen würde. Ich habe meine eigene Erfahrung nicht vergessen.»

Ihr Widerstandsgeist erinnerte mich an etwas, was James Baldwin einmal gesagt hat: «Das Opfer, das die Situation des Opfers in Worte faßt, ist nicht länger ein Opfer; er oder sie ist eine Bedrohung.»

Die kleine Tochter der älteren Schwester war den ganzen Morgen über dabei, also beschloß ich, sie zu filmen, wie sie auf ihren winzigen Beinen über den Hof ging, der mit alten Fayencekacheln ausgelegt war. Wir machten auch Großaufnahmen ihres fotogenen Gesichts, wie sie in die Kamera starrte. Diese Aufnahmen werden die Herzen der Zuschauer öffnen und sie dafür empfänglich machen, wie kostbar und verwundbar diese kleinen Mädchen sind, die man so früh durch die Beschneidung verstümmelt. Und diese Bilder werden überzeugend klarmachen, warum dieser Film gedreht werden mußte.

Wir schickten die Crew zum Lunch zu Cheryl nach Hause, während Nazila und ich mit Madame Fall und den Schwestern zurückblieben, da die Schwestern uns etwas zum Essen mitgebracht hatten. Wieder einmal Fisch! Nazila und ich haben sehr abgenommen, und die Ringe unter meinen Augen werden von Tag zu Tag dunkler.

An diesem Nachmittag beobachteten wir, wie eine sehr alte Frau, die stark nach vorne gebückt ging, von ihrer Tochter in den Hof geführt wurde: Es war die alte Beschneiderin, die uns Madame Fall für ein Interview besorgt hatte. Sie hatte ein Bündel mit all ihren Hilfsmitteln und Instrumenten dabei. Ihre Tochter leitete das Gespräch, da die beiden nur Mandinka sprachen, Madame Fall aber nur Wolof, was ein ernstliches Verständigungsproblem schuf. Schließlich stellte sich heraus, daß eine der Schwestern ein wenig Mandinka sprach und die Fragen aus dem Wolof übersetzen konnte. Das verlief folgendermaßen: Ich stellte die Frage auf englisch, Nazila übersetzte ins Französische, Madame Fall ins Wolof, eine der Schwestern ins Mandinka, und dann stellte die Tochter ihrer Mutter die Frage. Es ist sehr traurig, daß diese Frau, die wirklich zu alt ist, um überhaupt zu arbeiten, immer noch kleine Mädchen beschneidet. Sie kann kaum etwas sehen, kaum noch gehen, aber sie war nur zu bereit, uns ihr Messer zu zeigen und detailliert über ihre «Arbeit» zu sprechen. Von den Personen, die wir bis jetzt getroffen haben, ist sie die einzige, die bereit war, offen darüber zu sprechen, was bei einer Beschneidung passiert: welche Instrumente benutzt werden, was weggeschnitten wird. Anfangs begriffen wir nicht, warum sie in einem fort zu unserer Tontechnikerin schaute und allein in ihre Richtung sprach. Es stellte sich heraus, daß Judy ihrer Nichte sehr ähnlich sah und sie diese Ähnlichkeit gar nicht fassen konnte.

Die Beschneiderin war sehr sachlich, als sie die Prozedur beschrieb: «Wenn ich mit dem Messer soweit bin, schütte ich ihr Wasser aus dieser Flasche in die Augen. Ich mache es mit diesem Messer, und danach tue ich ein wenig Baumwolle und Alkohol drauf. Ich mache es, und danach spucke ich drauf, und das Bluten hört auf.» Als ich sie fragte, was sie abschneide, wurde mir von ihrer Antwort schwindlig und fast schwarz vor den Augen: «Es gibt ein kleines Teil, das wie ein Horn aussieht, das schneide ich ab, dann wasche ich die Stelle mit Salzwasser, bevor ich Alkohol draufgebe.»

Es jagte mir eine Gänsehaut über den Rücken, wenn ich daran dachte, daß diese alte Frau keine zwei Tage zuvor zwei Mädchen beschnitten hatte, und es machte mich traurig, daß sie es allem Anschein nach ohne Skrupel getan hatte. Sie sagte uns: «Es ist dieses Messer, das mir meine Kleider, mein Essen und meine Wohnung all diese Jahre über bezahlt hat.»

Eine der Schwestern hatte im Laufe des Interviews gesagt: «Die Mütter und Großmütter, die sie hätten beschützen müssen, schneiden sie.» Es ist eine Tragödie, daß die Großmutter – die in vielen Kulturen, auch in Afrika, innerhalb der Dorfgemeinschaft eine hohe Stellung hat und respektiert wird – oft die Beschneiderin ist. Sie ist Trägerin der Weisheit der Ahnen. Ihre Gegenwart ist absolut notwendig bei allen «Rites de passage» – Geburt, Namengebungszeremonien und Tod. Im Roman *Sie hüten das Geheimnis des Glücks* wird das auf sehr sensible Weise zur Sprache gebracht, und auch M'Lissa, die Beschneiderin, wird nicht entschuldigt, sondern befragt, und es wird ihre innere Zerrissenheit dargestellt.

Kann man sich das Leben einer Tsunga *vorstellen, die fühlt? Ich habe gelernt, nichts zu fühlen. Man kann das lernen. Darin war ich wie meine Großmutter, die so fühllos wurde, daß die Leute sie «Ich bin ein Bauch» nannten. Sie konnte die Beschneidung vornehmen und gleich darauf ihr Essen verlangen, selbst wenn das Kind noch schrie. Für meine Mutter war es eine Qual.*

Eines Tages dann mußte meine Mutter die Mädchen meiner Altersgruppe beschneiden.

Vor diesem Tag betete sie wochenlang ständig zu der kleinen Figur. Und als ich dann an der Reihe war, versuchte sie, heimlich weniger wegzuschneiden. Natürlich nahm sie die äußeren Schamlippen weg, weil mich vier starke, adleräugige Frauen niederhielten, und die inneren Lippen auch. Aber sie versuchte, mir einen kleinen Knubbel zu lassen, dort unten, wo der heiße Strom, den ich damals im Wald mit der kleinen Statue gefühlt hatte, hingedrängt hatte. Dort ritzte sie mich kaum. Aber die anderen Frauen sahen es.

Was meine Mutter begonnen hatte, führte der Zauberdoktor zu Ende. Er hatte seine ganze Heilkunst von Frauen gelernt, weshalb er auch Hexenmeister genannt wurde, und er trug einen Hexen-Grasrock, aber die zauberkundigen Frauen, die ihn unterwiesen hatten, waren getötet worden, weil sie sich gegen die Beschneidung gewehrt hatten und weil sie zuviel Einfluß unter den Frauen hatten, um sie unbeschnitten herumlaufen zu lassen. Er war erbarmungslos. Vor Angst und unerträglichem Schmerz bäumte sich mein Körper unter dem rasiermesserscharfen Stein, mit dem er schnitt . . .

Ich habe mich nie wieder gesehen, denn das Kind, das sich endlich drei Monate später von der Matte erhob und sich aus der Initiationshütte und schließlich heimschleppte, war nicht das Kind, das sie dorthin gebracht hatten. Diese Kleine sollte ich nie wieder sehen.

Ich war immer stark. Das sage ich den Touristen, die mich besuchen, und den jungen Müttern und den alten Müttern und allen, die kommen. Und genau das sagen sie mir – der Präsident und die Politiker und die Besucher von den Kirchen und Schulen. Stark und tapfer. Habe meinen halben Körper überallhin geschleppt, wo ein halber Körper gebraucht wurde. Im Dienst der Tradition, die uns zu einem Volk macht. Im Dienst des Landes und dessen, was uns zu dem macht, was wir sind. Aber wer sind wir, außer die Folterer unserer Kinder?

Am frühen Abend dieses Tages trafen die Frauen ein, die an einem Treffen der PDS-Frauengruppe teilnehmen wollten. Auch Alice kam, wir hatten sie für diesen Teil eingeplant. Wir wollten ihr erstes Treffen mit Awa Thiam filmen, eine für mein Gefühl historische Begegnung.

Die Frauen der Gruppe waren wunderschön in Orange-Grün-Blau- und Rosatönen gekleidet. Ich hoffe, daß die Aufnahmen klar machen, daß sich hier eine Gruppe von Frauen zusammentut und sich über konkrete politische Aktionen organisiert. Da wir keine Tonassistentin haben, müssen wir nehmen, was wir bekommen, aber die Hauptsache ist das visuelle Material und die Ausschnitte, die wir mit Awas Interview zusammenschneiden werden. Ich wollte die Frauen beim Tanzen filmen, da das Tanzen ein wesentlicher Teil weiblicher Kultur in diesem Teil Afrikas zu sein scheint. Ich möchte den Film mit

Dakar, Senegal. Alice unter all den Frauen im Hof

Szenen beginnen lassen, in denen Frauen in Zeitlupe tanzen, Großaufnahmen, in denen die schönen blauen und orangefarbenen Stoffe sich rhythmisch bewegen.

Dienstag, 16. Februar 1993

Nazila wachte mit einem steifen Hals auf und sah aus, als ob sie große Schmerzen habe. Die Intensität der Arbeit und das schmerzliche Thema setzen uns zu, und beide haben wir zu kämpfen, arbeitsfähig zu bleiben. Gott sei Dank hatte ich, seit wir hier sind, keine Rückenprobleme, obwohl das meine Schwachstelle ist.

Die Crew hatte heute morgen frei, während Nazila und ich zur Bank gingen. Am Nachmittag bestand Nazila trotz ihrer Schmerzen darauf mitzukommen, als wir die Affenbrotbäume und danach das Fischerdorf filmten. Alice war an diesem Tag nicht dabei.

Nachdem wir die surrealistisch anmutenden Affenbrotbäume aufgenommen hatten, von denen einige mehrere hundert Jahre alt sind, und auf dem Rückweg waren, überredete ich Nazila, ins Hotel zurückzugehen und sich auszuruhen. Ihre Schmerzen waren schlimmer geworden; ich konnte es an ihrem Gesicht sehen.

Die Affenbrotbäume sind eine Besonderheit Senegals, und es gibt viele Mythen über sie. Ich wollte sie filmen, weil sie verletzt aussehen; irgendwie schienen sie mir ein Symbol zu sein für die weibliche Beschneidung. Wir nahmen auch Frauen auf, die mit Gefäßen auf ihren Köpfen den Weg von ihren Dörfern zur nächstgelegenen Stadt an den Bäumen entlangkamen. Die lebhaften Farben ihrer Gewänder vor dem Hintergrund der staubigen Landschaft waren schön.

Wir entschlossen uns, die Frauen aufzunehmen, wie sie den Fisch verkauften, den sie an diesem Tag gefangen hatten. Ich habe noch nie so riesige Fische gesehen! Während wir filmten, wurden wir von der hereinkommenden Flut überrascht und gründlich naß, aber dieser Tag in dem Fischerdorf hat uns allen Spaß gemacht.

Mittwoch, 17. Februar 1993

«Die Beschneiderin hat ihr eigenes Messer, und damit beschneidet sie ein Kind nach dem anderen. Es ist blutverschmiert, und auch ihre Hände sind blutverschmiert. So kann sie, wenn sie infiziert ist und sich schneidet, natürlich Aids übertragen. Und sie kann die Krankheit übertragen, wenn eines der Kinder infiziert ist. Es gibt mehr und mehr HIV-positive Kinder, Kinder, die von HIV-positiven Eltern gezeugt und zur Welt gebracht wurden.»

Dies ist eine grauenvolle Tatsache, auf die Henriette Kouyate in dem Interview hinwies, das wir heute mit ihr in ihrer Klinik in Dakar führten. Dr. Kouyate ist Geschäftsführerin von COSEPRAT, dem Komitee, das gegen gesundheitsschädliche traditionelle Praktiken kämpft. Das Gespräch mit ihr heute morgen war bis jetzt das informativste Interview überhaupt. Ich mochte Dr. Kouyates Unbestechlichkeit und ihre bescheidene, eindrucksvolle Art zu reden. Sie ist eine Frau voller Anmut und Engagement, und sie sagt sehr klar, was sie denkt. Sie kämpft schon seit 1955 gegen weibliche Beschneidung. Ihre Ansichten darüber, welche Rolle Traditionen spielen und welche Rolle der Islam, waren aufschlußreich.

«Wir haben nirgends im Koran gefunden, daß Beschneidung eine Pflicht sei. Nehmen Sie als Beweis die Frauen in Marokko, die nicht beschnitten werden. Auch in Saudi-Arabien werden muslimische Frauen nicht beschnitten. Wolof-Frauen hier in Afrika sind Anhängerinnen des Islam, aber sie sind nicht beschnitten. Wie bei allen Traditionen gilt auch hier, daß man das

Gute an ihnen beibehalten, das Schlechte aufgeben und sich selbst treu bleiben sollte.»

Diese scharfe Bemerkung zielt auf eine besorgniserregende und gefährliche Tendenz in nationalistischen Bewegungen, die im Versuch, zu traditionellen Werten zurückzukehren, Frauen die persönliche Handlungsfreiheit verwehren. Es sind die Frauen, die die Hauptlast dieser patriarchalen Traditionen zu tragen haben. So wurden zum Beispiel die iranischen Frauen im Zuge der islamischen Bemühungen, traditionelle Werte wiederzubeleben, gezwungen, den Tschador zu tragen. Obwohl ein Bewußtsein, daß die eigene Kultur auch eine nationale Kultur ist, im Kampf um Selbstbestimmung ausschlaggebend sein kann, sollte er nicht auf Kosten der Hälfte der Bevölkerung einer Nation geführt werden!

Am Nachmittag trafen wir uns mit Nafi, Daniele und Khady, drei Frauen aus Awas Gruppe, der Commission for the Abolition of Sexual Mutilation. Wir filmten sie, als sie über die Ziele und Vorstellungen ihrer Organisation und die verschiedenen Strategien sprachen, mit denen sie versucht hatten, das Bewußtsein der Menschen für die Bedeutung der Beschneidung, aber auch für andere Formen weiblicher Unterdrückung zu sensibilisieren. So hatten sie zum Beispiel im letzten Jahr eine große Konferenz über Gewalt in der Ehe auf die Beine gestellt, was von der Presse mit lebhaftem Interesse verfolgt wurde. Ein Ergebnis war gewesen, daß viele Männer sie angesprochen und ihre Hilfe angeboten hatten, um die nur zu alltägliche Gewalt in Ehen zu bekämpfen. Die Gruppe sieht die Beschneidung nur als einen Aspekt im größeren Zusammenhang weiblicher Unterdrückung.

Der heutige Drehtag hat uns eine Menge wichtiges Material gebracht; was das anbelangt, können wir also mehr als zufrieden sein. Ich fasse es noch immer nicht, daß alles, was ich mir im Senegal vorgenommen hatte, trotz der vielen Hindernisse geklappt hat. Es hat schon sein Gutes, daß ich mich mit einem Nein als Antwort nicht so leicht zufriedengebe.

Wir aßen in einem der beliebtesten Restaurants am Ort und trafen auf ein weiteres Filmteam aus den USA. Ich freute mich, Manthia Diawara wiederzusehen, den ich vor einigen Jahren in London kennengelernt hatte. Manthia war hier, weil er als Koproduzent an einem Film über Ousmane Sembene mitarbeitete, bei dem der nigerianische Schriftsteller Ngugi Regie führte. Unsere beiden Teams tauschten Erfahrungen aus, wir sprachen über Beleuchtungsprobleme, Kostenfragen und die besten Lokale der Stadt. Ich bewundere Manthias Schriften über den afrikanischen Film schon seit langem, und so war es für mich eine besondere Freude, ihn hier im Senegal zu treffen.

Donnerstag, 18. Februar 1993

Der heutige Tag war aufregend und zutiefst bewegend. Wir filmten auf der Gorée-Insel, wo sich das «Haus der Sklaven» befindet. Während der zwanzig Minuten, die die Fähre bis zur Insel braucht, konnten wir einige schöne nachdenkliche Einstellungen mit Alice filmen. Es waren nur wenige Touristen an Bord, die meisten Leute waren Händler und Frauen, die Glasperlen verkauften.

Der Kurator des «Hauses der Sklaven», Joseph Ndiaya, war da, um uns zu begrüßen. Während die Crew die Kameras aufstellte, gingen wir mit ihm in sein Büro, und er erzählte mit ruhiger Stimme über die Geschichte des Hauses. Er sagte zu Alice und Deborah: «Ich weiß, daß Sie eine Pilgerfahrt hierher machen, und es ist gut, daß Sie hier sind. Sie sind sehr willkommen. Sie könnten entfernte Kusinen von mir sein oder lange verlorene Verwandte. Wir alle sind miteinander verwandt.»

Alice war sehr bewegt und weinte. Sie trug sich ins Gästebuch ein und sah, daß auch andere bekannte Besucher vor ihr dagewesen waren. Fotografien von Persönlichkeiten wie Nina Simone, Danny Glover, Jesse Jackson und dem Papst bedeckten die Wände, daneben hingen Blätter mit Äußerungen über die Auswirkungen der Sklaverei und auch Bilder, die Joseph Ndiaya gemalt hatte.

Wir waren soweit, das letzte Interview mit Alice aufzunehmen. Sie sprach klar, überzeugend und präzise. Sie sagte: «Gehen uns die afrikanischen Kinder etwas an, oder sind wir wie die Hebamme, die sagt, sie hört es nicht, wenn das kleine Mädchen schreit, während sie es beschneidet? Sollen wir taub sein?»

Von Anfang an war die Klarheit, mit der Alice ihre Ziele und Überlegungen zum Thema weibliche Genitalverstümmelung darlegte, für mich und den Film von unabdingbarer Notwendigkeit. Alice hat darüber natürlich bereits viele Jahre nachgedacht und die mannigfaltigen Gefühle und Fragen, vor denen ich zur Zeit stehe, alle schon durchgemacht. Ich dachte an eine Podiumsdiskussion am Institute of Contemporary Arts in London zurück, die ich moderieren sollte. Alice, die gerade in London war, um ihren Roman *Sie hüten das Geheimnis des Glücks* vorzustellen, nahm mit Efua Dorkenoo und einigen anderen Frauen an der Diskussion teil. Wir hatten erwartet, daß Alice über weibliche Genitalverstümmelung sprechen würde, statt dessen sprach sie über die Musik, besonders die afrikanische Musik, die ihr geholfen hatte, während sie das Buch schrieb. Erst jetzt fange ich an zu verstehen, warum sie in der Musik eine Möglichkeit sah, Widerstand und Verweigerung zum Ausdruck zu bringen, aber auch, die Last des Schmerzes leichter werden zu lassen und einen Heilungsprozeß in Gang zu setzen.

Morgen ist unser letzter Drehtag! Wunderbarerweise haben

wir alle diese Wochen überlebt, obwohl ich zugeben muß, daß ich kurz vor dem Zusammenbruch stehe. Weiß der Himmel, wie ich all die Energie aufgebracht habe.

Am Ende des Tages trafen wir uns mit Tracy Chapman, die zur Zeit im Senegal ist. Wir hatten uns in Alices Hotel in Dakar verabredet. Ich fand, es war eine einmalige Gelegenheit von historischem Wert, zwei so bekannte afroamerikanische Frauen auf ihrer Pilgerfahrt zum «Haus der Sklaven» zu filmen. Ich beschloß, Tracy zu bitten, etwas zu weiblicher Beschneidung zu sagen. Je mehr Menschen sich dagegen aussprechen, um so eher bekommt das Thema die Aufmerksamkeit und finanzielle Unterstützung, die es dringend benötigt. Tracy erwärmte sich für die Sache, und morgen werden wir sie filmen. Reines Glück!

Freitag, 19. Februar 1993
Der letzte Drehtag, und alle scheinen zufrieden zu sein. Endlich!

Das Interview mit Tracy auf der Gorée-Insel lief hervorragend. Ich kann mich nicht erinnern, daß sie jemals so viel gesagt hat, weder in einem Film noch in einem Interview. Sie ist für ihre Kamerascheu bekannt und lebt sehr zurückgezogen. Ich bin ihr sehr dankbar, daß sie einwilligte, sich für *Warrior Marks* filmen zu lassen!

Awa kam für das Interview, das wir mit ihr arrangiert hatten, in Alices Hotel. Könnten wir es auf ein andermal verschieben? fragte sie. Auf keinen Fall, Awa. Ich nahm sie bei der Hand, setzte sie in einen Stuhl und sagte ihr, daß sie nirgendwo hingehen würde, bevor sie uns nicht dieses Interview gegeben hätte. Ich hatte den Eindruck, daß ihr meine Einschüchterungstaktik irgendwie gefiel.

Sie sah glänzend aus, wie immer. Ich war gerührt, daß sie den blauen Schal trug, den ich ihr geschenkt hatte. Ich hatte

Gorée-Insel. Alice, Pratibha, Deborah und die Crew

Tracy Chapman, Pratibha Parmar, Alice Walker und Nazila Hedayat mit Jungen aus dem Ort vor dem «Haus der Sklaven»

eine Liste von Fragen für Alice vorbereitet, die Nazila für Awa ins Französische übersetzte. Ich konnte es nicht fassen: endlich bekam ich dieses Interview. Der Film wird durch Awas Einsichten und Analysen sehr gewinnen, so hat sich also all die Angst und das ganze Hinterherrennen vermutlich mehr als gelohnt.

Nazila und ich verbrachten unseren letzten Abend bei Awa, wo wir mit ihr, Khady, Daniele und Nafi ein rauschendes Fest feierten. Wir trafen auch ihren vierjährigen Sohn, der entzükkend ist. Awa trug ein umwerfendes neonblaues Ensemble und war sehr unterhaltsam. Ich werde sie vermissen. Sie ist diesen letzten Monat wirklich zu einem Teil meines Lebens geworden!

Die ganze Nacht über und noch den nächsten Tag im Flugzeug war ich mit den Nerven fertig und hätte vor Erleichterung, Hoffnung und Schmerz am liebsten die ganze Zeit über geheult.

Die verschiedensten Gefühle hatten sich aufgestaut, um die ich mich nicht kümmern konnte, da ich mich ausschließlich auf die Dreharbeiten, das Budget, die Interviews und die Bedürfnisse des Teams konzentrieren mußte. Vielleicht habe ich jetzt die Zeit zu trauern und mich den Bildern zu stellen, die mich verfolgen: Bildern von jungen, verwundeten Mädchen, von vergewaltigten Körpern und gebrochenen Seelen, von traurigen Gesichtern, dem Licht, das man aus unschuldigen Augen gestohlen hat.

Während ich Afrika hinter mir lasse, denke ich an das Material, das ich mitnehme und das ich mir während der nächsten Monate wieder und wieder anschauen werde, um Worte und Bilder zu verknüpfen und einen Film daraus entstehen zu lassen, der der Würde, dem Schmerz, der Folter und dem Schrekken, den ich gesehen habe, gerecht wird. Hoffentlich trägt der Film dazu bei, daß die weiblichen Stimmen der Selbstbestimmung und des Widerstands in allen Ländern gehört werden!

Zwei beschnittene Mädchen bei der «Coming out»-Zeremonie in Dar Salamay

Zeitskulptur: Der Schnitt von «Warrior Marks»*

15. März–2. April 1993
Schnittwoche 1–3

Meine Cutterin Anna Liebschner und ich hatten acht Wochen zur Verfügung, um das gesamte Material von 800 auf 52 Minuten zu kürzen. Wenn man ein Budget vom Fernsehen bekommen hat, heißt das auch, daß man sich nach den Deadlines und den Bedingungen des Fernsehens richten muß. Es wäre ideal gewesen, einen Steenbeck (einen 16-mm-Schneidetisch) bei mir zu Hause zu haben und wenigstens sechs Monate Schneidezeit. Statt dessen arbeiteten Anna und ich während der nächsten acht Wochen acht bis zehn Stunden am Tag, um das Material in Griff zu bekommen und dem Film eine Form zu geben.

Vielleicht hing es mit meinem wachsenden Selbstvertrauen als Filmemacherin zusammen – jedenfalls wollte ich mich in genauso starkem Maße von den Bildern und Emotionen leiten lassen wie von dem, was gesagt wurde. Früher hatte ich aus Zeitgründen mit einem Montagekonzept gearbeitet, bevor ich überhaupt den Schneideraum betrat, und aufgrund dessen wurde dann der Rohschnitt des Films erstellt. Um ein solches Montagekonzept zu erstellen, mußte ich alle Transkripte der Tonaufnahmen durchlesen und die Ausschnitte festlegen, die ich im Film haben wollte. Danach wurde die Abfolge der Texte festgelegt und auf dieser Basis der Film entwickelt, seine Themen, seine Aussagen und Analysen.

Dieses Mal war ich fest entschlossen, nicht so anzufangen. Statt dessen las ich die getippten und übersetzten Transkripte

* Zeitskulptur ist ein Begriff, den der russische Filmemacher Andrej Tarkowskij benutzte, um den Prozeß des Filmschnitts zu beschreiben.

all der Interviews wieder und wieder, bis ich sie in meinem Gedächtnis gespeichert hatte. Mein Zugang zu dem Film sollte organisch und intuitiv sein, ich wollte genauso stark mit den Bildern wie mit dem gesprochenen Wort arbeiten.

In der Woche, bevor Anna und ich mit unserer Arbeit anfingen, saß ich allein im Schneideraum, sah mir die Muster an und machte mich mit ihnen so vertraut, daß sich bestimmte Vorstellungen in meinem Kopf zu bilden begannen. Statt Verzagtheit ergriff mich ein Hochgefühl, denn schon jetzt sah ich Bilder, die zusammengehörten, hatte bestimmte Bildsequenzen fertig im Kopf und notierte mir andere Bilder dazu, von denen ich einfach wußte, daß wir sie aufgenommen hatten. Trotzdem war ich mit einem Teil des Materials nicht zufrieden. In meiner Vorstellung hatte das, was wir gefilmt hatten, manchmal so anders ausgesehen als das, was ich jetzt auf dem kleinen Bildschirm des Steenbecks vor mir sah.

Alice kam auf ihrer Rückreise von Afrika nach Kalifornien für ein paar Tage in London vorbei, und ich nutzte die Gelegenheit, ihr die Muster zu zeigen. Wir sahen sie uns voller Aufregung, aber auch mit einer gewissen Traurigkeit an. Viele Bilder versetzten uns zu unmittelbar nach Afrika zurück und ließen schmerzliche Erinnerungen wach werden. Eine große Entscheidung, die ich in den ersten beiden Schnittwochen treffen mußte, war, wie ich das Thema der Beschneidung in P. K.s Geschichte, die sie in Awas Buch *Black Sisters, Speak Out* erzählt, behandeln würde. Ursprünglich dachte ich an eine Art Spielhandlung, vignettenartige Szenen, in einem Studio aufgenommen, die ich in den Film einblenden wollte, um die Gefühle der Zuschauer anzusprechen. Was ich gewiß nicht wollte, war eine naturalistische Dramatisierung, aber auch eine objektive Wiedergabe der Details einer Beschneidung lief Gefahr, zu technisch zu wirken, so daß die emotionale Wirkung verlorengegangen wäre. Ich wünschte auch nicht, die Geschichte sensationsheischend aufzurollen, denn der Zuschauer durfte nicht vor Schreck gelähmt werden.

Wie war das alles zu schaffen, wenn zudem die emotionale Integrität der Geschichte erhalten bleiben mußte? Der Film mußte zurückhaltend sein und doch Kraft ausstrahlen, er mußte enthüllend, aber respektvoll sein, und er durfte die Qual der Frauen nie herunterspielen. Wie sollte ich es schaffen, das nicht Darstellbare darzustellen?

Awa benutzt in ihrem Buch die Geschichte P. K.s, um in unnachgiebigen Details die Erinnerung an eine Beschneidung zu beschreiben, die nicht dem Vergessen anheimfallen kann, ein Alptraum aus der Kindheit, in allen ernüchternden Einzelheiten wiedergegeben, bewegend, erschreckend und unvergeßlich.

Ich mußte einen Weg finden, dieses Verfahren mit den ästhetischen Vorstellungen in Verbindung zu bringen, die in mir aufgestiegen waren, als ich die Geschichte wieder und wieder las. Wie konnte ich die innere Welt eines zwölfjährigen Mädchens, das gegen seinen Willen verstümmelt worden war, in einen Film übersetzen? Welche visuelle Umsetzung wurde der Geschichte gerecht? Welche Symbolik konnte ich benutzen, um die Zuschauer im Innersten zu treffen, um diese Geschichte einer Folterung, die mit so viel unverstellter und rückhaltloser Ehrlichkeit erzählt ist, so darzustellen, wie sie dargestellt werden muß? Fast eine Woche lang wachte ich jede Nacht schweißgebadet auf und fragte mich: Wie, wie, wie?

Erleuchtungen überkommen einen normalerweise nicht aus einem Vakuum heraus, sie sind Teil eines unbewußten, aber konzentrierten Denkprozesses. Ich erinnere mich nicht an den definitiven Moment, in dem ich dachte: Ich würde eigentlich gern mit einer Tänzerin arbeiten, die dieser Geschichte Ausdruck verleihen könnte. Ich habe in meinen früheren Filmen mit Tanz und Tänzern gearbeitet. Manchmal hatte ich Tanz eingesetzt, um eine sinnliche, erotische Atmosphäre zu schaffen, wie in *Khush* und *Flesh & Paper*, und andere Male wollte ich so Frauen und ihre Leistungen feiern, wie in *A Place of Rage*. Angefangen hatte ich mit einem Ausschnitt aus einem indischen Film, *Pakeeza*, der eine Frau zeigte, die als Ausdruck ihres Schmerzes auf Glassplittern tanzte. Sie war isoliert und verraten, eine patriarchalische Gesellschaft hatte sie verbannt.

In *Warrior Marks*, überlegte ich, könnte der Tanz die Sensualität weiblicher Körper zum Ausdruck bringen und darüber hinaus den inneren Aufruhr und das Gefühl von Vernichtung, das mit dem Verlust sexueller Freude einhergeht. Tanz würde die Symbolik der Geschichte lebendig werden lassen und sie nicht einfach nur illustrieren. Aber woher eine Tänzerin nehmen, die sich in das Innenleben einer Zwölfjährigen versetzen konnte, die die Schrecken einer Beschneidung durchmacht?

Ich habe bereits des öfteren über das Netz von zufälligen Begegnungen und komplexen Beziehungen und Gefühlen gestaunt, das genau die richtigen Leute für diesen Film zusammenführte. Eine erstaunliche Anzahl von «Gleichzeitigkeiten» passierten, während wir *Warrior Marks* drehten, und so traf ich, als ich mir wegen der richtigen Tänzerin Sorgen machte, natürlich auf Richelle.

Es passierte folgendermaßen. June Jordan war in London, um ihre beiden neuen Bücher *Technical Difficulties* und *Haruko and Other Love Poetry* vorzustellen. Auf einer der Lesungen, in Brixton Town Hall, kam Richelle auf mich zu und begrüßte mich. Ich hatte sie in San Francisco im Modern Times Bookshop bei einer Gedenkfeier für die Dichterin Audre Lorde kurz kennengelernt. Alice hatte mich wenige Tage vor dem Beginn unserer Dreharbeiten in Kalifornien dorthin mitgenommen.

Die Tänzerin, die ich suchte, stand vor mir! Ich verstehe nicht ganz, wie solche Dinge passieren, und ich sage zum Schluß immer: «Das hat vermutlich so sein sollen.» Ich bin im hinduistischen Glauben erzogen worden, und obwohl mein Glaube an spirituelle Lebensmuster, die «vermutlich so sein sollen», nicht auf rationalen oder logischen Erklärungen basiert, tue ich doch diese Gleichzeitigkeiten nicht als reines Glück oder puren Zufall ab.

Die Tanzszenen kamen ebenfalls auf fast magische Weise zustande. Mit Shaheen zusammen entwarf ich ein Bühnenbild. Shaheen ist Architektin, und wenn sie mit mir an einem Film arbeitet, bringt sie ihr unfehlbares Gespür für Design ein. Da wir zusammenleben, können wir Ideen zu jeder Tages- und Nachtzeit ausdiskutieren. Vielleicht haben wir deshalb ein so intuitives Verständnis für die visuellen Vorstellungen des anderen, weil wir uns so nahe sind. Shaheen jedenfalls hat mich über all die Jahre hinweg dazu ermutigt, zu zeichnen, zu entwerfen und Vertrauen in meine Fähigkeit zu haben, mir etwas bildhaft vorzustellen, mutig zu sein und Risiken einzugehen.

Ich wollte die Bilder der Tänzerin und die Bilder der jungen Mädchen, die wir an unserem ersten Tag in Gambia gefilmt hatten, zu einer visuellen Einheit verschmelzen, und so entschloß ich mich für die Tanzszene zu einer Rückwandprojektion, das Bildmaterial aus Gambia wurde zu einem Teil der Ausstattung. Die übrige Dekoration entwarf Shaheen, und zusammen zeichneten wir die Entwürfe.

Nach zwei Wochen Schnitt hatten Anna und ich bereits die ersten fünfzehn Minuten fertig. Anna, mit der ich bereits früher gearbeitet hatte, war in Hochform und trieb sich und mich zu Höchstleistungen an. Sie war so engagiert wie ich, einen wirklich guten Film zu machen.

Inzwischen war mein Körper der Belastung nicht mehr gewachsen. Mein Rücken streikte eines Morgens vollständig. Ich konnte mich nur noch unter heftigsten Schmerzen bewegen. Ich war erst seit zwei Wochen wieder aus Afrika zurück, und in diesen beiden Wochen hatte ich mich um die Abrechnungen kümmern müssen, mußte die französischen Interviews aus dem Senegal ins Englische übersetzen lassen, die Transkripte lesen und mich auf den Schnitt des Films vorbereiten. Für Ruhe oder Erholung hatte es keine Zeit gegeben!

Ich spürte, daß der Schmerz, den ich seit unserem ersten Drehtag in Gambia verdrängt hatte, an die Oberfläche kam und verlangte, daß ich mich mit ihm beschäftige. Aber ich mußte mit Anna zurück in den Schneideraum, also brachte mir Fola, unsere rührend bemühte Assistentin, alle zwei Stunden Eiskompressen. Später erfuhr ich, daß ich nicht die einzige war, die sich schlecht fühlte: Deborah Matthews, Alices Assistentin und Freundin, hatte nach ihrer Rückkehr von Afrika ebenfalls mit Rückenproblemen zu kämpfen, und Nazila hatte sich eine Hepatitis zugezogen!

4. April–23. April 1993
Schnittwoche 4–6
Anfang April erhielt ich einen Brief von Awa Thiam. Sie entschuldigte sich ausführlich, daß sie uns, als wir im Senegal drehten, nicht so zur Verfügung gestanden hatte, wie sie es eigentlich wollte. Es tat ihr leid, daß wir in der Zeit kurz vor den Vorwahlen gekommen waren, als sie für ihre Partei stark im Wahlkampf eingespannt war.

Ich war angenehm überrascht und freute mich, daß Awa geschrieben hatte und mit mir in Kontakt bleiben wollte. Sie lud uns ein, wieder in den Senegal zu kommen, mit dem fertigen Film.

An einem Sonntagmorgen, drei Wochen Schnittzeit lagen hinter uns, trafen Anna und ich uns im Schneideraum und schnitten eine Folge von Bildern für die Rückwandprojektion zusammen, vor denen Richelle tanzen sollte. Der nächste Drehtag im Studio war ungewöhnlich streßfrei, ohne die üblichen

Der Kameramann Jeff Baynes filmt Richelle, die Tänzerin und Choreographin

Die Regisseurin mit Richelle

Produktionsquerelen. Richelle war wunderbar. Während die Geschichte laut vorgelesen wurde, filmten wir ihren Tanz zu der Musik von Peter Spencer, die er für ihren Part komponiert hatte.

Shaheens Team arbeitete hart und schnell, und Jeff Baynes, ein Kameramann, mit dem ich das erste Mal zusammenarbeitete, schien meine Gedanken lesen zu können. Er fing die Bewegungen der Tänzerin so ein, wie ich es mir vorgestellt hatte, paßte sich dem Rhythmus an, wenn er ihr mit dem Kamerawagen folgte, und zeigte Gesicht, Füße und Hände genau im richtigen Moment in Großaufnahme. Alle waren sehr bewegt, aber auch etwas aufgewühlt durch den Tanz.

Die Muster, die wir uns am nächsten Tag anschauten, waren fabelhaft. Die Beleuchtung von Jeff war wunderbar, Shaheens Dekorationen genau richtig, und Richelles Tanz sprach Bände.

Als wir damit begannen, die Tanzsequenzen mit der Geschichte der Beschneidung zu verschalten, wurde mir zum ersten Mal bewußt, wie stark sich der Film mit Körpern und Körpersprache beschäftigt, eine Feier des weiblichen Körpers sein will – trotz seiner Verstümmelung. In vielen Bildern sah ich, wie sehr ich mir wünschte, den weiblichen Körper in all seiner Schönheit zu zeigen und zur gleichen Zeit seine Zerstörung anzuklagen. Ich wollte ein Gefühl für Frauen, die ihren Körper lieben, und für ihren Genuß sexueller Lust durch oralen Sex erwecken. Alice kehrt in ihrem Roman *Sie hüten das Geheimnis des Glücks* immer wieder zu dieser Idee zurück.

Sie war wie eine fleischige, saftige Frucht; und wenn ich nicht mit ihr zusammen war, träumte ich davon, wie ich das nächste Mal bäuchlings zwischen ihren Beinen liegen würde, während der sanfte Rhythmus ihrer Schenkel meine Wangen liebkoste. Und wie meine Zunge uns keine Babys bringen würde und uns doch beiden Wonne schenkte. Diese Form der Liebe – für ihr Volk das allergrößte Tabu.

Daß man ihnen durch die Beschneidung diese Möglichkeit zur Lust, im Grunde zur Freude genommen hatte, wollte ich im Film durch die Tanzszenen ausdrücken. Beschnittene Frauen sind nur noch Instrumente zur Befriedigung männlicher Sexualität und verlieren die Fähigkeit, ihre eigene Sexualität zu bestimmen. Sogar selbstbezogene sexuelle Praktiken wie die Masturbation werden durch den Verlust der sexuellen Organe unmöglich gemacht.

Wir arbeiteten gegen eine strikte Deadline. Ich mußte nach unserem Zeitplan am Ende der fünften Woche nach Kalifornien fliegen, um Alice den Rohschnitt zu zeigen. Wir wollten, daß er so gut werde, wie wir ihn nur irgendwie hinbekommen konnten, und arbeiteten deshalb jeden Tag bis spät in die Nacht, bis wir zufrieden waren. Wir überspielten ihn wieder und wieder, um zu entscheiden, ob wir ihn auf Video übertragen oder in 16 mm machen sollten.

Schließlich entschieden wir uns für eine 16-mm-Rohschnitt-Tonkopie, so daß ich bei der Vorführung am Steenbeck keine Mischung machen mußte. Bevor ich nach Kalifornien aufbrach, zeigten wir unser Werk einigen Freunden. Auch Isaac Julien war dabei, der viele nützliche Hinweise gab. Er war sehr bewegt, nachdem er den Film gesehen hatte, und fand seine Entstehungsgeschichte, Alices Brief an mich, höchst spannend. Er sah dies als Zeichen dafür, daß farbige Frauen damit begonnen hatten, die Ghettos zu verlassen und miteinander zu sprechen.

Ich war ein wenig nervös, als ich nach Kalifornien aufbrach, aber alles in allem war ich zufrieden mit dem, was wir in den sechs Wochen zustande gebracht hatten. Ich war erleichtert, unseren kleinen Schneideraum zu verlassen, dessen Fenster aus Sicherheitsgründen mit Gittern versehen waren. Schlimmer noch war, daß der Blick auf eine Eisenbahnlinie und ein deprimierendes altes Gebäude hinausging, das ein Frauengefängnis beherbergte. Es war, als ob man von einem Gefängnis auf das andere blickte. Es gab nichts Aufmunterndes zu sehen, man konnte sich drehen und wenden, wie man wollte.

25. April 1993, Kalifornien
Alice, Deborah, Nazila, Joan (Alices Sekretärin), Tracy und ich saßen in einem kleinen Schneideraum in San Francisco, um uns den Film anzusehen. Normalerweise finde ich Rohschnitt-Vorführungen nervtötend, da die wenigsten Leute verstehen, was da vor sich geht, und mit den Kratzern und der Unfertigkeit der Arbeitskopie nichts anfangen können.

Aber es schien nichts auszumachen: Alle liebten den Film. Es gab Tränen, als bestimmte Szenen die Erinnerung an gemeinsame Augenblicke in Afrika weckten. Wir waren zusammen auf eine Reise gegangen, die uns alle zutiefst verändert hat.

Ich hatte mir Sorgen gemacht wegen der Tanzszenen, da Alice nichts davon wußte. Ich wollte, daß es eine Überraschung sei. Alice hatte Bedenken bei einigen Szenen, sie fand, daß sie sexuell suggestiv wirkten. Sie erzählte mir, daß es einen ganzen Zweig der Pornoindustrie gäbe, der sich auf beschnittene Frauen spezialisiert habe. Ich war entsetzt, es wurde mir fast übel. Ich möchte nicht, daß der Film in dieser Weise mißbraucht wird, so beschloß ich, einige der vielleicht zweideutigen Stellen aus dem Tanz herauszuschneiden. Während ich in San Francisco war, nutzte ich die Gelegenheit, den Rohschnitt des Films Trinh T. Minh-Ha zu zeigen, einer sehr angesehenen vietnamesisch-amerikanischen unabhängigen Filmemacherin, deren Filme ich sehr bewundere. Ich hatte Minh-Ha vor Jahren kennengelernt. Einige ihrer frühen Filme wurden in Westafrika gedreht, und so war ich besonders an ihrem Urteil interessiert. Wir aßen zusammen, und sie gab mir wertvolle Hinweise.

2. Mai 1993
Während des Flugs von Seattle nach London
Die Rede zum Thema des Northwest Lesbian and Gay Film Festivals in Olympia, Washington, verlief erfolgreich. Ich hatte zugesagt, dort zu sprechen, da ich wußte, daß ich zu der Zeit in Kalifornien sein würde. Das Timing war hervorragend. Mit den Studenten zusammenzusein und mit ihnen meine früheren Filme anzuschauen, schärfte meine Sinne für *Warrior Marks*. Sie stellten präzise Fragen, die bewiesen, daß sie gut informiert waren. Es erstaunt mich immer wieder, wie vertraut die Leute, besonders in den USA, mit meinen Filmen sind, wo ich doch verhältnismäßig isoliert in London arbeite.

Meine Gastgeber in Olympia sorgten für mich, als ob ich zur Familie gehörte. Seit Wochen schon suchte ich nach einer bestimmten Musik für einige besondere Szenen des Films, und während meiner Zeit in Olympia wurde das zu einer ausschließlichen Beschäftigung. Ich hörte mir die Platten aus ihrer beeindruckenden Sammlung von Welt-Musik an. Eine halbe Stunde, bevor ich zum Flughafen aufbrechen mußte, hörte ich Musik von Gretchen Langheld. Absolut perfekt, genau das, was ich gesucht hatte. Später erfuhr ich, daß Gretchen «Samburu Dance» komponierte, nachdem sie eine Weile in Kenia gelebt hatte. Vielleicht hat es mir deshalb sofort gefallen.

3.–14. Mai 1993
Schnittwoche 7–8

Als ich, zurück in London, nach einer einwöchigen Pause den Rohschnitt mit Anna zusammen nochmals ansah, bemerkte ich Fehler aller Art, die mir zuvor nicht aufgefallen waren. Der Film besaß noch keine Struktur. Ich war nicht zufrieden. Ich war aber zu müde und stand noch zu stark unter dem Einfluß des Jetlags, um in Ruhe darüber nachdenken zu können.

Panik erfaßte mich. Meine Gedanken kreisten krampfhaft und wild in meinem Kopf herum. Wir hatten nur noch zwei Wochen bis zur Fertigstellung des Feinschnitts, wenn wir alle Termine mit den Negativ-Cutterinnen und dem Kopierwerk erfüllen und unser Budget nicht sprengen wollten.

Eines Abends nahm ich all meine kleinen Karteikarten, auf denen ich jeweils eine bestimmte Filmsequenz oder ein bestimmtes Interview eingetragen hatte, mit nach Hause. Die Abfolge der einzelnen Filmszenen war auf diesen Karten vermerkt, die ich an die Wand des Schneideraums gepinnt hatte.

Zu angespannt, um schlafen zu können, verbrachte ich die Nacht damit, die Interviews noch einmal zu lesen, alle Teile des Films in meinem Kopf abrollen zu lassen und den ganzen Film neu zu arrangieren. Als es hell wurde, saß ich auf dem Boden meines Wohnzimmers, die Karteikarten und Transkripte um mich herum verstreut. Die Panik, die mich ergriffen hatte, legte sich, ich wurde ruhig und von einem Gefühl der Zuversicht erfüllt.

Ich kam früh im Schneideraum an, noch vor Anna und Fola, der Assistentin, und heftete die Karten wieder an die Wand. Anna war ein wenig erschrocken, als sie sah, daß ich einige drastische Änderungen vorgenommen hatte. Von unserem Zeitplan her gesehen war es dafür etwas spät, aber wir beschlossen, es zu wagen und es durchzuziehen. Mit einigen Änderungen war Anna einverstanden, über andere diskutierten wir und fanden oft eine dritte Lösung, mit der wir beide zufrieden waren. Die Zusammenarbeit mit so vielen verschiedenen Menschen in den unterschiedlichsten Stadien einer Produktion ist der Aspekt beim Filmemachen, den ich besonders liebe. Nach so vielen gemeinsamen Wochen waren Anna und ich sehr aufeinander eingespielt, jetzt aber stellten wir fest, daß die eine tatsächlich auch die Gedanken der anderen dachte. Ich habe in die Arbeitsbeziehung zu Anna schon beim Schnitt meiner drei letzten Filme viel investiert. Ich arbeite sehr gern mit ihr, da sich unsere Stile gemeinsam entwickelt haben und wir uns in einer Art Stenogrammsprache verständigen können. Wir beide stehen unter dem Zwang, so lange an etwas zu arbeiten, bis es «richtig» ist.

Die Abnahme in London fand im Beisein von Caroline Spray vom Channel 4 und Debra Hauer statt. Keine von beiden hatte bis jetzt etwas gesehen, nicht einmal die Muster. Sie reagierten positiv und gaben noch viele entscheidende Anregungen. Debra stand kurz vor der Geburt ihres zweiten Kindes und war in Tränen aufgelöst, als sie die Szenen mit der kleinen vierjährigen Mary sah. Ich glaube, daß Frauen auf der ganzen Welt genauso tief betroffen reagieren werden.

Caroline machte mir Komplimente und wollte den Film auf der großen Leinwand sehen. Sie meinte, die Art und Weise, wie ich Tanz eingesetzt hätte, sei sehr effektiv. Vorführungen mit Geldgebern sind normalerweise nervenaufreibend, aber Caroline war sehr hilfreich und schien zufrieden zu sein.

17.–28. Mai 1993
Vertonung
Ich wollte den Film nicht loslassen, aber ich war an einem Punkt angelangt, an dem ich spürte, daß wir unser Bestes gegeben hatten und nicht mehr tun konnten. Der endgültige Schritt, mit

der Arbeit aufzuhören, ist immer angstbesetzt. Das Wissen darum, daß dies nun die Fassung des Films ist, die der Welt vorgeführt wird, macht verwundbar, und man fühlt sich preisgegeben. Es ist, wie wenn man ein Teil seiner selbst vor der Öffentlichkeit enthüllt.

Ich hätte an dem Film noch mindestens eine Woche gearbeitet, wenn unser Budget es gestattet hätte. Aber dem war nicht so. Es war erschöpft. Anna und Fola würden bei der Vertonung in den nächsten Wochen allein auf sich gestellt sein. Unglücklicherweise hatte Anna, die im dritten Monat schwanger war, Blutungen bekommen. Sie hatte schon eine Totgeburt hinter sich und bewies eine unglaubliche Rücksichtnahme, daß sie es mir erst jetzt mitteilte. Wir lösten das Problem so, indem wir uns Cilla Beirne besorgten, eine Assistentin, mit der wir bereits bei *Khush* und *A Place of Rage* zusammengearbeitet hatten. Sie kam und half Fola. Fola zeigte sich der Herausforderung gewachsen, was klar wurde, als wir uns in der darauffolgenden Woche an die Endmischung machten.

1.–15. Juni 1993

Sobald die Nullkopie aus dem Kopierwerk kam, verbrachte ich anderthalb Tage beim Channel 4 mit der Überspielung auf Video. Dieser Fazen genannte Prozeß, bei dem ein Techniker und ich die Farbbestimmung von einer Einstellung zur anderen festlegen, verlangt eine hohe Konzentration, ist aber äußerst wichtig.

Eine größere Entscheidung, über die wir während der ganzen Schnittzeit diskutiert hatten, war die, ob wir den Film untertiteln oder mit Voice-Over arbeiten sollten. Das größte Problem bestand darin, daß es zwar technisch möglich war, die Videokopie, die bei der Übertragung im Channel 4 benutzt würde, mit Untertiteln zu versehen, es aber in ganz England unmöglich war, eine 16-mm-Kopie zu untertiteln. So etwas wurde einfach nicht mehr verlangt. Das Kopierwerk empfahl uns eine Firma in Amsterdam, an die sich englische Filmemacher des öfteren wandten. Obwohl es teuer war, hatte ich keine andere Wahl.

Die Interviews in Gambia und im Senegal waren überwiegend in Wolof, Mandinka, Bambara, Englisch und Französisch geführt worden. In Gambia hatten wir die Dolmetscher vor Ort aufgenommen, und ihre Stimmen würden im Film zu hören sein. Linda Weil-Curiel, Aminatas Freundin und Rechtsanwältin, hatte während des Interviews mit Aminata in London für uns übersetzt. Diese Simultanübersetzung durch eine Person, die Aminata und ihre Geschichte genau kannte, war völlig angemessen. Lindas Engagement, Aminatas Geschichte bekannt zu machen und gegen weibliche Beschneidung zu kämpfen, war nie ins Wanken geraten.

Sie flog mit einem Tagesticket nach London, damit wir eine saubere Aufnahme der Voice-Over-Teile des Interviews machen konnten, die in der Endfassung des Films enthalten sein würden. Es war nicht nur sehr schön, sie zu sehen, sie brachte mich auch auf den neuesten Stand, was die Fälle anbelangt, die sie vor den französischen Gerichten durchkämpft. Sie hat einige Leute vor Gericht gebracht, die weibliche Beschneidungen durchgeführt haben. In einem Fall wird ein Elternpaar beschuldigt, für die Beschneidung ihrer einen Monat alten Tochter verantwortlich zu sein. Sie stammen aus Gambia, leben in Frankreich und bezahlten der Beschneiderin 30 Dollar für die Beschneidung. Ihr Kinderarzt zeigte sie bei der Polizei an, und nun weigern sie sich, den Namen der Beschneiderin preiszugeben, die diese Verstümmelungen in Paris vornimmt.

Linda vermutet, daß die Eltern eine Gefängnisstrafe erhalten. Was sie tut, ist wichtig, denn jedesmal, wenn sie einen Fall vor Gericht bringt, zwingt sie die französische Regierung, geltende Gesetze gegen die weibliche Beschneidung anzuwenden. Und je mehr Fälle vor Gericht verhandelt werden, um so schwieriger wird es für die Täter, ungestraft davonzukommen. Wenn es weiße Kinder wären, die hier beschnitten würden, wären die westlichen Regierungen ohne Zweifel sehr viel wachsamer, und es gäbe einen lauten Aufschrei der Empörung.

Während der letzten Phasen der Endbearbeitung mußte ich viermal ins Kopierwerk, um die Lichtbestimmung zu überwachen und mein Plazet zu geben. Die Lichtbestimmung ist mit die wichtigste Phase der Kopierwerksarbeiten. Der Techniker geht von Einstellung zu Einstellung, um die Farbbestimmung und die Belichtung korrekt für die Negativbestimmung einzustellen. Mit den beiden ersten Kopien war ich nicht zufrieden, und sie mußten es erneut machen, bis es o. k. war.

Ich brauchte all meine Kraft und Disziplin, mich nicht mit einer mittelmäßigen Kopie zufriedenzugeben, denn ich war übermüdet und die Fahrt zum Kopierwerk dauerte jedesmal zwei Stunden. Als wir uns die Sendekopie, bei der zum ersten Mal auch der Ton dabei war, anschauten, war der Techniker die ganze Vorführung über außerordentlich schweigsam und schien am Schluß sichtlich erschüttert zu sein von dem, was er gehört hatte. Er konnte kaum sprechen. Das war ziemlich außergewöhnlich, denn Techniker in einem Kopierwerk interessieren sich normalerweise einzig und allein für technische Details und fast nie für den Inhalt.

Unsere Zeit wurde immer knapper. Ich fing an, die Interviews für das Buch *Narben* zu redigieren. Sie mußten fertig werden, denn ich wollte sie nach Kalifornien mitnehmen, wo Alice und ich vorhatten, gemeinsam an dem Buch zu arbeiten. Einen Tag, bevor ich nach Kalifornien abreiste, waren sie abgeschlossen. Jane Dibblin, eine Freundin und dazu eine exzellente Schriftstellerin und Redakteurin, half mir dabei.

16. Juni 1993
Auf dem Flug von London nach San Francisco
Shaheen und ich sitzen im Flugzeug nach San Francisco. Ich kann es noch gar nicht fassen, daß wir es geschafft haben. Ich bin so glücklich, daß Shaheen zur Verleihung des Frameline Awards mitkommt. Sie teilt so viele meiner Ängste, Befürchtungen und Sorgen, während ich an meinen Filmen arbeite. Ich möchte die Anerkennung und die Festlichkeiten mit ihr teilen.

Ich mußte mein Büro von der Abflugslounge aus anrufen, um herauszufinden, was mit der Kopie passiert war, die wegen der Untertitel vom Kopierwerk aus nach Amsterdam geschickt worden war. Sie hätte gestern zurück sein müssen, da ich sie mitnehmen wollte. Ich hoffe und bete, daß sie in den nächsten Tagen ankommen wird, noch rechtzeitig vor der Preisverleihung im Castro-Theater. Ich würde gerne einen Auszug aus *Warrior Marks* zusammen mit meinen anderen Arbeiten vorführen.

Ich werde in den nächsten paar Wochen meine Tagebuchnotizen überarbeiten. Ich habe nur wenige Wochen Zeit, an diesem Journal zu schreiben, wenn das Buch zur selben Zeit herauskommen soll wie der Film. Die Vorstellung, mit Alice Walker zusammen ein Buch zu schreiben, ist etwas beängstigend, denn immerhin ist sie, was mir nicht aus dem Kopf gehen will, eine der bedeutendsten Schriftstellerinnen des 20. Jahrhunderts und Pulitzerpreisträgerin. Ich hätte mir nie träumen lassen, daß mir das einmal passieren würde.

Das kleine Mädchen, das barfuß auf den roten Straßen von Nairobi herumlief und zu ihren Fantasiehäusern in die Guavenbäume hinaufkletterte, hat einen langen Weg hinter sich.

Ich bin glücklich, aufgeregt, unruhig und müde, aber vor allem bin ich froh, daß der Film endlich fertig ist. Es liegt eine große Freude darin, ein Werk zu schaffen, dessen Inspiration Leidenschaft und eine Sehnsucht nach Freiheit und Gerechtigkeit ist. Für mich ist Filmemachen keine Flucht vor der Politik, sondern eine Grundlage, auf der eine politische Vision von Demokratie und Veränderung erwachsen kann.

(Künstler) vergießen nicht ihren Schweiß und fordern unser Bestes von uns, um die Mörder zu retten: um die möglichen Opfer des Bösen zu trösten und zu stärken, mühen wir uns ab, träumen unsere Tagträume, revidieren und erinnern und geben dann alles von unserer inspirierten, unserer oder ererbten Menschlichkeit, was uns zur Verfügung steht.

June Jordan
Technical Difficulties

Die Welt wurde von Menschen geschaffen und kann von jedem von uns neu erschaffen werden. Laßt es uns mit Zärtlichkeit und Liebe versuchen. Es ist diese Hoffnung und der Glaube daran, der mich fortfahren läßt, das zu tun, was ich tue.

Ich danke Dir, Alice!

Hermana del Alma: Seelenschwester

III. TEIL

INTERVIEWS

Alice Walker und Efua Dorkenoo

Efua Dorkenoo ist die Präsidentin von FORWARD International, einer Organisation, die durch Aufklärung und Aktionen gegen gesundheitsschädliche traditionelle Praktiken, vor allem die der weiblichen Beschneidung, angeht. Sie schrieb mir, nachdem sie mein Buch *Sie hüten das Geheimnis des Glücks* gelesen hatte. Wir trafen uns im Oktober 1992 in London in ihrem Büro im African Center.

AW: Efua, ich bin an Ihrer Arbeit für FORWARD interessiert und möchte mehr darüber erfahren. Es ist gewiß eine Riesenaufgabe, einen «Feldzug» gegen weibliche Beschneidung zu führen, und ich weiß, daß Sie das alles von einem sehr kleinen Büro im Africa Center in London aus schaffen. Ich würde gerne etwas über die Anfänge von FORWARD erfahren und auch darüber, was Ihr Interesse geweckt hat, gegen weibliche Beschneidung zu kämpfen.

ED: Manchmal wache ich auf und kann es nicht fassen, daß etwas, das so klein anfing, sich zu einer so großen Sache ausgewachsen hat. Es begann, als ich mit einer Menschenrechtsorganisation zusammenarbeitete und wir das Thema «Rechte afrikanischer Frauen» aufgriffen. Immer wieder landete Material über weibliche Beschneidung auf meinem Schreibtisch. Es stand zwar viel Informatives darin, aber das meiste war sehr klinisch. Und ich spürte, daß die Sache mich berührte und daß ich mich damit beschäftigen sollte. Eine Weiße, Koautorin des Berichts über die Rechte von Minoritäten, sagte zu mir: «Wenn ich Afrikanerin wäre, würde ich dieses Thema aufgreifen und daran arbeiten. Aber ich bin keine afrikanische Frau, das ist alles, was ich tun kann.»

Also fing ich an, mich damit zu beschäftigen und versuchte herauszufinden, wer in Afrika selbst gegen Beschneidung kämpfte. An einem bestimmten Punkt reiste ich dann nach Afrika, um zu sehen, was dort vor sich ging, und um Aufklärungsmaterial zu verteilen. Und so fing es an. Aber nach zwei Jahren war das Projekt zu Ende: Die Geldgeber hatten zwei Jahre bewilligt, und das war also das Ende. Und ich dachte: Mein Gott, in diesen zwei Jahren ist es mir gelungen, vor die Vereinten Nationen zu treten und der UN-Menschenrechtskommission ein erstes Statement zu überreichen, und es hat so viele Aktivitäten ausgelöst.

Zur gleichen Zeit veröffentlichten zwei afrikanische Frauen ihre Bücher. Es hatte bis dahin so ausgesehen, als ob die Afrikaner überhaupt nichts täten. Als ich aber nach Afrika fuhr, wurde mir klar, daß es Menschen gab, die in aller Stille durchaus etwas taten, allerdings wird es nicht bekannt, sie besitzen keine Stimme. Aus meiner Arbeit sind also zwei Bücher entstanden. Das eine stammt von einer Schwester in Somalia, die *Sisters in Affliction* schrieb. Und das zweite schrieb Asma El Dareer, die aus dem Sudan kommt. Es trägt den Titel *Woman, Why Do You Weep?* Ich ging wirklich selbst in die Verlage und fragte: «Bitte, würden Sie das veröffentlichen?»

Nach zwei Jahren war also kein Geld mehr da, aber ich konnte mich von der Sache nicht trennen. Es war, wie Sie sagten – Sie sind auf das Thema gestoßen und konnten sich nicht mehr davon lösen. Ich konnte mich von der Sache einfach nicht trennen. Da es aber für mich in dieser Organisation kein Betätigungsfeld mehr gab, beschloß ich, anders zu arbeiten. Ich wollte nicht, daß das Thema als Punkt irgendeiner Tagesordnung abgehandelt würde, ich wollte an der Basis arbeiten. Und FORWARD fing bei mir zu Hause an, es fing wirklich bei mir zu Hause an, denn inzwischen kamen Leute zu mir, die mehr darüber erfahren wollten. Also begann ich, Vorträge zu halten und Flugblätter zu verteilen, alles von meiner Wohnung aus. Das war 1983, und so fing es an.

AW: Welche Belastungen haben Sie dafür auf sich genommen? Wie hat es Ihr Leben verändert? Ich weiß, wie schmerzlich dieses Thema ist und daß es einen an den Rand der Erschöpfung bringt. Ich möchte wirklich wissen, wie Sie es fertigbringen, diese Arbeit Tag für Tag zu machen, was Ihnen die Kraft gibt, weiterzumachen?

ED: Das Interessante daran ist, daß mich diese Arbeit in Wirklichkeit befreit hat. Wissen Sie, dieses Thema hat mir die Augen geöffnet für die verschiedenartigen Positionen, die Frauen in der Gesellschaft innehaben. Das war für mich die befreiende Erfahrung. Aber mein ganzes Leben, auch mein Familienleben, geriet durcheinander. Zuerst einmal müssen Sie wissen, daß ich als Schwarze, die hier lebt, keinen Zugang zu irgendwelchen Geldmitteln habe. In England gibt es eine Tradition der Wohltätigkeit, aber die Leute, die da mitarbeiten, kommen aus der Mittelschicht und können es sich leisten, ohne Gehalt zu arbeiten, da ihre Familien das finanziell verkraften. Das war also ein großes Problem. Das Ergebnis war, daß meine erste Ehe in die Brüche ging, da mein Mann es einfach nicht mehr ertrug. Er sagte: «Warum arbeitest du vierundzwanzig Stunden am Tag außer Haus und bringst dann kein Geld heim?» Es belastet auch meine Kinder. Ich lasse sie viel allein.

AW: Wie alt sind Ihre Kinder?

ED: Fünfzehn und zwölf. Ab einem gewissen Punkt hatte ich so viel Arbeit und so wenig Zeit, daß meine Mutter nach London kam und sie nach Ghana holte. Mein Ältester ist immer noch dort.

AW: Es sind Jungen?

ED: Ja.

AW: Aha, und verstehen sie trotzdem?

ED: Sie wissen alles über weibliche Beschneidung! Der Jüngere meint, wenn er an meiner Stelle wäre, würde er einfach nur verkünden, daß er jeden vor Gericht brächte, der Beschneidungen durchführt. Von den Kindern stammt die Idee zu dem kleinen Büchlein *Tradition! Tradition!*. Ich experimentierte damit herum, wie wir das Bewußtsein von Frauen, was ihre Stellung in der Gesellschaft anbelangt, aufrütteln könnten. Beschneidung ist im Grunde eine gesellschaftlich bedingte Praktik mit Folgen für die Gesundheit der Frauen. Im allgemeinen geht man das Thema von der Gesundheitsseite her an, aber ich habe den Eindruck, daß wir es nie in den Griff bekommen werden, wenn wir nicht zu den Wurzeln des Problems gehen, und das ist die gesellschaftliche Bedeutung. Also experimentierte ich. Und das erste, was ich tat, war, eine Gruppe von Frauen ein Theaterstück schreiben zu lassen, denn mir war klargeworden, daß wir in Afrika alle Dramatiker sind. Sogar auf dem Marktplatz kommen junge Leute, die irgendwelche Kleinigkeiten verkaufen wollen, auf Sie zu und sagen: «Madame, ich habe hier etwas sehr Schönes – Ihnen, nur Ihnen gebe ich es für zehn Dollar.» Das Leben ist ein Theaterstück. Und ich sagte mir, was tun wir da? Sich nur auf Gesundheitsvorsorge zu konzentrieren ist schlecht.

AW: Wir langweilen die Leute.

ED: Genau. Deshalb bringen wir sie dazu, ihre eigene Geschichte zu schreiben, führen sie dann auf und bearbeiten sie für eine größere Anzahl von Frauen. Das ist auch therapeutisch und hebt die Diskussion auf eine andere Ebene. Also arbeitete ich mit den Frauen drei Monate lang.

Die Geschichte handelte von ihrem Leben. Die Frauen hier in England kommen als Bräute aus den verschiedensten Ländern Afrikas, man bringt sie aus ihren Dörfern, um hier zu heiraten, die Heirat ist arrangiert. Sie sind infibuliert, und an ihrem Hochzeitstag muß man sie defibulieren – man muß sie öffnen. Und natürlich würde kein Arzt hier verstehen, um was es sich handelt, also können sie nicht zu einem englischen Arzt gehen und sagen: Könnten Sie mich bitte öffnen? Die Ärzte würden einfach ausflippen. Sie machen es selbst. Und damit die Nachbarn nichts hören, müssen sie den Fernseher laut stellen oder irgend etwas anderes tun, um die Schreie zu übertönen. Und die anderen Frauen halten sie fest, während sie es tun. Das war die Geschichte, die wir geschrieben hatten. Als wir aber damit fertig waren und es auf die Bühne gebracht werden sollte, sagten sie zu mir:

«Efua, wenn wir das aufführen, bringt man uns um.» Ich mußte das ernst nehmen. Frauen können wegen so etwas getötet werden. Ich konnte eine ganze Woche lang nicht schlafen. Ich sagte mir, wir müssen dieses Stück einfach aufführen, trotz allem. Und dann hatte ich den Einfall, Symbole, Geschichten, alte Traditionen zu benutzen. Warum sollten wir nicht ein Symbol benutzen, die ganze Sache lustig gestalten? Zum Beispiel eine Gesellschaft, in der man allen Frauen ein Bein wegamputiert hat – das Symbol für die Verletzung, und es ist akzeptabel, weil man nicht über die Genitalien redet, was tabu ist. Und wir benutzten Mutter Erde, die eine Außenseiterin ist, in mancher Hinsicht so wie Sie, Alice. Sie gehört keinem bestimmten Stamm an, versucht aber, diese Tradition zu verstehen. Wir lassen die Geschichte Revue passieren, wie Mutter Erde sie sieht, und fragen: Wie fing es an? Es fing vor langer Zeit an, vor vielleicht dreitausend Jahren. Aber warum fing es an? In unserer Geschichte müssen Männer und Frauen einen Tanzwettbewerb untereinander austragen, und das spricht die Geschlechterfrage an. Wir behandeln verschiedene Aspekte dieses Themas, aber in so vereinfachter Weise, daß die Zuschauer lachen können. Später können wir uns zusammensetzen und die Anfänge diskutieren, auch die Rechte von Kindern. In unserem Stück stellte sich Mutter Erde vor, wie sie vor Schmerz weinten und schrien.

AW: Ich mag Ihr Stück *Tradition! Tradition!* sehr, da es gut ist, wenn Menschen verstehen, daß man nach einer Klitorisbeschneidung ein anderer ist, so wie man auch ein anderer ist, wenn einem ein Bein amputiert wurde. Und ich glaube, daß vielen Menschen, die über ihre Erziehung zu der Ansicht gelangt sind, daß Geschlechtsteile nicht wichtig sind, durch das, was Sie da zur Sprache bringen – daß man genauso, wie man ein Bein vermißt, auch die Klitoris vermißt –, die Augen geöffnet werden. So können sie sehen, daß zumindest Sie, die Sie das geschrieben haben, alle Teile des Körpers achten, egal, an welcher Stelle sie sich befinden.

Ich wollte Sie etwas fragen, das mir oft durch den Kopf gegangen ist, über Ihre Eltern, Ihren Vater und Ihre Mutter: Wie reagieren sie auf das, was Sie tun, und auf das, was Sie ihnen über Ihre Arbeit erzählen?

ED: Als ich mit dieser Arbeit anfing, war mein Vater schon tot.

Von meiner Mutter habe ich viel Energie geerbt. Sie ermutigte mich, sie sagte mir, diese Arbeit sei wie eine Berufung. Als ich zum Beispiel keine Zeit für meine Kinder hatte, meinte sie: «Gib mir die Kinder und mach weiter.» Leider habe ich sie letztes Jahr verloren. Aber bis zu ihrem Tod gab sie mir ihren Segen für das, was ich tat, und ermutigte mich, nicht aufzuhören, weiterzumachen. Ein Dauerthema in unseren Gesprächen war die Frage, ob es nicht besser für mich gewesen wäre, in meinem Beruf zu bleiben und irgendwo einen großen Job an Land zu ziehen, statt für sehr wenig Geld zu arbeiten. Meine Mutter war da eindeutig. Sie war immer der Ansicht, daß es ein Gotteswerk sei und ich es tun müsse. Sie spielte sogar in unserem Stück mit – sie sang. Als wir *Tradition! Tradition!* in London aufführten, kam sie, übernahm die Rolle der Mutter Erde und sang, irgend etwas Spirituelles.

AW: Ich freue mich über das, was Sie da sagen, denn ich bin der Überzeugung, daß wir sehr oft von unseren Müttern die Kraft bekommen, etwas in der Welt zu bewirken. Und es ist ein sehr schönes Gefühl, wenn einen diese Kraft, diese Fürsorge und Liebe bestärkt. Daß unsere Mütter verstehen, was wir tun, ist wirklich sehr wichtig. Ich weiß, daß verschiedene Leute nach Afrika gefahren sind, um die weibliche Beschneidung öffentlich anzusprechen. Haben sie es falsch angestellt? Warum war der Erfolg so gering?

ED: Ich glaube, es ist eine sehr komplexe Sache. Ich bin der Meinung, daß sich nur dann etwas entwickelt, wenn man die Menschen an der Basis zu der Einsicht bewegt, daß sie etwas für sich selbst tun müssen. In all den Kampagnen, die ich miterlebt habe, treten die Leute auf, halten einen Vortrag vor den Dorfbewohnern und gehen wieder weg. Das funktioniert nicht, die Menschen werden zu Objekten.

AW: Bevor Kenia seine Unabhängigkeit erlangte, in den alten

Tagen, gab es eine sehr starke Bewegung unter den Kolonisatoren, Beschneidungen ein Ende zu setzen. Die Leute wehrten sich dagegen, da sie es als eine weitere List der Kolonisatoren sahen, durch die ihre Traditionen usurpiert und zerstört werden sollten. Also bestanden sie stärker als je zuvor auf der Beschneidung, und sie erhielten dabei die Unterstützung von Kenyatta. Glauben Sie, daß der tiefe Widerstand gegen Veränderungen auch in dem Gefühl wurzelt, daß die Menschen sich gegen etwas wehren, was sie als kolonisatorische Arroganz begreifen? Eine Arroganz von Europäern, die nach Afrika gekommen sind, um die Ressourcen des Kontinents zu plündern und die Lebensweise der Menschen zu verändern, damit sie leichter ausgebeutet werden können?

ED: Ich glaube, das hat zwei Seiten. Den meisten Afrikanern ist nicht bewußt, daß es den Versuch, vor allem von seiten der Missionare, gab, uns alles, was wir taten, unsere eigene Kultur, als primitiv, schlecht, barbarisch begreifen zu lassen. Sie hantierten mit Pseudo-Argumentationen wie: «Bevor du eine Schule besuchen kannst, mußt du ein Christ werden.» Die meisten Schulen waren Missionsschulen. Aber es steckt noch mehr dahinter.

Kenyatta war als Politiker klar, daß diese Tradition ein Schlüsselthema war, das er zu einem politischen Instrument umfunktionieren konnte, um die Leute gegen die Kolonisatoren zu mobilisieren. Sogar heute, bei unserer Kampagne, stellen wir fest, daß es immer Opportunisten gibt. Sie halten Ausschau nach einem Thema, auf das die Menschen empfindlich reagieren. Und sobald wir die Sprache auf Beschneidung bringen, hetzen sie die Leute gegen uns auf und sagen: «Das ist eure Kultur, und diese Menschen versuchen, sie zu ändern.»

Die andere Seite der Sache ist, daß sie mit der Kontrolle weiblicher Sexualität zusammenhängt. In jeder Gesellschaft wird sich, wenn es um Geschlechterfragen geht, Widerstand formieren. In unserem nationalen Kampf versuchen wir, uns von der allgemeinen Unterdrückung durch den Rassismus zu befreien. Aber unsere Frauen sind oft verwirrt, da uns gesagt wird, daß das wichtigste Ziel, auf das wir uns zu konzentrieren hätten, der nationale Kampf sei, daß alles gut werde, sobald wir uns einmal von der Kolonialherrschaft befreit hätten. Dann könnten wir die Frauenfrage vortragen. Wenn man sich mit dem Thema intensiver befaßt, geht es nicht allein um das Beschneiden der weiblichen Geschlechtsteile, sondern auch um eine symbolische Form der Machtausübung: Die Psyche einer Frau und ihre charakterliche Entwicklung wird dadurch beeinflußt. Deshalb empfindet jede Gesellschaft, die von Männern beherrscht wird, den Versuch zur Veränderung als Bedrohung.

AW: Richtig – bedroht ist ihre Kontrolle und ihre Macht.

ED: Genau, ganz genau so ist es, wie Sie sagen. Und deshalb ist es so kompliziert.

AW: Es ist wie früher, als wir Sklaven waren in den Vereinigten Staaten: Wenn jemand auf eine Plantage kam und einem Sklaven irgendwie helfen wollte, sagte der Master: Das können Sie nicht, ich habe Gewalt über den Sklaven, und ich werde Ihnen nicht erlauben, irgend etwas zu tun, denn diese Person ist mein Besitz, und ich habe die Gewalt über sie. Ob ich diese Person auspeitschen lasse, ob ich sie mit einem Brandzeichen versehe, geht Sie nichts an, denn diese Person gehört mir.

Meine Frage ist nun: Glauben Sie, daß Frauen mittlerweile diese nationalistische Argumentation durchschauen? Was nämlich immer passiert ist, war, daß wir an der Seite der Männer gestanden haben. Wir sagten: Natürlich werden wir gegen die Kolonisatoren kämpfen, wir werden gegen die Plantagenbesitzer kämpfen, wir werden den Kampf gemeinsam als Schwarze führen. Doch sobald – wo auch immer – ein Sieg erfochten wurde und schwarze Männer Machtpositionen einnehmen, werden Frauen wieder auf ihren Platz ganz unten verwiesen. Und all die schädlichen Praktiken, die sich in der Vergangenheit gegen Frauen richteten, dauern an, werden wieder eingeführt oder gar verschärft. Das ist auf der ganzen Welt so. In Algerien und anderswo müssen die Frauen wieder den Tschador tragen. Wie wir an verschiedenen Schauplätzen auf der Welt beobachten können, führt unsere Loyalität im Kampf selten zu dem Ergebnis, daß wir am Ende in voller Integrität neben den Männern stehen.

Was denken Sie, was halten die Frauen davon? Stehen sie weiterterhin loyal hinter der Tagesordnung, die die Männer festlegen? Oder sind sie so weit zu sagen: «Das verletzt mich, das schadet der Gesundheit des Landes, der Gesundheit der Nation und der Gesundheit des Kontinents. Das ist genauso wichtig wie alles andere, was in Afrika diskutiert wird. Und wir sind gewillt, es zur Sprache zu bringen.» Glauben Sie, daß ein Denken dieser Art zur Zeit zum Vorschein kommt?

ED: Nicht im Zusammenhang mit Beschneidung, obwohl es einige wenige Frauen an der Basis gibt, die so denken. Für die Mehrheit der Intellektuellen, vermutlich sogar für die afrikanischen Aktivistinnen in Frauenfragen, ist das im allgemeinen kein Thema – das wiederum ist unser Hauptproblem. Es gibt da einen Widerspruch, wenn Frauen wirklich aktiv und im nationalen Kampf engagiert sind. Wahrscheinlich liegt das auch daran, daß man, weil es ein Tabu war, nie wirklich offen und ausführlich darüber diskutieren konnte. So entwickelte sich kein Interesse und kein analytisches Denken in dieser Richtung. Die Tendenz ging eher dahin, die Massen über die gesundheitsschädlichen Nebenwirkungen der Praktik aufzuklären. Doch eine intellektuelle Analyse des Themas und eine Debatte hat darüber in Afrika nie stattgefunden.

Aber es gibt Hoffnung, denn in der jüngeren Generation gibt es ganz erstaunliche Frauen. Sie denken analytisch, und ich glaube, daß wir von der nächsten Generation, die bereits angefangen hat, Fragen zu stellen, etwas erwarten können. Ich glaube auch, daß schwarze Frauen, die außerhalb Afrikas leben, einen großen Einfluß auf Afrika haben werden. Vor drei Monaten hatten wir hier eine Konferenz, und eine Frau aus Somalia, kaum jünger als wir, die jetzt in Kanada lebt, war dabei, und sie stellte den Zusammenhang zwischen Beschneidung und Folter her. Sie sagte, sie falle unter die UN-Konvention gegen Folter. Und als wir über Opfer sprachen, sagte sie: «Nein, wir sind keine Opfer, wir sind Überlebende.» Es war wunderbar, so etwas zu hören.

AW: Als Frau ist sexuelle Lust mir sehr wichtig. Ich erinnere mich, wie depressiv ich zu Beginn meiner Recherchen über Beschneidung bei dem Gedanken wurde, daß Frauen diese Lust genommen worden war, daß sie in Wahrheit vermutlich nie wissen werden, wie lustvoll es ist, sich zu lieben und unzerstörte Genitalien zu haben. Dann las ich Hanny Lightfood-Kleins Studie. Sie hatte im Sudan recherchiert und entdeckt, daß viele Frauen die Fähigkeit, beim Geschlechtsverkehr und bei der Liebe Lust zu empfinden, behalten hatten. Das machte mich sehr glücklich. Hier zeigt sich etwas sehr Entscheidendes, das wir nicht vergessen sollten: Viele Frauen können, obwohl sie beschnitten sind und es ein harter Kampf sein mag, bis sie sexuell auf ihre Partner reagieren können, es doch schaffen, auf diesem Gebiet zu triumphieren.

Es ist nicht der einzige Sieg, den Frauen, die beschnitten wurden, am Ende erleben. Es gibt Frauen, die am Wege liegenbleiben, Frauen, die zerbrechen, Frauen, die es nicht schaffen. Aber es gibt auch Frauen, die zu einer Art von Balance im Leben zurückfinden und weitermachen. Könnten Sie darüber etwas sagen? Diese Frauen, die ich jetzt meine, sind keine Opfer, sondern Überlebende – ja, sie wachsen sogar darüber hinaus, reine Überlebende zu sein, sondern erblühen einfach in ihrer Menschlichkeit.

ED: Ich halte das für etwas Entscheidendes. Die Menschen hier im Westen nehmen, sobald man über Beschneidung redet, zwangsläufig an, daß das Leben all dieser Frauen vollständig zerstört sei. Obwohl die Frauen dieses Trauma durchlebt haben, gibt es doch viele unter ihnen, die stark sind und Großartiges in ihren Gemeinschaften leisten, ihre Familien versorgen, alles mögliche tun. Man sieht Frauen, die zugenäht, aufgeschnitten und wieder zugenäht wurden, und doch sieht man sie lachen, sieht ihre Stärke. Das ist unsere Hoffnung für die Zukunft, unter diesen zahllosen Überlebenden bahnt sich etwas an, hier wird sich etwas verändern.

AW: Ja, ich glaube, daß es für junge Frauen, denen dies angetan wurde, wichtig ist, daß wir immer wieder die Tatsache betonen, daß dies nicht das Ende ist. Obwohl sie verletzt wurden, ist ihr Leben nicht vorbei. Leben ist etwas sehr Großes, egal, wie sehr manche Leute einen auch davon überzeugen wollen, daß es klein sei.

Wissen Sie, ob es weibliche Machtzentren in Afrika gibt, die zugänglich sind? Und wie, meinen Sie, würden diese Machtzentren auf Sie und Ihre Arbeit reagieren?

ED: Wir müssen verstehen lernen, daß Frauen auch in einer von Männern beherrschten Gesellschaft immer zusammenfinden. Über Rituale bilden sie Schwesternschaften – Schwesternschaften, die eine lange Zeit halten. Diese Rituale verbinden sich mit magischen Praktiken, und deshalb könnte man sagen, daß sie Teil der Kontrolle über Frauen sind und man die Frauen, die sie durchführen, als Hüterinnen männlicher Macht sehen könnte. Denn sie bereiten die jungen Frauen darauf vor, bestimmte Rollen in der Gesellschaft zu übernehmen, die von Männern akzeptiert werden. Aber die

Einbeziehung von Frauen in die Organisation dieser magischen Riten ist sehr komplex. Es ist ein hervorragendes Beispiel eines weiblichen Machtzentrums – und wir sollten mit diesen Frauen zusammenarbeiten. Statt den jungen Frauen nur beizubringen, was zu einer guten Ehefrau gehört, könnten sie sie lehren, was sie im ganzen sind. Es liegt ein großes Potential in den mächtigen Netzwerken von Frauen, die es in Afrika gibt. Denn wenn Mädchen gemeinsam initiiert werden, sind sie Schwestern fürs Leben. Wo immer sie sich auf der Welt befinden, wenn sie in Schwierigkeiten sind, wird eine dieser Schwestern ihnen zu Hilfe kommen. Das westliche Pendant dazu sind vermutlich die Freimaurerlogen, und man sieht ja, wie mächtig sie sind. Wir wollen also nicht einfach hingehen und diese einzigartige Form von Macht und Schwesternschaft zerstören.

AW: Wie stellen Sie sich die Zukunft vor? Was würden Sie gerne tun? Ich weiß, daß es jetzt FORWARD International gibt, und daß Sie die Präsidentin sind. Das ist eine riesengroße Verantwortung. Diese Aufgabe könnte in keinen besseren Händen liegen, und Sie haben so viel Energie und Vorstellungsvermögen, trotzdem bleibt es eine Menge Arbeit. Was wollen Sie in den nächsten fünf Jahren über FORWARD erreichen?

ED: Ich würde mir wünschen, daß FORWARD in allen Ländern arbeitet, besonders in Afrika, aber auch in westlichen Ländern. Ich sehe meine Aufgabe eher als Katalysator, der die richtigen Leute zusammenbringt. Was Afrika braucht ist eine Frauengesundheitsbewegung. Nicht nur Familienplanung, die gerade Mode ist. Der Westen entscheidet plötzlich, daß Familienplanung Vorrang hat und steckt viel Geld in die Sache. Für mich heißt Gesundheit von Frauen, daß man der ganzen Frau Beachtung schenkt, ihrem physischen, psychischen und spirituellen Wohlbefinden.

Wenn wir Frauen mit Energie und einer Vision anspornen, können sie die Voraussetzungen dafür schaffen, daß Frauen zusammenkommen und miteinander darüber reden. Es könnte ein Zufluchtsort für Frauen sein. Ich hoffe, daß Frauen neue Formen der Zusammenarbeit erfinden und das, was sie lernen, an die Gemeinschaften, in denen sie leben, weitergeben. Aber wie wir es auch immer anstellen, wir müssen es über die Kultur versuchen, in denen diese Frauen leben, damit sie ein neues Selbstbild entwickeln. Schauen Sie, Beschneidung hängt damit zusammen, wie ich mich als Frau sehe. Jede Gesellschaft bestimmt, wie eine Frau zu sein hat, in England, zum Beispiel, hat sie dünn zu sein.

AW: Ich kenne einen sehr guten Slogan: Eine Frau zu sein, heißt, gesund zu sein.

ED: Genau. So ist es. Es ist höchst einfach. Und Frauen müssen spüren, daß wir für und mit ihnen arbeiten, statt gegen sie.

AW: Oder ihnen herablassend erklären, wie sie es zu machen haben.

ED: Haargenau.

Alice Walker und Aminata Diop

Ich erfuhr von Aminatas Situation über einen Zeitungsartikel. Beschrieben wurde ihre Flucht aus Mali, durch die sie versuchte, sich der Beschneidung zu entziehen. In Paris, wohin sie geflohen war, beantragte sie politisches und religiöses Asyl.

AW: Aminata, haben Sie Ihrer Mutter gesagt, daß Sie nicht beschnitten werden wollten?

AD: Ja.

AW: Und wie reagierte sie?

AD: Sie war sehr aufgebracht. Sie sagte, ich habe dich geboren, ich bin selbst beschnitten, also, warum weigerst du dich? Sie sagte, sie schäme sich und könne die Moschee nicht besuchen. Sie empfand es als große Schande und weinte tagelang. Sie war überhaupt nicht froh darüber, daß ich mich weigerte. Sie versuchte, mich umzustimmen. Sie riet mir, mich zu ergeben, wie sie es getan hatte, aber das konnte ich nicht.

AW: Glauben Sie, daß Ihre Mutter es aus religiösen Gründen nicht verstehen konnte?

AD: Ja, das war es, was sie wirklich verletzte, denn meine Mutter glaubte, es sei eine religiöse Pflicht, ihre Kinder beschneiden zu lassen. Sie dachte, der Koran verlange von Eltern, daß sie ihre Töchter beschneiden lassen, damit sie rein seien und gute muslimische Frauen würden. Aber meine Mutter hat nicht wirklich versucht, mich zu verstehen – sie war viel zu schockiert. Mein Vater glaubte, daß meine Mutter mir zur Flucht verholfen habe, obwohl sie mich in keiner Weise unterstützt hat. Niemand, keiner aus meiner Familie hat mir je geholfen.

AW: Aber es steht nicht im Koran, das ist doch so?

AD: Nein, es steht nicht im Koran. Aber das erfuhr ich erst, als ich in Europa ankam, denn Afrikaner glauben, daß es eine religiöse Pflicht ist und man unrein ist, wenn man nicht beschnitten ist. Als ich meinem Verlobten sagte, daß ich nicht beschnitten werden wolle, sagte er, er werde keine Frau heiraten, die unrein sei und keine gute Muslimin sein könne. Afrikaner glauben, daß es keinen Zweck hat, in die Moschee zu gehen oder zu beten, wenn man nicht beschnitten ist, da man nie eine richtige Muslimin sein könne.

AW: Was wußten Sie als kleines Mädchen über Beschneidung?

AD: Meine Leute sagten mir: «Wir werden dir die Hände waschen und hinterher bekommst du was zu essen.» Anderswo sagt man: «Du wirst auf einem Stück Eisen sitzen und danach etwas zu essen bekommen.» Aber natürlich hatten wir keine Ahnung, daß uns etwas weggeschnitten würde.

AW: Glauben Sie, daß Ihr Vater wußte, wie schmerzhaft diese Prozedur ist?

AD: Ja. Mein Vater mußte wissen, daß es schmerzhaft ist, denn er wußte, daß sie etwas wegschneiden würden. Es gibt junge Frauen, die den Schmerz nicht ertragen, und er hat einige dieser jungen Mädchen gehört – den Schmerz, ihre Schreie –, also wußte er es. Aber er versucht nicht einmal, etwas zu verstehen – er dachte, es sei seine Pflicht und er habe das Recht, seiner Tochter so etwas anzutun. Und meine Mutter sagte, eine Frau müsse in ihrem Leben drei schwere Prüfungen über sich ergehen lassen: Wir müssen die Beschneidung, die Ehe und die Geburt ertragen. Beschneidung ist das Schicksal einer Frau.

Traditionsgemäß soll der Ehemann während acht Tagen langen und häufigen Geschlechtsverkehr mit ihr haben. Diese «Arbeit» hat zum Ziel, eine Öffnung zu erhalten, indem man verhindert, daß sich das Narbengewebe wieder schließt! Während dieser acht Tage muß die Frau liegen und sich so wenig wie möglich bewegen, damit die Wunde offen bleibt. Am Morgen nach der Hochzeitsnacht schultert der Ehemann seinen blutigen Dolch und macht die Runde, um die allgemeine Bewunderung einzuheimsen.

Jacques Lantier
La Cité Magique

AW: In vielen Kulturen führt man die Beschneidung oder Infibulation in einem sehr frühen Alter durch, etwa mit acht oder neun oder sogar noch früher. Sie konnten es eine lange Zeit vermeiden. Warum?

AD: In meinem Stamm werden Mädchen nicht beschnitten, bevor sie Brüste haben, bevor sie sich entwickeln und ausgewachsen sind. Ich verließ mein Dorf, um in die Hauptstadt zu gehen, als ich zwölf war, und bis dahin hatte mein Vater noch nicht die Absicht geäußert, mich beschneiden zu lassen. Es ist kein bestimmtes Alter dafür vorgesehen, aber die Familien müssen eine ganze Gruppe von Mädchen zusammen beschneiden lassen, und das kostet Geld. In meiner Gruppe waren es 26 Mädchen, die beschnitten werden sollten. Jedermann will, daß es ein Fest wird, was heißt, daß die Familien viel Geld für Essen und Festlichkeiten ausgeben müssen.

Als ich zwölf war, verließ ich, wie gesagt, mein Dorf und zog in die Hauptstadt. Danach erfand ich immer eine Entschuldigung, behauptete, ich sei krank, wenn sie mir sagten, ich solle mich zusammen mit den anderen Mädchen beschneiden lassen, denn inzwischen hatte ich mich erkundigt und wußte, was sie bei der Beschneidung taten. Ich wußte, daß sie etwas wegschnitten, daß es sehr schmerzhaft war, und daß einige der Mädchen einen schlimmen Schock erlitten hatten. Also wußte ich, was mir bevorstand. Und ich hatte eine Freundin, die ich sehr liebte, die an der Beschneidung starb. Sie wurde an einem Donnerstag beschnitten und starb am darauffolgenden Montag. Da beschloß ich, daß mir das nie passieren würde.

AW: Ein guter Entschluß. Erklärten Sie Ihrem Verlobten, daß Sie Angst hatten, und wußte er, was eine Beschneidung eigentlich ist?

AD: Als ich meinem Vater sagte, daß ich mich nicht beschneiden lassen wollte, daß ich mich so, wie ich sei, gut fühle und sowieso keine Jungfrau mehr sei, akzeptierte er das nicht, sondern schlug mich, und eine ganze Menge Leute versammelten sich und schauten zu, da ich laut schrie. Also versuchte ich es meinem Verlobten zu erklären, als er in der Nacht zu mir kam. Ich hatte die Hoffnung, daß er, mein künftiger Mann, es verstehen würde. Ich sagte ihm, daß ich Angst hätte, ich erzählte ihm, wie schmerzhaft es sei und daß meine Freundin daran gestorben sei und ich auch sterben könne. Es gab für mich keinen Grund, mich beschneiden zu lassen. Er versuchte nicht, es zu verstehen. Er sagte, er könne es auch nicht akzeptieren, da in seiner Familie auch beschnitten würde. Er sagte, er könne auf eine Frau, die schmutzig und wie eine Hure sein würde, nicht stolz sein, er müsse sich, wenn ich mich nicht beschneiden ließe, meinetwegen schämen. Er ließ mich im Stich; er hat nie versucht, mir zu helfen. Er verließ mich. Als ich in die Stadt floh, kam er nicht ein einziges Mal, um nach mir zu sehen. Er reagierte genau wie meine Eltern.

AW: Könnten Sie mir erzählen, was mit Ihrer Mutter geschah, nachdem Sie von zu Hause weggegangen waren?

AD: Als ich von zu Hause wegging und nach Frankreich kam, erfuhr ich wenige Monate später, daß meine Mutter von der Familie verbannt worden war. Mein Vater nahm an, sie hätte mir geholfen, also ließ er sich von ihr scheiden. Sie lebt jetzt bei ihrem Bruder. Mein Vater war überzeugt, daß nur eine schlechte Mutter ein so schlechtes Mädchen zur Welt bringen konnte. Er ließ sich meinetwegen von ihr scheiden.

AW: Denken Sie, daß Sie je wieder in Ihr Dorf oder in Ihr Land zurückkehren werden?

AD: Solange mein Vater lebt, kann ich nicht in mein Dorf zurückkehren, nicht einmal in die Gegend. Vielleicht könnte ich meine Mutter, sofern sie anfangen würde, mich zu verstehen, in der Hauptstadt besuchen, aber nicht im Dorf.

AW: Was könnte Ihre Mutter dazu bringen, Sie zu verstehen?

AD: Das ist schwer zu sagen, denn sie leidet ja selbst unter den Folgen, und sie glaubt, daß es eine Schande ist. An dem Tag, an dem die Leute dort verstehen werden, daß Beschneidung nichts Gutes ist und es verboten wird, Beschneidungen durchzuführen, wird vielleicht auch meine Mutter begreifen, daß ich recht hatte. Aber jetzt bewegt sie sich in Kreisen, in denen sie kaum soweit kommen kann, über so etwas nachzudenken.

AW: Wie alt sind Ihre Eltern?

AD: Meine Mutter ist noch keine fünfzig. Mein Vater wurde 1931 oder '32 geboren. Er wird so um die fünfundsiebzig sein (sic!).

AW: Und Sie?

AD: Ich werde im Dezember vierundzwanzig.

AW: Was vermissen Sie von Ihrem Leben in Mali am meisten?

AD: Ich vermisse meine Mutter und meine Freunde – aber am meisten meine Mutter. Ich weiß, daß sie leidet, und das macht mir das Leben schwer. Ich hasse meinen Vater und auch meine Tante. Sie verjagten mich aus dem Dorf.

AW: Woher nahmen Sie den Mut, so weit wegzureisen, den ganzen Weg von Mali nach Paris zu kommen? Woher nahmen Sie den Mut und die Kraft, das zu tun?

AD: An dem Tag, an dem ich beschloß, mich nicht beschneiden zu lassen, hatte ich nicht die entfernteste Idee, was mit mir geschehen solle. Ich hatte keine Familie mehr, nur noch meine Freunde. Die einzige, die mir half, war Mrs. Bas. Sie war die älteste Schwester einer Schulfreundin. Sie half mir. Ich versuchte mich umzubringen, aber sie sagte: «Nein, das darfst du nicht tun, es ist eine Schwäche. Du mußt stark sein.» Sie arbeitete für die Sabina Company und schickte mich dorthin. Eine ihrer Freundinnen kümmerte sich um mich und brachte mich nach Frankreich.

AW: Gibt es noch weitere Leute aus Mali in Paris? Haben sie das, was Sie getan haben, gutgeheißen, waren sie hilfsbereit, haben sie Ihre Anstrengungen unterstützt, oder haben sie sich feindselig verhalten?

AD: Zu Beginn waren die Leute hilfsbereit. Eine der Frauen besuchte meine Mutter. Aber inzwischen sind sie sehr feindselig geworden und sagen viel Schlechtes über mich. Sogar die Frau, die meine Mutter besucht hat, erzählte ihr schreckliche Dinge über mich, zum Beispiel, daß ich eine Hure sei. Und meine Mutter glaubte ihr. Sie sagten: «Du hättest deinen Eltern gehorchen sollen», und: «Du mußt dich dem unterwerfen, was dir deine Eltern sagen.» Inzwischen lehnen sie mich vollkommen ab.

AW: Was möchten Sie in Ihrem Leben alles noch machen? Haben Sie Träume oder Vorstellungen, wie Sie leben möchten, was Sie tun wollen?

AD: Ich würde gerne nach Mali zurückgehen – das ist mein Ziel –, und ich möchte gegen Beschneidung kämpfen. Ich möchte meinen Schwestern helfen, die ebenso davon bedroht sind. Ich möchte ihnen helfen zu vermeiden, daß sie beschnitten werden.

AW: Ich verspreche Ihnen, alles zu tun, was in meiner Macht steht, damit Ihre Mutter versteht, was Sie getan haben. Ich möchte, daß Sie etwas wissen: Ich bin von dem, was Sie getan haben, zutiefst bewegt. Ich werde Sie nie vergessen.

Alice Walker und Linda Weil-Curiel

Linda Weil-Curiel ist Rechtsanwältin in Paris und mit Aminata Diop befreundet. Auch von ihrem Kampf gegen Beschneidung habe ich über einen Zeitungsausschnitt erfahren.

AW: Sie sind mit Aminata Diop befreundet, seit sie in Paris ankam. Wie kam es dazu?

LWC: Aminata stellte einen Antrag auf Asyl in Frankreich. Sie wurde von Dr. Boute, einer älteren Dame, die Gynäkologin ist und mit der sie befreundet war, an mich verwiesen. Dr. Boute mußte eine Bestätigung für Aminata unterschreiben, daß sie nicht beschnitten worden war, und sie dachte sich, daß Aminata Rechtsbeistand nötig haben würde. Ich bin in Frankreich dafür bekannt, daß ich gegen Beschneidungen vorgehe, zumindest gegen die Beschneidungen, die von Immigranten in Frankreich vorgenommen werden. So lernte ich Aminata kennen. Und wir freundeten uns an.

AW: Ich würde zudem gerne wissen, ob Sie normalerweise als Anwältin die Rechte kleiner Kinder vertreten? Ist es eine Ausnahme, daß es sich in diesem Fall um eine Erwachsene handelt, die nach Frankreich gekommen ist, um vor der Beschneidung zu fliehen?

LWC: Ja. Aminatas Fall ist eine Ausnahme. Normalerweise habe ich die üblichen Rechtsfälle, aber meine feministischen Überzeugungen haben mich dazu gebracht, über das Schicksal der Kinder nachzudenken, die beschnitten wurden. Ich fand es ungerecht, aber niemand schien sich darum zu kümmern. So beschloß ich, daß es an der Zeit sei, sich im Namen des

Feminismus für diese Kinder zu engagieren. Dafür wurde ich dann im Lauf der Zeit bekannt, und so kam Aminata zu mir – ich weiß nicht, ob ich sonst das Glück gehabt hätte, eine so reizende und außergewöhnliche Person kennenzulernen.

AW: Wie reagierten die französischen Autoritäten auf Aminatas Asylantrag?

LWC: Sie anerkannten – und es ist ein Präzedenzfall dank Aminata – die Beschneidung als Verfolgung, womit sie unter die Bestimmungen der Genfer Konvention fällt. Einer Frau, die vor der Beschneidung aus ihrem Land flieht, könnte somit der Status eines Flüchtlings zuerkannt werden. Aber im Fall Aminatas, sagten sie, sei die Akte nicht vollständig, ihre Geschichte weise Fehler auf, und deshalb würden sie ihr kein Asyl gewähren. Der Grund liegt woanders. Der wirkliche Grund ist ein politischer. Frankreich hatte viele Immigranten, und die Politiker befürchteten, daß halb Afrika das Recht auf Einwanderung beanspruchen würde, wenn Aminata Asyl gewährt würde.

Dies ist also der Hauptgrund, Aminata den Flüchtlingsstatus nicht zu gewähren. Aber man glaubte ihr, als sie ihre Geschichte erzählte. Denn sofort nach der Urteilsverkündung erteilten die französischen Behörden Aminata eine Aufenthaltsgenehmigung, so daß sie sich legal in Frankreich aufhalten kann und eine Arbeitserlaubnis hat. Aber ich wollte es nicht dabei belassen. Aminata und ich beschlossen, beim Obersten Gerichtshof einen Antrag zu stellen, daß ihre Bitte neu überprüft wird. Wir warten noch immer auf die Entscheidung.

AW: Ich wollte Sie auch zu den Fällen befragen, die in Frankreich vor kurzem vor Gericht kamen, in denen es um eine Frau aus Gambia geht, die ihre Kinder zu einer Beschneiderin brachte. Würden Sie uns außerdem etwas zur Geschichte der Kinderbeschneidungen in Frankreich und deren Folgen sagen?

LWC: Unglücklicherweise ist der Fall aus Gambia kein Einzelfall. Es fing damit an, daß ein kleines Mädchen, ein Baby, an der Beschneidung starb. Sie blutete drei Tage und drei Nächte, und ihre Eltern, denen bewußt war, daß sie etwas Illegales getan hatten, brachten sie nicht ins Krankenhaus. Als sie sich entschlossen, in eine Klinik zu gehen, war es zu spät, und als die Ärzte die Todesursache entdeckten, waren sie absolut entsetzt. Und natürlich mußten sie die Polizei verständigen.

Der Fall kam in die Presse, und andere Fälle wurden aufgedeckt, denn viele Babys werden nach der Beschneidung mit schweren Blutungen ins Krankenhaus eingeliefert. Viele Säuglinge können gerettet werden, trotzdem ist es Gewalt gegen den Körper und die Seele des Kindes. So intervenierte ich als «Anwalt des Kindes» im Auftrag einer feministischen Organisation, sobald der Staatsanwalt den Fall eröffnete.

Wir fanden, daß es unfair sei, die Diskussion allein den Richtern und dem Staatsanwalt zu überlassen. Niemand hätte die wirklich wichtige Frage gestellt, die lautet: Warum verletzt man ein Kind? Die Verletzung, die man ihm zufügt, hat nämlich eine Bedeutung, und es ist an uns Frauen, auf diese Bedeutung hinzuweisen und auszusprechen, wie untragbar sie ist. Leider mußten wir uns mit zahlreichen Fällen beschäftigen. Vor kurzem wurde die Beschneiderin gefaßt und zu fünf Jahren Gefängnis verurteilt. Den Eltern wurden mildernde Umstände zugestanden, und sie wurden auf Bewährung entlassen. Meiner Meinung nach ist das ungerecht, denn die Eltern sind die wirklichen Täter. Sie wissen, daß sie dem Kind weh tun werden, und trotzdem bringen sie das Kind zu den Beschneiderinnen, liefern es unters Messer. Sie helfen auch noch dabei. Haben Sie gewußt, daß die Mütter das Kind auf dem Schoß halten und ihm die Beine spreizen, während die Beschneiderinnen ins Fleisch schneiden? Sie hören das Kind schreien, und trotzdem tun sie es. Niemals wird es eine Entschuldigung für ein solches Verbrechen geben.

AW: Sie behaupten zudem, das Kind zu lieben.

LWC: Allerdings, und ich erlaube nicht, daß sie es vor Gericht sagen.

AW: Wie verteidigte sich die Beschneiderin?

LWC: Sie sagte kein Wort. Sie weigerte sich zu sprechen. Aber ihre Augen sprachen Bände.

AW: Was sagten ihre Augen?

LWC: «Das geht euch nichts an.» Aber es geht uns etwas an.

AW: Natürlich geht es uns etwas an.

LWC: Und wir müssen kämpfen. Wir brauchen Aminata, Menschen wie Aminata, um uns bei unserem Kampf zu unterstützen. Für Eltern, die ihren Kindern etwas antun, findet sich ja immer eine Entschuldigung. Als ich Ihr Buch las, hatte ich wirklich Angst. Jedesmal, wenn ich eine Seite umdrehte, dachte ich: Wann kommt die Entschuldigung für die Eltern? Und ich bin wirklich sehr glücklich, daß ich Ihnen sagen kann, ich habe diese Entschuldigung nicht gefunden, dafür danke ich Ihnen.

Pratibha Parmar und Alice Walker

Ich wollte dieses Interview mit Alice in ihrem Zuhause im Norden Kaliforniens führen, um den Beginn ihrer Reise festzuhalten. Der Reise, die sie für den Film *Warrior Marks* unternahm, und der Reise, die ihr mit dem Thema weibliche Genitalverstümmelung bevorstand. Wir filmten Alice auch, als sie erzählte, wie sie selbst als Kind verwundet wurde.

PP: Alice, warum hast du dich dazu entschlossen, über weibliche Genitalverstümmelungen zu schreiben? Du sagtest, es sei deine Augenverletzung gewesen, die dich dazu brachte, über dieses Thema nachzudenken.

AW: Sie half mir, einen Blick dafür zu entwickeln, wie Frauen in fast allen Teilen der Welt geradezu routinemäßig verstümmelt werden. Menschen tendieren dazu, den Schmerz, der Frauen zugefügt wird, geringer einzuschätzen als den Schmerz, der Männern zugefügt wird. Er wird häufig übersehen, oder man denkt: Na ja, Frauen halten das aus. Man erkennt das an der vorherrschenden Haltung zur Geburt, die außerordentlich schmerzhaft ist, aber heruntergespielt wird. Ein Kind auf die Welt zu bringen ist eine heroische Leistung – es sind extreme Schmerzen –, und doch denkt man allgemein, daß es so etwas wie reine Routine sei: «Es ist eine Frau, die hält das aus.»

Ich wurde an einem Auge verletzt, als ich acht Jahre alt war, und das hatte eine große Isolation in meiner Familie und der Gemeinschaft, in der ich lebte, zur Folge. In mir entstand das Gefühl, ich würde unterdrückt. Was mit mir geschehen war, wurde mir nie richtig erklärt, und ich erhielt auch nicht den Trost, den ein Kind braucht. Und ich erkenne das gleiche in der ziemlich gefühllosen Art und Weise, in der kleine Mädchen zur Beschneidung gebracht werden. Man nimmt das kleine Mädchen mit und sagt ihr, sie würde ihre Großmutter besuchen. Auf dem Weg lenkt man ihre Aufmerksamkeit von diesem Besuch ab, und statt dessen hält man sie am Boden fest und schneidet ihr die Klitoris und andere Teile ihrer Genitalien ab und überläßt sie dann sich selbst, während sie sich, soweit wie möglich, von der Prozedur erholt. Alle anderen feiern. Sie ist die einzige, die weint. Aber aus irgendeinem Grund kümmert das niemanden, keiner fühlt mit dem Kind, keiner bemitleidet es. Ich fühlte mich dieser Sache sehr verbunden. Ich fühlte mit dem Kind, verstand aber auch, daß die Erwachsenen dachten, sie täten etwas Richtiges.

PP: Wann hast du das erste Mal etwas von weiblicher Genitalverstümmelung gehört?

AW: Während meines Studiums, in der Zeit, als ich sehr westlich beeinflußt war. Ich verstand es nicht. Ich konnte mir zum Beispiel nicht vorstellen, was sie entfernten. Ich meine, was war da zu entfernen? Da es offensichtlich nichts zu entfernen gab, verbannte ich es auf lange Zeit aus meinen Gedanken. Ich las Kenyatta, der nach dem Mau-Mau-Kampf der große Befreier Kenias war. Und er schrieb, daß kein kenianischer Mann eine Frau heiraten würde, die nicht verstümmelt sei. Natürlich nannten sie es nicht «Verstümmelung», sondern Beschneidung.

Ich geriet in einen großen inneren Konflikt, denn ich war eine glühende Bewunderin Kenyattas und sehr glücklich über seine Entlassung aus dem Gefängnis – sein Fall hat viel Ähnlichkeit mit dem von Nelson Mandela. Und trotzdem kam mir das sogar damals sehr eigenartig vor. Immerhin waren viele Frauen am Befreiungskampf beteiligt. Und wenn Frauen, die nicht laufen können, versuchen, ein Land zu befreien, ist das ja wohl problematisch.

PP: Wie lange hast du an deinem Roman *Sie hüten das Geheimnis des Glücks* geschrieben?

AW: Ich ging nach Mexiko, um ihn zu schreiben. Ich mußte in einem Land der Dritten Welt sein, wo ich direkteren Kontakt zu dem Gefühl bekommen würde, was es heißt, eine größere Operation ohne Narkose und Antiseptika zu überstehen, denn das ist es, was den kleinen Mädchen geschieht, wenn sie beschnitten werden. Es beweist eine solche Verachtung für den Körper des Kindes und eine solche Verachtung für die Klitoris. Das Schreiben selbst nahm ein Jahr in Anspruch. Aber es dauerte 25 Jahre von dem Augenblick an, in dem ich zum ersten Mal von weiblicher Genitalverstümmelung gehört hatte, bis ich wußte, wie ich mich dem Thema zu nähern hatte. Bis ich verstand, was es für uns alle auf dieser Welt bedeutet, daß seit ungefähr sechstausend Jahren der Schmerz von Millionen von Frauen totgeschwiegen wird. Ich habe darüber in vielen Ländern gesprochen, und sogar in Afrika stehen Leute auf und sagen: «Ich habe noch nie davon gehört. Sind Sie sicher, daß so etwas geschieht?» Und das, obwohl wir darüber sprechen, was der Mutter, der Tante, der Schwester und dem Kind des Fragestellers angetan worden ist. Aber sie haben absolut keine Ahnung. Es ist schon sehr merkwürdig.

PP: Was waren deine Gefühle beim Schreiben des Romans, als du wirklich darüber nachdachtest, was es für Frauen bedeutet, genital verstümmelt worden zu sein?

AW: Ich empfand eine große Wut, einen sehr klaren, brennenden, kraftvollen Zorn. Man kann einfach nicht akzeptieren, daß Menschen routinemäßig Kinder foltern, das Vertrauen von Kindern mißbrauchen und sie dazu verdammen, ihr gesamtes weiteres Leben in Scham, Verlegenheit und unter

Schmerzen zu verbringen. Wenn man nicht wütend wird, wenn der Körper eines hilflosen Kindes verstümmelt wird, worüber soll man dann wütend werden? Ich war jedenfalls sehr wütend. Gleichzeitig breitete sich eine große Klarheit in mir aus, denn ich glaube an die Kraft von Worten, etwas zu verändern. Fünfundzwanzig Jahre des Denkens, des Wachstums und der Vorbereitung lagen hinter mir, und ich wollte diese Zeit so gut wie irgend möglich einbringen. Und ich wußte, daß ich das konnte, daß ich es sogar gut konnte – und das war ein großartiges Gefühl.

PP: Welche Reaktionen hattest du auf das Buch und auf die Tatsache, daß du ein Tabuthema aufgegriffen hattest?

AW: Überwältigend positive und sogar begeisterte – besonders von afrikanischen und asiatischen Frauen. Ich denke, daß Frauen spüren, daß mit einer Bewußtseinsänderung tatsächlich auch die Chance besteht, die Wirklichkeit zu verändern. Wo immer ich auch war, sprach ich in den Rathäusern, und Hunderte von Leuten kamen – sei es in Amsterdam, London, New York oder Atlanta. Es waren Frauen aus allen möglichen Teilen der Welt dabei. Einige waren beschnitten, einige waren der Beschneidung entgangen, einige konnten Geschichten erzählen, wie ihr Vater es nicht zulassen wollte oder ihre Mütter sich weigerten, es zuzulassen.

Es gibt Leute, die der Meinung sind, man stecke seine Nase in anderer Leute Dinge, in anderer Leute Kultur, wenn man über so etwas spreche. Aber es besteht ein Unterschied zwischen Folter und Kultur. Für mich hat Kindesmißhandlung oder Gewalt gegen Frauen nichts mit Kultur zu tun. Die Leute tun diese Dinge, weil es so Brauch ist, genau wie sie aus diesem Grund auch andere Menschen zu Sklaven gemacht haben. Aber Sklaverei ist keine Kultur, und genausowenig ist Verstümmelung Kultur.

Manchmal muß man politisch oder moralisch seinen

Standpunkt vertreten, ob es sich nun um die eigene Kultur handelt oder um eine fremde. Denk nur daran, wie froh wir Sklaven in Georgia, Alabama oder Mississippi waren, als die Fremden aus New England sich entschlossen, uns in unserem Befreiungskampf zu helfen. Irgend jemand muß diesen Kindern helfen, sich aus der Unterdrückung zu befreien, denn sie haben nichts und niemand anderen. Sie haben nur uns Erwachsene, auf deren Mitgefühl sie hoffen.

PP: Als du deinen Roman schriebst, woher kam da deine Stärke?

AW: Meine Stärke kommt aus der Erde, die ich wirklich verstehe. Als Kind hatte ich schon früh eine enge Beziehung zur Natur – meine Mutter war immer sehr erdverbunden. Sie kannte das Land und wußte, was es hervorbrachte, sie bearbeitete das Land und sie liebte es, das habe ich also von ihr geerbt. Ich glaube, daß der Körper der Frau unser Symbol für die Erde und die Früchte der Erde ist. Während ich an dem Roman arbeitete, konnte ich an die vernarbten und geschlagenen Körper der Frauen denken, vernarbt und geschlagen wie der Körper unseres Planeten. Und ich sah, daß, indem man der Frau half, wieder ganz zu werden, es auch möglich wurde, ihre starke Verbundenheit mit der Erde und dem Schutz, den die Erde bietet, wiederherzustellen, etwas, was, glaube ich, nur Frauen spüren können, so wie man für etwas Empathie empfindet, das einem sehr ähnlich ist.

Die Menschen im Westen haben erst in neuester Zeit, während der letzten zehn Jahre, entdeckt, daß die Erde ein lebendes Wesen ist. Sie sprechen von Gaia und leiten es von den Griechen ab, die die Erde als die Göttin Gaia sahen. Aber die Eingeborenen auf der ganzen Welt haben immer darauf bestanden, daß die Erde eine lebendige Wesenheit ist und man sie nicht mißbrauchen dürfe, da sie lebe und fühle.

PP: Als wir kürzlich in London bei einer Veranstaltung waren, auf der du über dein Buch und über weibliche Genitalverstümmelung geredet hast, fiel mir auf, daß eine der häufigsten Reaktionen unter Frauen Entsetzen und Schock und das Gefühl war, nichts dagegen tun zu können. Was würdest du Frauen raten, die etwas dagegen tun möchten, aber durch die Angst und den Schock gelähmt sind?

AW: Ich habe auch erlebt, daß Frauen in Ohnmacht gefallen sind. Überall, wo ich darüber gesprochen habe, sind Frauen umgefallen. Es war wirklich erstaunlich. Es ist ein echter, ganz wörtlich zu begreifender Schock für das ganze System, daß es so etwas gibt, und man braucht Zeit, darüber nachzudenken. Ich sage den Frauen, die anfangen, mein Buch zu lesen, immer, daß sie es weglegen sollen, wenn es ihnen zuviel wird, und keinen Druck auf sich ausüben sollen. Wenn man seine Gefühle nicht verdrängt, ist es viel auf einmal, was man da verkraften muß. Wenn man verdrängt, kann man es als eine Art intellektuelle Übung lesen. Aber viele Frauen sind dazu nicht wirklich fähig, und ich bin froh darüber, denn es bedeutet, daß sie lebendig sind.

Was da dem menschlichen Körper angetan wird, und worüber wir sprechen, ist eine sehr ernste Sache. Wir sind über unsere Körper miteinander verbunden, wir sind ein Körper, und das ist der Grund, weshalb Frauen in Ohnmacht fallen, wenn sie hören, daß die Genitalien einer anderen Frau verstümmelt werden. Sie wissen, daß es auch ihren eigenen Körper betrifft. Deshalb sollte man sich am Anfang Zeit nehmen. Und da Zeit fast alles ist, was wir haben, sollte man sie sich nehmen, um es zu verdauen, es in sich aufzunehmen, darüber nachzudenken, damit zu leben, es immer präsent zu haben. Dann sollte man sich umschauen und herausfinden, wo man etwas tun kann. Es gibt Organisationen wie FORWARD International in London, die immer Geld oder Hilfe brauchen können. Das Wichtigste ist, aufmerksam zu sein und nicht zu versuchen, dies als einen Extremfall von Brutalität zu sehen, der Frauen in anderen Ländern betrifft, sondern die Augen offenzuhalten dafür, daß dies auch im eigenen Land passiert, unter den verschiedensten Deckmänteln.

PP: Alice, du hast über all die verschiedenartigen Reaktionen auf dein Buch gesprochen, als du es vorgestellt hast. Was ist dir besonders in Erinnerung geblieben?

AW: Ich sprach im Frühsommer vor einer Gruppe in Washington, D. C., die damals gegen die Apartheid kämpfte. Ich sagte, daß ich ihre Bemühungen großartig fände und diese Arbeit weiter getan werden müsse, daß wir aber genitale Verstümmelung und den Mißbrauch an Frauen und Kindern mit der gleichen moralischen Härte bekämpfen müßten. Andrea Young, die Tochter Andrew Youngs, war dabei. Sie kehrte nach Atlanta zurück und überzeugte ihre Kirchengemeinde, Frauen aus Somalia und dem Sudan Zuflucht zu gewähren. Es gibt einen Fall, in dem ein Mann aus Somalia sich weigert, seinen Lotteriegewinn mit seiner Frau zu teilen. Er behauptete, sie sei nicht wirklich seine Frau, da er nicht imstande war, sie zu penetrieren, weil sie pharaonisch beschnitten und zugenäht war. Sie hat ihn vor Gericht gebracht, um zu beweisen, daß sie seine Frau ist und er das Geld mit ihr zu teilen habe. Das Schöne daran ist, daß Andrea Young in ihrer Kirche und ihrer Gemeinde Platz geschaffen hat für dieses Thema, und daß die Frau deswegen nicht allein ist. Sie wird unterstützt. Das ist etwas, was Frauen in den ganzen Vereinigten Staaten tun können, vor allem in Städten wie Washington, Atlanta, New York, San Francisco, Los Angeles, Hafenstädten, in denen es schätzungsweise 10000 Kinder gibt, die von der Beschneidung bedroht sind.

PP: Alice, was sagst du dazu, daß diese Frauen und jungen Mädchen von Frauen verstümmelt werden? Mütter tun es ihren Töchtern an, Großmüttern ihren Enkelkindern.

AW: Es ist schrecklich. Es gibt zwar einige Orte – zum Beispiel in Ägypten –, wo Männer es tun. Vor nicht allzu langer Zeit sah ich das Foto eines Ägypters, der ein vierzehnjähriges Mädchen beschnitt. Es preßte seinen Kopf an die Brust seiner Mutter, sah völlig verängstigt aus und schien Schmerzen zu haben, während die Mutter es mit Gewalt festhielt, daß der Mann es beschneiden konnte. Aber du hast recht, im allgemeinen wird es von Frauen gemacht. Wie alles, was mit Kindern zu tun hat, delegieren Männer auch das an Frauen. Männer füttern, baden oder kämmen ihre Kinder meist nicht selbst. Und deshalb ist der Verrat der Mutter an ihrem Kind einer der grausamsten Aspekte. Kinder lieben ihre Mütter über alles und vertrauen ihnen blind. Die Tiefe dieses Verrats kann man sich gar nicht vorstellen, es ist eine psychische Verletzung, die nie heilen wird. Das Wissen, verraten worden zu sein, das Gefühl, nie mehr jemandem vertrauen zu können, bleibt dem Kind, während es heranwächst. Ich glaube, das ist einer der Gründe, weshalb es in vielen Kulturen, über die wir reden, so viel Mißtrauen und Dissens gibt, aber nicht darüber geredet wird. Es gibt diesen ganzen unausgesprochenen Schmerz, diese unausgesprochenen Leiden, mit denen sich keiner wirklich beschäftigt, die nie ans Tageslicht kommen. Irgendwann brechen sie auf, das jedenfalls ist sicher.

PP: Als sich Kenia noch unter englischer Herrschaft befand, kämpften die Eingeborenen darum, ihre Traditionen zu erhalten, aber unglücklicherweise waren darunter auch welche, die ausgesprochen schädlich waren, wie zum Beispiel die Beschneidung. Du hast das in deinen Interviews mit afrikanischen Frauen erwähnt. Was ist deine persönliche Meinung zu dem Thema?

AW: Wenn ein Volk unterdrückt wird, hält es eben an den Bräuchen fest, bei denen es überhaupt in seiner Macht liegt, sie aufrechtzuerhalten. Das ist am einfachsten bei allem, was die Kontrolle von Frauen und Kindern anbelangt. Das ist sehr traurig, denn in dieser Hinsicht hatten die Engländer recht, die diese üble Sache beenden wollten. Da sie aber selbst so übel waren und der Schaden, den sie angerichtet hatten, so groß war, fiel es afrikanischen Männern und Frauen sehr schwer zu entscheiden, was von ihrer Kultur sie sich wirklich erhalten wollten, denn die Engländer waren dabei, alles zu zerstören. Kolonisatoren haben es in zahllosen Fällen fertiggebracht, wertvolle Traditionen auszulöschen – sie haben es sogar irgendwie hinbekommen, daß Leute ihre eigenen Erzeugnisse nicht mehr essen – Reis zum Beispiel. Es gab nur noch Lebensmittel zu kaufen, die einen wesentlich geringeren Nährwert hatten. Sie brachten es so weit, daß die Leute ihre eigene Tracht nicht mehr trugen, und der Ersatz waren Kleider und Lebensmittel aus England und Frankreich. Aber die Praktik der Beschneidung blieb unverändert. Die Kolonialherren vermochten es, die Menschen zur Aufgabe vieler Traditionen zu zwingen, aber die Beschneidung von Mädchen hatte keine Priorität – es scheint sie nicht zu kümmern, wenn irgend jemandes Kind beschnitten wird, solange sie ihren Profit machen.

PP: Einem sehr großen Prozentsatz von Frauen in Afrika ist die Klitoris oder gar zusätzlich alle äußeren Genitalien entfernt worden. Was empfindest du angesichts der Tatsache, daß es eine kulturspezifische Form der Gewalt gegen Frauen ist, die aber in anderen Ländern so viele andere Formen annimmt? Es sieht so aus, als gäbe es ein Kontinuum von Gewalt gegen Frauen, das in den verschiedenen Kulturen nur spezifische Formen annimmt. Ich sorge mich, daß westliche Menschen sehr leicht die Genitalverstümmelung dazu benutzen können, Afrika als rückständig, unkultiviert und barbarisch zu beschreiben, und so weitere Spielarten rassistischer Sichtweisen auf Afrika entstehen.

AW: Ja, das ist ein Problem. Wenn man an den Mittleren Osten, Malaysia, Indonesien und Länder in Afrika denkt, in denen es Beschneidung gibt, könnte man leicht annehmen, daß dies eine für sich stehende Erscheinung sei. Wie aber unsere Fernsehbilder täglich zeigen, ist Gewaltanwendung gegenüber Frauen ein weltweites Phänomen, das keineswegs nur in abgelegenen Ländern passiert. Nur der Grad an Gewalt ist verschieden.

Eine Kultur wie unsere verlangt heute von Frauen, daß sie sehr schlank, sehr weiß, sehr blond sind und große Brüste haben, viele lassen sich Brustimplantate einsetzen oder bleichen sich Haut und Haare. Sie versuchen, die ideale Frau für einen nicht näher beschriebenen, aber sehr mächtigen Mann zu sein. So geht es auch darum, daß Frauen sich in das Bild verwandeln, von dem die Männer denken, daß sie es wollen. Und so etwas gibt es in jedem Land auf der Welt.

Wie wir wissen, brachen die Chinesen jahrhundertelang den Frauen die Füße und zwangen ihre Zehen dazu, unter die Sohlen zu wachsen, so daß der ganze Fuß nur ungefähr neun Zentimeter groß war und man auf diesen kleinen Füßen nur noch humpeln konnte. Bald wurde dies zu einem Aphrodisiakum. Die Tatsache, daß die Füße langsam verfaulten und einen spezifischen ekelhaften Geruch verbreiteten, wurde zu etwas, was Männer liebten. Aber im Grunde handelte es sich darum, es den Frauen unmöglich zu machen zu entkommen. Es ging darum, jemanden zu versklaven.

Es geht einzig und allein darum. Das ist der Grund, weshalb wir BHs tragen, die uns nicht frei atmen lassen, hochhackige Schuhe, die unsere Füße verkrüppeln. Einige Frauen in Burma tragen 15 bis 20 Halsbänder, die nur dazu dienen, es ihnen ohne diese Stütze unmöglich zu machen, den Kopf aufrecht zu halten. Wenn sie also «ungehorsam» sind, braucht jemand nur ein paar der Halsbänder zu entfernen, und der furchtbare Schmerz, den sie erleiden, wenn sie versuchen, ihren Kopf aufrecht zu halten, bringt sie dazu, um ihre Halsbänder zu betteln. Und es gibt Kulturen, die den Frauen schwere Gewichte an die Beine hängen, die die Beinmuskulatur zerstören. Wenn das jahrhundertelang so geht, denken Frauen schließlich, daß das schön sei, denn unser Verstand hat Rationalisierungen nötig für das, was geschieht – in Wahrheit handelt es sich um Versklavung.

PP: Alice, es gab so viele verschiedene Aktionen, Kampagnen und Aufschreie gegen die weibliche Genitalbeschneidung, und trotzdem gibt es sie noch. Warum, denkst du, ist das so, und was kann deiner Meinung nach getan werden, damit es aufhört?

AW: Es gibt Beschneidung auch deshalb noch, weil es in vielen Kulturen für eine Frau nach der Pubertät außerhalb der Ehe keine gesellschaftliche Rolle gibt. Und wenn man in einer Kultur lebt, in der Männer unbeschnittene Frauen nicht heiraten, in der es keine andere Arbeit gibt und in der man als Prostituierte gilt, wenn man nicht beschnitten ist, steht man vor einem großen Problem. Frauen beschneiden ihre Töchter im Grunde deshalb, weil sie an die Zukunft denken, in der die Tochter heiratsfähig sein wird, und dann zumindest ein Dach über dem Kopf und etwas zu essen hat.

Auch in Ländern wie Holland, Großbritannien und den Vereinigten Staaten wird beschnitten, und hier kann man nicht vorhersehen, was ein Kind einmal tun wird, ob es überhaupt heiraten wird. Wer kann mit Sicherheit sagen, daß ein kleines Mädchen aus Somalia, aus dem Sudan, aus

Gambia oder dem Senegal einmal einen Mann aus einer Kultur heiraten wird, die Beschneidung verlangt? Tatsache ist, daß die Männer ihrer eigenen Kultur in Wirklichkeit Frauen zum Heiraten wählen, die nicht beschnitten sind. Im Sudan und in Somalia heiraten viele Männer europäische, afroamerikanische oder indische Frauen – auf jeden Fall Frauen, die nicht beschnitten sind. Denn oft wissen sie nicht wirklich, was den Frauen ihrer eigenen Kultur angetan worden ist, und wenn sie es herausfinden, sind sie entsetzt.

Die Schwierigkeiten, die Verstümmelung von Frauen zu beenden, haben viele Ursachen, aber ich denke auch, daß es gute Gründe gibt anzunehmen, daß wir heute größere Chancen haben, mit dem Brauch der Beschneidung zu brechen. Es geht um Bewußtsein, und es gibt inzwischen mehr gebildete Frauen auf der Welt, Frauen, die bewußter leben. In einigen Kulturen haben Männer die Sexualität mit Folter verwechselt, so daß sie Sex mit einer Frau nur wirklich genießen können, wenn sie vor Schmerzen schreit. Aber ich glaube, daß sich viele Männer verändern, daß sich ihr Bewußtsein verändert, somit wird es auch Männer geben, die dagegen kämpfen, und es gibt Männer, die das bereits tun. Ärzte im Sudan waren dagegen. In Burkina Faso sprach sich Thomas Sankara, bevor er ermordet wurde, in starken Worten dagegen aus. Es gibt also sowohl Frauen als auch Männer, die öffentlich gegen Beschneidung auftreten.

PP: Als du in London warst, um deinen Roman *Sie hüten das Geheimnis des Glücks* vorzustellen, hast du Aminata Diop getroffen. Kannst du etwas über sie erzählen? Wie war es, sie kennenzulernen, und wie hast du von ihrer Geschichte erfahren?

AW: Ich las über sie in der Zeitung. Sie ist eine junge Frau, die aus Mali flüchtete, um der Beschneidung zu entgehen. Sie ging nach Frankreich und beantragte politisches und religiöses Asyl. Man hat ihr beides nicht gewährt. Ich wollte ihr helfen, und so traf ich mich mit ihr in London.

Ich glaube, ich hatte Gefühle wie jemand, der aus der Sklaverei befreit wurde und einen Menschen trifft, der vor der Sklaverei geflohen ist. Diese Gefühle wurden vermutlich noch dadurch verstärkt, daß wir uns in London trafen, der Heimat der Antislavery Society. Frederick Douglass* zum Beispiel spricht davon, nach London zu gehen, um dort Leute der Antislavery Society zu treffen und ihnen seine Lebensgeschichte zu erzählen. Es war also das Gefühl, jemanden zu treffen, der der Sklaverei entronnen war, eine Frau, die den Mut zu der Entscheidung aufgebracht hatte, daß ihr Körper unverletzt bleiben solle. Sie war zudem ein sehr gequälter und gebrochener Mensch, denn, wie sie mir unter Tränen sagte: «Ich vermisse meine Mutter, und meine Mutter glaubt, daß ich eine Hure bin, weil ich mich geweigert habe, mir dies antun zu lassen.» Das ist wirklich fast unerträglich. Wir sagten zu ihr: Wir werden zu Ihrer Mutter gehen, und wir bringen sie dazu, daß sie versteht, daß das, was Sie getan haben, etwas Würdevolles und wirklich Gutes ist. Und sie sagte: «Nein, meine Mutter würde es niemals verstehen, denn sie glaubt, daß im Koran geschrieben steht, daß Frauen beschnitten werden müssen. Sie kann selbst nicht lesen, sie ist Analphabetin, so ist sie auf das angewiesen, was der Imam und mein Vater ihr sagen.»

Es gab also eine schmerzliche Seite, aber sonst gab es nur

* Frederick Douglass, amerikanischer Journalist, 1817 als Negersklave geboren. Nach seiner Flucht in den Norden der USA gab er die Zeitschrift *North Star* heraus und wurde durch seine Lebensbeschreibung und durch Vorträge zu einer führenden Figur in der Bewegung für die Sklavenbefreiung.

eine unfaßbare Freude. Was wir als einzelne auf der Welt tun können, hat seine Grenzen. Aber es gibt etwas, was jeder tun kann, und das ist, die Leiden eines anderen Menschen oder auch eines unbelebten Wesens zu erleichtern. Es ist nicht immer möglich, diese Leiden gänzlich verschwinden zu lassen, aber man kann sie sehr, sehr verringern. Es ist etwas, was man Tag für Tag tun kann. Und die Freude, die daraus fließt, daß es einem möglich ist, so etwas zu tun, ist so groß, sie setzt eine Energie frei, die mehr Veränderung bewirkt, als man sich vorstellen kann.

PP: Was erwartest du von Afrika und davon, mit Frauen zu sprechen, die in Kampagnen gegen die Beschneidung arbeiten, und solchen, die beschnitten worden sind?

AW: Ich glaube sehr an Solidarität. Die Leute in Nicaragua sagen dazu etwas sehr Schönes. Sie sagen, daß Solidarität das Mitgefühl der Menschen miteinander sei, und daß wirkliche Revolutionen aus Mitgefühl entstehen würden. Dieses Mitgefühl zu teilen ist wunderbar. Wenn du das Leben nur eines Menschen von einem bestimmten Leid befreien kannst, hast du im Grunde schon genug getan. Es kann sein, daß es etwas stürmisch wird, es kann nach der einen oder anderen Seite ausschlagen, man weiß es nie. Ich glaube, daß das Leben dazu neigt, etwas fortzuführen, was einmal begonnen wurde. Das heißt nicht, daß man es selbst erlebt, was aus den eigenen Aktivitäten wird – man erlebt es eigentlich nie, weil es nie aufhört.

Ich freue mich einfach auf die Frauen, mit denen wir sprechen werden. Ich möchte mit ihnen zusammen essen, zusammen tanzen, ich möchte sehen, wer die Priesterinnen sind und wer die Göttinnen. Ich möchte wissen, was mit ihnen los ist und wie es ihnen geht. Wenn sie mir sagen, daß sie es vorzögen, wenn ich mich nicht in ihre Angelegenheiten einmische, werde ich nicht mit ihnen über Beschneidung sprechen. Ich möchte sie fragen, ob sie wissen, welcher afrikanische Brauch mich in einen anderen Kontinent brachte, in die USA? Wir sind durch einen Brauch, der große Ähnlichkeit mit der Beschneidung hat, durch den Brauch, Sklaven zu halten, voneinander getrennt worden. Ich würde von meiner Vorfahrin, die von Afrika nach Amerika gebracht wurde, gerne wissen: War sie beschnitten? Ich würde gerne ihre Gefühle kennen, die sie in Ketten und solcherart verstümmelt hatte. Wenn sie schwanger gewesen wäre, hätte sie es vermutlich nicht überlebt; sie wäre auf dem Schiff an der Geburt gestorben, es hätte niemand gegeben, der sie aufgeschnitten hätte, wenn sie zugenäht gewesen wäre, und der sie danach wieder zugenäht hätte.

PP: Kannst du mir sagen, warum du einen Film über weibliche Genitalverstümmelung machen wolltest? Erwartest du, daß der Film etwas in Bewegung bringen könnte?

AW: Ich habe mir schon immer Gedanken über Leute gemacht, die nicht lesen bzw. nicht lesen können, sich aber über das Sehen mit den Dingen ihrer Welt in Verbindung setzen. Das kommt daher, daß ich selbst aus einer Kultur und einer Familie stamme, in der nicht jeder liest.

Film ist also etwas sehr Wichtiges. Es ist sehr wichtig für Menschen, das, über was da geredet wird, wirklich sehen zu können und es zu verstehen, weil sie es sehen. Ich hoffe, daß ein Großteil der im Westen lebenden Frauen, die aus Kulturen stammen, die beschneiden, irgendwann einmal diesen Film sehen werden. Ich glaube, das wird der Fall sein, ihre Neugier wird sie dazu bringen, sich den Film anzusehen. Mein Zugang zu dem Thema wird sie vielleicht nicht so sehr interessieren, womöglich nicht einmal das Thema an sich, aber sie werden neugierig sein, denn der Film beschreibt ihre eigenen Erfahrungen. Sie werden sich damit auseinandersetzen und sich verschiedene Meinungen darüber bilden. Sie können den Film kritisieren, sie können ihn benutzen, um ihre eigene Erfahrung zu erforschen. Dazu ist Kunst da. Das ist es also, was ich erwarte.

Da ein Film transportierbar ist, denke ich auch, daß er Länder erreichen kann, in denen es nur eine Handvoll Frauen gibt, die gegen Beschneidung sind, aber den Mut aufbringen, ihn den Frauen vorzuführen, die noch nicht so richtig wissen, wie sie dazu stehen. Viele von ihnen haben den Schmerz vergessen, weil sie noch so klein waren, als es ihnen angetan wurde. Und inzwischen werden Kinder in einem noch sehr viel jüngeren Alter als Säuglinge beschnitten. Wenn man als Baby beschnitten wird, existiert diese Gewalttat nur noch in der Vorstellung, sofern man sie überlebt. In Frankreich steht zum Beispiel eine Frau aus Gambia vor Gericht, ein Baby beschnitten zu haben, das daran verblutete.

Ich finde es zudem gut, daß es damit einen Film gibt, der die weibliche Genitalverstümmelung als Teil der weltweiten Verstümmelung von Frauen zeigt. Die Beschneidung gehört zu den zahllosen Akten der Terrorisierung von Frauen, die getan werden, um sie auf ihrem Platz zu halten, unter der Knute der herrschenden patriarchalischen Kultur.

Alice Walker und Awa Thiam

Awa Thiam ist bekannt für ihre engagierten feministischen Veröffentlichungen, die sich für die Frauenrechte in Afrika und für die Abschaffung der weiblichen Genitalverstümmelung einsetzen. Ich erfuhr, daß sie großem Druck ausgesetzt war, als sie versuchte, Frauenthemen im afrikanischen Denken zu etablieren und ihnen stärkeres Gehör zu verschaffen. Ich hatte mir schon lange gewünscht, sie kennenzulernen und sie als Schwester im gemeinsamen Kampf zu umarmen. Heute ist sie, unter anderem, Politikerin. (Die Fragen für das Interview wurden von Pratibha Parmar vorbereitet.)

Nazila Hedayat, Awa Thiam und Alice Walker (von links) nach dem Interview in einem Hotel in Dakar, Senegal

AW: Awa, worin wurzelt Ihr starkes persönliches Engagement in den Kampagnen gegen weibliche Genitalverstümmelung?

AT: Ich gehöre zu einem Stamm, in dem bis zu 80 Prozent der Frauen beschnitten sind, manchmal infibuliert. Aus diesem Grund engagierte ich mich bei den Kampagnen gegen die Fortführung dieser Praktiken.

AW: Es gibt viele verschiedene Herangehensweisen, diese Praktiken zu bekämpfen. Was ist, Ihrer Meinung nach, der erfolgversprechendste Weg, diese Tradition in Frage zu stellen und sie zu ändern?

AT: Vom feministischen Standpunkt auszugehen heißt vor allem, daß man mit Frauen zusammen kämpft und sich sagt: Frauen sind eine Macht, die das patriarchalische System in Frage stellen können. Ich führte diesen Kampf gegen die Beschneidung und Infibulierung eine ziemlich lange Zeit allein mit Frauen. Aber nach mehr als zehn Jahren wurde mir klar, daß man die weibliche Arena verlassen muß – in anderen Worten, man muß den Frauenkreis hinter sich lassen und sich in der Politik engagieren, denn dort sitzen die Leute, die die Entscheidungen fällen. Ich sagte mir, daß mein Platz dort sei – daß ich es schaffen müsse, die Leute, ob Frauen oder Männer, zu überzeugen, die die Entscheidungen fällten, daß ich dort versuchen müsse, für die Abschaffung sexueller Verstümmelung zu kämpfen.

AW: Warum wird sie immer noch praktiziert?

AT: Ich denke, die Antwort steckt in den folgenden Fragen: «Warum werden Frauen überall auf der Welt unterdrückt? Warum lassen sie sich immer noch unterdrücken? Warum sieht man auf allen fünf Kontinenten eine fast identische Situation, die sich nur formal unterscheidet? Warum läuft es immer darauf hinaus, daß Frauen die Hausarbeit tun?» Sie können gehen, wohin Sie wollen – nach Amerika, nach Frankreich oder Indien –, überall werden Sie Frauen finden, die gerade die Hausarbeit verrichten: es ist ein Aspekt, auf den Sie überall stoßen. Etwas anderes kommt hinzu. Auf allen fünf Kontinenten sind Frauen den Männern untergeordnet. Die Unterordnung, von der wir sprechen, gibt es überall.

AW: Finden Sie, daß sich die Einstellungen geändert haben und daß weniger Beschneidungen durchgeführt werden?

AT: Wenn ich mir die intellektuellen Kreise ansehe, die allerdings nur repräsentativ sind für einen sehr kleinen Teil der Gesellschaften, die Beschneidungen praktizieren, würde ich sagen, daß in einem sehr bescheidenen Rahmen etwas Positives vor sich geht. Obwohl man andererseits den Eindruck gewinnen kann, daß überhaupt nichts getan wird. Wenn man erfolgreich gegen Beschneidung kämpfen will, muß man die Frauen zusammenbringen, einfach garantieren, daß sie zusammenkommen, auch wenn sie nur über das Wetter reden, und wie sie über die Runden kommen. Es muß sicher sein, daß sie sich treffen und etwas finden, was sie zusammen tun können, denn je intensiver sie zusammenarbeiten, um so stärker wird ihre Verbindung untereinander. Erst auf dieser Basis kann man anfangen, ihr Bewußtsein zu verändern. Wenn man am Verhungern ist, kann man nicht zuhören: Das einzige Problem ist zu überleben – sofort etwas zum Essen zu finden. Schon ganz zu Anfang war es meine Strategie, die Frauen zusammenzubringen und dann weiterzusehen, wie man auf der Bewußtseinsebene mit ihnen arbeiten könne, wie es möglich wäre, all diese Praktiken abzuschaffen, die so schädlich sind.

Das ist die eine Perspektive. Die zweite ist es, die ganze Sache auszuweiten, den spezifischen Kontext von Frauen zu erweitern und sich die verschiedenen Schichten der Gesellschaft, die Macht ausüben, näher anzuschauen. Ich denke da an jede Art von Macht, die zu einer radikalen Veränderung der Situation der Frau führen kann, und zwar nicht nur im Hinblick auf die Beschneidung und die Infibulation, sondern auf die Unterdrückung von Frauen in jeder Form: Polygamie, Diskriminierung bei der Arbeit, die Aufteilung der Arbeit nach Geschlechtern, Gewalt gegen Frauen, alle Arten sexueller Gewalt, sexuelle Belästigung. Aber wir bräuchten eine Menge Zeit, um alle Arten patriarchalischer Unterdrükkung abzuschaffen.

AW: Sie haben über zehn Jahre lang mit Frauen gearbeitet und wollen die Basis erweitern und religiöse Organisationen sowie andere politische Institutionen einbeziehen. Welche Machtpositionen hat der muslimische Klerus inne, die Marabuts, und worauf basiert ihre Macht?

AT: Man kann sagen, daß die Marabuts in der senegalesischen Gesellschaft eine veritable Macht darstellen. Ein Beispiel: Wenn heute alle Marabuts sagten, man solle für einen bestimmten politischen Führer stimmen, würde er gewählt. Es sind also Leute, hinter denen eine reale Macht steht. Patriarchalische Macht ist in der senegalesischen Gesellschaft über den Staat und die Institutionen verankert, aber, meiner Meinung nach, an erster Stelle über die religiösen Institutionen. Wenn heute alle religiösen Führer in der Presse und im Fernsehen bekanntgeben würden, daß es notwendig sei, weibliche Beschneidung und Infibulationen zu unterbinden, könnte man sicher sein, daß in weniger als zwei oder drei Jahren die Leute sie nicht mehr durchführen würden.

Die Frage ist aber: Warum versuche ich, mit den religiösen Führern und mit Politikern zusammenzuarbeiten? Ganz einfach, weil ich, vielleicht ziemlich spät, entdeckt habe, daß sie die wirkliche Macht repräsentieren. Außerdem war ich der Meinung, daß Frauen stark genug sind, das patriarchalische System in Frage zu stellen. Ich bin immer noch dieser Meinung, doch wir müssen unsere Taktik verfeinern, wir müssen erkennen, woher wir kommen, um zu wissen, wohin wir gehen wollen.

AW: Ich würde gerne wissen, wie die Reaktion dieser religiösen Führer auf Sie war und welchen Einfluß Sie, Ihrer Ansicht nach, haben. Sind es denn überhaupt Leute, die überzeugt und verändert werden können?

AT: Mein Job ist es, zu recherchieren. Es gehört zu meiner Arbeit, daß ich jedermann, egal wen, ansprechen und stören kann. Neulich mußte ich die Führer der großen religiösen Organisationen im Senegal treffen. Ich wurde sehr freundlich empfangen. Ich war autorisiert, und so öffneten sich mir alle Türen. Ich konnte so lange sprechen, wie ich wollte, denn ich wurde von einem Experten begleitet, der mich einführte. In diesem patriarchalischen Rahmen stellt im allgemeinen der Mann, der Experte, einen vor, und erst danach kann man als Frau das Wort ergreifen. Es ist schlicht einfacher, das Gespräch auf diese Weise zu beginnen.

Ich stellte präzise Fragen zur Position des Islam in bezug auf weibliche Beschneidung und Infibulation. Wie steht der Islam dazu? Was sagt der Koran? Ich muß zugeben, daß ich es mit ehrlichen Leuten zu tun hatte. Die religiösen Führer dieses Landes beantworten Fragen dieser Art ehrlich.

AW: Warum halten sich diese Praktiken? Welche Gründe werden dafür angegeben?

AT: Neben den religiösen Vorschriften scheint mir ein anderer Grund der eigentlich ausschlaggebende zu sein. Diese Praktiken verkörpern die Unterdrückung der Frau durch den Mann. Man kann in der Geschichte so weit zurückgehen wie man will, man stößt auf die Tatsache, daß sogar vor jeder Religion, auch vor dem Islam, weibliche Beschneidung und Infibulation praktiziert wurde. Es existieren Quellen, die einfach beweisen, daß Männer schon immer Frauen kontrollieren wollten, ihren Körper und ihren Geist. Wenn man einer

Frau die Genitalien entfernt, wenn man sie zunäht und dann wieder aufschneidet, um Geschlechtsverkehr mit ihr zu haben, wenn man sie wieder zunäht, sobald der Ehemann abwesend ist, und sie erneut öffnet, damit ihr Mann sie penetrieren kann, braucht nichts mehr erklärt zu werden – alles ist klar. Man hat Kontrolle über die Frau, wie man Kontrolle über irgendeinen Gegenstand, irgendeinen Besitz hätte.

AW: Viele Frauen glauben, daß sie einen fundamentalen traditionellen Wert verteidigen, wenn sie für die weibliche Beschneidung eintreten. Welche Einwände kann man diesen Frauen gegenüber ins Feld führen und welche Argumente gibt es den religiösen Fundamentalisten gegenüber?

AT: Ich glaube, daß es eine Frage der intellektuellen Überzeugung ist, sowohl bei den Fanatikern als auch bei den Frauen, die diese Praktiken in gutem Glauben weiterführen und sich sagen, daß sie es tun müssen. Man kann mit Frauengruppen daran arbeiten. Wir müssen stichhaltige Argumente liefern, die allem standhalten und überzeugen, um diesen Teufelskreis durchbrechen zu können. Ich glaube, für Frauen, die für ihre Rechte kämpfen, gibt es keinen schlimmeren Feind als Frauen, die sich der patriarchalischen Ideologie unterwerfen und freiwillig die Seite der Männer vertreten – und zwar eben diesen Frauen gegenüber, die ihre Rechte respektiert wissen wollen und sie auszubauen wünschen.

AW: Ihr Buch, das 1978 erschien, war eines der ersten Bücher, das der Besorgnis afrikanischer Frauen über die Beschneidung Ausdruck verlieh. Wie waren die Reaktionen? Haben Sie unter den Folgen Ihrer radikalen Ansichten und Ihres Mutes, diese Informationen der Öffentlichkeit zu präsentieren, zu leiden gehabt?

AT: Es gab verschiedenartige Reaktionen. Das Buch erschien in Frankreich und wurde sehr gut aufgenommen – nicht nur in Frankreich, sondern auch im übrigen Europa. Die Reaktion in Afrika dagegen war eher gemischt – die Leser, die den Inhalt des Buches schätzten, waren in der Minderzahl. Es gab bestimmte Leute, die den Inhalt auf die Frage der Beschneidung und der Infibulation eingrenzen wollten. Aber in diesem Buch beschäftige ich mich mit der Unterdrückung von Frauen im allgemeinen, mit patriarchalischer Unterdrückung. Ich muß sagen, daß es unter bestimmten Intellektuellen Afrikas, Männern wie Frauen, eine unbeschreibliche Verlogenheit gibt. Sie vertreten die Ansicht, daß es etwas spezifisch Westliches sei, für Frauenrechte einzutreten, und mit Afrika, dem echten Afrika, das traditionell und traditionalistisch sei, nichts zu tun habe. Ich finde das völlig falsch. Freiheit geht uns alle an, und für allgemeine Rechte zu kämpfen heißt auch, überall dafür zu kämpfen. Man kann kein intellektuell aufrichtiger Mann sein, wenn man nicht anerkennt, daß Frauen einen gerechten Kampf führen, wenn sie ihren Rechten Respekt verschaffen wollen.

AW: Sehen Sie Beschneidung als ein internationales Thema, als etwas, gegen das sich Frauen aus aller Welt organisieren könnten?

AT: Beschneidung und Infibulation sind für mich der beredteste Ausdruck der Unterdrückung von Frauen durch Männer. Somit geht uns dies alle an, und wer sich seiner Rechte bewußt ist, sollte andere dagegen mobilisieren. Europa hat nicht gewartet, bis afrikanische Frauen um Hilfe baten. Europäische Feministinnen wurden sehr schnell, noch in den siebziger Jahren, aktiv. Es fing in den USA an, wo Fran Hosken in ihrer Zeitschrift *Wom-News* seit 1972 das Thema weibliche Verstümmelung behandelt. Frankreich hat viel Geld in den Kampf gegen Beschneidung und Infibulation investiert. Die verschiedenen Ministerien, besonders wenn sie mit Frauen besetzt waren wie das von Yvette Roudy, bemühten sich, indem sie internationale Treffen finanzierten, den

Kampf um die Abschaffung sexueller Verstümmelung voranzutreiben. Frankreich hat wirklich viel dagegen getan, und auch andere europäische Länder tun viel, aber Hut ab vor Frankreich.

Jede endgültige und nicht wieder rückgängig zu machende Entfernung eines gesunden Organs ist eine Verstümmelung. Die äußeren weiblichen Sexualorgane bestehen im Normalzustand aus der Vulva, die sich aus den großen Schamlippen, den kleinen Schamlippen oder nymphae und der Klitoris, die von ihrer Vorhaut bedeckt ist, zusammensetzt, und die vor der Öffnung zum Urinartrakt und vor der Vaginalöffnung liegt. Ihre Beschaffenheit beim weiblichen Menschen ist erblich bedingt, und sie entwickelt sich bei den Embryonen aller menschlichen Rassen in der gleichen Weise. Die Vulva ist ein integraler Teil des Naturerbes der Menschheit! Wenn sie normal ist, gibt es absolut keinen medizinischen, moralischen oder ästhetischen Grund, einen oder alle Teile dieser äußeren Genitalien zu zerstören.

Gérard Zwang
Mutilations Sexuelles Féminines. Techniques et Résultants

Pratibha Parmar und Henriette Kouyate

Henriette Kouyate ist Gynäkologin in Dakar, Senegal, und kämpft seit 1955 gegen die Beschneidung. Sie leitet die Sokhma-Fatma-Klinik, in der sie beschnittene Frauen behandelt und Aufklärungs-Workshops für Beschneiderinnen durchführt. Sie ist zudem Generalsekretärin von COSEPRAT, dem Senegalese National Committee on Traditional Practices.

PP: Können Sie mir über Ihre Arbeit berichten und über das, was Sie dazu bewegte, sich mit diesem Thema zu beschäftigen?

HK: Ich bin Gynäkologin und habe mich auf Geburtshilfe spezialisiert. Und wenn man Frauen hilft, interessiert einen das, was auch sie interessiert. So kam es, daß ich mich näher mit den traditionellen Praktiken beschäftigte, die der Gesundheit von Frauen schaden – unter anderem Beschneidung und Infibulation.

PP: Und die Organisation, für die Sie arbeiten: wie heißt sie und welche Ziele verfolgt sie?

HK: Ich bin Generalsekretärin des Senegalese National Committee on Traditional Practices. Das Komitee entstand nach der Konferenz über traditionelle Praktiken 1984 in Dakar. Wir beschlossen, ein Nachfolge-Komitee zu gründen, da viele Konferenzen inzwischen zwar stattgefunden hatten, aber bisher kein Nachfolge-Komitee gegründet worden war, das sich um die praktische Durchführung der gewonnenen Erkenntnisse kümmerte. Inzwischen sind in den meisten Ländern, die an der Konferenz von Dakar teilgenommen hatten, zum Beispiel in Somalia und im Sudan, solche Komitees gegründet worden.

Unser wichtigstes Ziel ist es, die Leute zu informieren – ihr Bewußtsein zu wecken und sie aufzuklären. Wir wollen den Mann auf der Straße erreichen, die religiösen Führer kennenlernen, die Politiker, die jungen Leute, die Erwachsenen, Frauen, Kinder – um sie zu informieren, mit ihnen zu sprechen und ihnen die gefährliche Seite dieser Praktiken zu zeigen und gleichzeitig traditionelle Praktiken zu empfehlen, die gut sind für die Gesundheit von Frauen und Kindern.

PP: Wie gehen Sie vor? Gehen Sie in die Dörfer? Welche Aktivitäten unternehmen Sie, um das zu erreichen?

HK: Wir führen Seminare durch, die von Leuten in bestimmten Positionen besucht werden: Hebammen, Ärzte, Kulturberater. Wir bitten sie, die Leute mit Informationen zu versorgen und die Bevölkerung aufzuklären. Damit initiieren wir Komitees auf der nationalen Ebene. Wir haben auch ein Seminar für Beschneiderinnen durchgeführt. Sie kamen aus verschiedenen Teilen des Landes, besonders aus dem Senegal hier, wo viele Frauen üblicherweise beschnitten werden – von der Mutter über die Tochter bis hin zur Enkelin.

Sie kamen und tauschten ihre Erfahrungen aus. Es war sehr wichtig, da sie eine Stellung in ihrer Gesellschaft einnehmen. Für sie ist die Beschneidung eine Pflicht, die sie zu erfüllen haben. Sie sind in dieser Tradition erzogen worden und führen sie fort. Einerseits sagen sie, daß es mit der Tradition zusammenhänge, andererseits, daß es von der Religion vorgeschrieben sei. Die Mütter geben es an ihre Töchter weiter, und sie wüßten nicht zu sagen, warum sie es nicht tun sollten.

Unsere Aufgabe bestand darin, ihnen die schädliche Seite ihrer Einstellung klarzumachen, ihnen zu erklären, daß sie nicht dazu verpflichtet sind, es zu tun, daß es keine religiösen Vorschriften gibt, und ihnen zu zeigen, daß es nicht möglich ist, eine Beschneidung durchzuführen, ohne Schaden anzurichten. Wir zeigten ihnen den Verlauf der wichtigsten Arterien, und damit den Grund für die Blutungen, die Infektionen, und warum es ein Angriff auf die Sexualität von Frauen ist und ein Problem, das man diskutieren sollte.

Sie nahmen es an und verstanden es, obwohl es zu Beginn einige Frauen gab, die nichts davon hören wollten. Für diese Frauen war es eine Existenzfrage, da sie ihren Lebensunterhalt mit Beschneidungen verdienen. Aber diese Frauen machen auch noch etwas anderes. Sie sind gleichzeitig traditionellerweise die Hebammen, die sich um die Entbindungen kümmern. Sie führen inzwischen Beschneidungen immer seltener durch und spezialisieren sich auf traditionelle Methoden der Entbindung.

Das Argument, das sie vorbrachten, war, daß sie, wenn

sie Frauen beschnitten, sie in gewisser Weise etwas lehrten. Aber das stimmt nicht, denn beschnitten werden die Mädchen im Alter von einem Monat bis zu fünf Jahren. Welche Art von Belehrung kann man einem so kleinen Kind geben?

Sie sagen normalerweise, daß beschnitten werde, um die Jungfräulichkeit zu erhalten, aber wie viele beschnittene Mädchen gibt es, die unehelich schwanger wurden? Ich glaube, die Frauen waren ganz glücklich über diese Gelegenheit, miteinander zu sprechen, denn vielen ist klargeworden, daß sie in Wirklichkeit mit den Beschneidungen nur Probleme schufen. Als sie das mit anderen Frauen besprachen, wurde ihnen klar: Irgend etwas war nicht richtig.

PP: Frau Dr. Kouyate, Sie haben mehrere Jahre lang hier gelebt. Wie lange beschäftigen Sie sich schon mit diesem Thema? Könnten Sie von den durch Beschneidungen entstehenden Komplikationen und Problemen erzählen?

HK: Ich beschäftige mich seit 1955 damit. Ursprünglich lebte ich in Mali, wo ich Frauen in den verschiedensten Lebenslagen versorgte: Entbindungen, Sterilität, der Zeit, die zwischen den Geburten lag, und natürlich beschnittene Frauen. Damals war es weder möglich, über Beschneidung noch über Polygamie zu sprechen. Aber in kleinem Rahmen versuchten wir, die Leute zu beraten, und einige überzeugten wir, ihre Kinder nicht beschneiden zu lassen. Es gibt inzwischen in Mali Frauen, die vor den sechziger Jahren geboren und nicht beschnitten wurden.

Es war nicht möglich, über Beschneidung öffentlich zu sprechen; das Wort nur zu erwähnen, war gewagt, da es sich auf den Intimbereich der Frau bezieht. Alle Frauen in Mali waren beschnitten, hatten aber kein Bewußtsein davon, was sie erlitten hatten, da sie niemals über sich sprachen, weder über ihre Sexualität noch über die Probleme, vor denen sie in ihrem Intimleben standen. Inzwischen kann man offener über Beschneidung, Verhütung, der notwendigen Zeitspanne zwischen den Geburten und über Abtreibung reden. Es ist wichtig, darüber zu sprechen, da wir uns der Realität stellen müssen. Viele Kinder sind bei der Beschneidung verblutet. Ich kenne eine Frau, die wegen Fertilitätsproblemen zu mir kam, und die ich behandelt habe. Als sie endlich schwanger wurde, gebar sie ein kleines Mädchen. Aber eines Tages, als sie nicht da war, kamen sie, nahmen das Kind mit, ließen es beschneiden, und es starb daran.

Es gibt so viele Geschichten wie diese. Die Eltern konnten es nicht anzeigen, da es eine Familiensache war. In Afrika bringt man Verwandte nicht vor Gericht, sagt nicht, mein Kind ist entführt und beschnitten worden und ist daran gestorben. Aber es ist auch nicht richtig, daß die Familie soviel Gewalt über die Kinder hat, daß man, sogar wenn sie sterben, den Mantel des Schweigens darüber breitet.

PP: Frau Dr. Kouyate, könnten Sie uns etwas über die gesundheitsschädlichen Folgen von Beschneidung und Infibulation sagen?

HK: Vor allem ist zu sagen, daß man tödliche Blutungen erleiden kann, da in der Klitoris eine ganze Reihe von Blutgefäßen enden, unter anderem die Dorsal-Arterie, die Vene der Klitoris. Somit können die Mädchen verbluten. Angst ist auch ein sehr großes Problem, da diese Kinder, bevor man sie abholt, nicht auf die Schmerzen vorbereitet werden, die sie zu erleiden haben, und deshalb danach unter Schock stehen. Zusätzlich haben wir es mit Infektionen, sogar mit Tetanus zu tun. Die Infektionen beginnen im Bereich der Wunde, können sich aber auf die inneren Organe ausbreiten.

Neben der Beschneidung gibt es noch die andere – sehr viel gefährlichere – Praktik, die Infibulation. Beschneidung heißt Entfernung der Klitoris, bei der Infibulation wird nicht nur die Klitoris, sondern es werden auch die kleinen und die großen Schamlippen entfernt.

Und es ist nicht vorstellbar, aber was übrigbleibt, wird zugenäht, mit Dornen oder mit allem, was man zur Hand hat. Man läßt nur eine kleine Öffnung, durch die das Menstruationsblut abfließen kann. Oft aber kann durch diese Öffnung nicht alles abfließen. Und dann bleibt eine bestimmte Menge Blut in der Vagina. Und es entwickelt sich eine Schmerzen verursachende Infektion, die zu Sterilität führen kann.

Aber das ist noch nicht alles. Die Frau wurde beschnitten und hat ein Trauma hinter sich, also ist Geschlechtsverkehr für sie sehr schmerzhaft, und es entstehen eine ganze Reihe von Problemen bei der Geburt. Normalerweise elastisches Gewebe ist vernarbt. So reißen viele Frauen, nach vorne und nach hinten. Wenn sie in der Klinik sind, kann man einen Dammschnitt machen, die Öffnung vergrößern. Aber stellen Sie sich bloß einmal die Frauen vor, die zu Hause entbinden, wo man keine Ahnung von Operationen hat. Man überläßt sie einfach ihrem Schicksal. Sie sind nach vorn und hinten aufgerissen. Nach vorn verursacht das massive Blutungen, nach hinten ist es noch schlimmer – der Riß kann sich vergrößern und den Schließmuskel des Afters in Mitleidenschaft ziehen, und dann können die Frauen ihren Kot nicht mehr halten. Wenn sie in der Mitte reißen, weitet sich der Riß aus. Das schadet nicht nur den Frauen, sondern auch dem Kind. Die Geburt dauert viel länger, und das kann es für das Kind problematisch machen.

PP: Sie sprachen gestern über die Tatsache, daß Mädchen viel zu jung verheiratet werden.

HK: Das Problem der Beschneidung ist nicht das einzige, mit dem wir uns beschäftigen. Wir machen uns auch Sorgen über die Anzahl der Mädchen, die bereits im Alter von zehn Jahren verheiratet und dann in einem Alter schwanger werden, in dem sie eigentlich selbst noch Kinder sind. Diese Schwangerschaften verlaufen häufig sehr schlecht. Für die Mütter wie für die Kinder, denn die Körper der Mädchen sind zu der Zeit, wenn sie gezwungen werden, Kinder auszutragen, noch nicht völlig entwickelt. Das führt dazu, daß die Mädchen Fehlgeburten oder Nervenzusammenbrüche erleiden; die Sterblichkeitsziffer dieser Mütter und ihrer Kinder ist sehr hoch. Diese jungen Mädchen können Fisteln in der Vagina bekommen, da die Gebärmutter noch zu klein ist, es kommt vor, daß das Kind nicht austreten kann und die Vagina bei der Geburt in die Blase platzt. Es ist sehr traumatisch, denn diese Frauen werden ihr ganzes Leben über ihren Urin nicht mehr halten können, wenn sie sich nicht in einer Klinik operieren lassen, wo die Ärzte versuchen können, die Blase zu erneuern. Wir kämpfen also auch gegen die Kinderehen, da sie der Gesundheit unserer Frauen und Kinder schaden.

Noch ein weiteres Problem steht ganz vorn auf unserer Liste – der Druck, der auf afrikanische Frauen ausgeübt wird, viele Kinder in kurzer Zeit zu bekommen. Frauen müssen sich zwischen den Geburten erholen, das ist gut für Mutter und Kind. Wenn zwischen den Geburten drei oder vier Jahre liegen, mindestens aber zwei, hat die Mutter Zeit, wieder zu Kräften zu kommen, und das Kind wird gesund geboren.

PP: Sie sehen einen Zusammenhang zwischen Aids und Beschneidung. Können Sie uns etwas dazu sagen?

HK: Ich bin überzeugt, daß es einen Zusammenhang gibt zwischen Aids und weiblicher Beschneidung. Schauen Sie sich die Umstände an, unter denen eine Beschneidung durchgeführt wird. Es ist eine Gruppenbeschneidung: die Beschneiderin hat ein Messer, ihr Messer, sie schneidet damit ein Kind nach dem anderen, das Messer ist blutverschmiert und ihre Hände auch. Wenn sie Aids hat, liegt es auf der Hand, daß sie, wenn sie sich schneidet, die Krankheit überträgt. Und wenn eines der Kinder infiziert ist, überträgt sie sie auch.

Wir haben allerdings den Eindruck, daß sich wirklich etwas verändert – ich werde Ihnen ein Beispiel geben. Wir waren eingeladen in ein Center in Dakar, um dort zu sprechen. In diesem Center gab es viele Frauen aus einem Stamm, in dem 45 Prozent der Frauen beschnitten sind. Ein Mann mittleren Alters, der diesem Stamm angehörte, wollte uns hinauswerfen. Wir weigerten uns zu gehen, da es eine öffentliche Institution war. Er sagte den Frauen, sie sollten sich den Film, den man dort zeigte, *The Deceit of Circumcision*, nicht anschauen. Er befahl ihnen zu gehen, aber sie weigerten sich. Das ist sehr wichtig: Sie wollten zuhören und etwas über Beschneidung lernen. Sie waren selbst beschnitten, wollten sich aber über die Zukunft mit ihren Kindern zusammen Gedanken machen. Es gab sogar zwei Frauen, die den Mut hatten zu sagen, sie hätten Töchter, die sie nicht beschneiden lassen wollten.

PP: Sie sagten gestern, daß es am sinnvollsten sei, über diese Dinge mit Frauen während der Geburt zu sprechen. Können Sie uns dazu etwas sagen?

HK: Der Kreißsaal ist, selbst wenn es ein wenig gemein klingt, der richtige Ort, Frauen klarzumachen, daß die Beschneidung durch die Verengung des vaginalen Durchlasses unnötige Komplikationen schafft. Wir müssen beschnittene Frauen aufschneiden, wir müssen einen Dammschnitt durchführen. Es wird ihnen klar, daß wir, wenn sie nicht beschnitten worden wären, nicht hätten operieren müssen, um dem Kind einen normalen Durchgang zu öffnen. Wir erklären ihnen, wo das Kind steckenbleibt – und weshalb das gemacht wird. Und sie verstehen es, und dann sage ich ihnen, sie sollen ihre Töchter nicht beschneiden lassen. Viele versprechen mir, daß sie es nicht zulassen werden – und ich glaube, sie meinen es ernst. Wir haben große Erfolge mit dieser Art Mund-zu-Mund-Propaganda, damit, daß wir es erklären. Es ist eine Frage der Geduld, denn man darf sie nicht aufregen und sie nicht demütigen.

PP: Warum, glauben Sie, gibt es immer noch Beschneidungen, trotz aller Bemühungen, sie zu stoppen?

HK: Man argumentiert von verschiedenen Seiten her, von religiöser, traditioneller, hygienischer Seite. Aber das wirkliche Problem ist das Bedürfnis, die Sexualität von Frauen unter Kontrolle zu halten, ihre Bedürfnisse zu kontrollieren, sie wie Kinder zu behandeln, wie jemand, der keine Verantwortung für sich übernehmen kann, der kein eigenständiges menschliches Wesen ist. Eine erwachsene Frau ist völlig imstande, ihre Sexualität zu kontrollieren, aber die Beschneidung wird aufrechterhalten, um die Sexualität von Frauen zu beherrschen. Und ich denke, Frauen werden es nicht weiterhin akzeptieren, daß man sie wie Kinder behandelt, sie werden sich wehren. Es ist eine fundamentale und prinzipielle Sache, daß wir unsere Sexualität nicht kontrollieren lassen. Da wir verantwortliche menschliche Wesen sind und sehr viel besser dazu fähig, unsere Sexualität zu kontrollieren als Männer.

PP: Würden Sie also sagen, daß es ein Problem ist, das mit dem Patriarchat zusammenhängt, daß es eine spezifische Art von Kontrolle ist, die Männer über Frauen ausüben?

HK: Ja, das ist genau das, was ich sagen wollte. Es ist eine Frage der Kontrolle. Es ist der Wunsch und das Bedürfnis von Männern, die Sexualität von Frauen zu beherrschen. Wir lehnen diese Kontrolle inzwischen ab, und viele Menschen, sogar Männer, fangen an, das zu verstehen.

PP: Gibt es noch etwas, was Sie hinzufügen möchten?

HK: Unsere Botschaft ist, daß wir unsere Brüder, die Männer – mit denen wir uns nicht im Wettstreit befinden, sondern die wir ergänzen –, bitten, daß sie versuchen, Frauen zu verstehen. Denn wenn man zusammenarbeiten will, braucht es Verständnis und gegenseitigen Respekt. Wenn man einen Menschen wie ein unmündiges Kind behandelt, verhält er sich auch so, aber wenn man ihm Verantwortung zugesteht und ihn als Erwachsenen behandelt, verhält er sich wie ein Erwachsener. Afrikanische Frauen sind Erwachsene – es war an der Zeit, daß es bemerkt wurde.

Alice Walker und Beschneiderin 1

Vermutlich bin ich nach Afrika gekommen, um dieses Interview in Dar Salamay, Gambia, zu machen, das vielleicht schwierigste Interview, das ich je gemacht hatte. Warum sind Frauen zu Ausführenden von Männern geworden und foltern ihre Töchter? Was würde eine solche Frau sagen, wenn man sie befragte?

Das Interview mit der Beschneiderin in einem Hof, links deren Assistentin. In der Hand hält sie den Stab, Zeichen ihrer Autorität

F (Frage): Ich würde gerne wissen, wie Sie Beschneiderin geworden sind?

A (Antwort, Übersetzerin): Sie sagt, ihre Mutter war Beschneiderin, ihre Großeltern, ihr Urgroßvater waren Beschneider. Als ihre Mutter starb, wurde sie deshalb zur Beschneiderin gewählt.

F: Ich verstehe.

A: Zur Beschneiderin des Dorfes.

F: Und waren Sie erfreut, daß Sie die neue Beschneiderin waren, oder war es etwas ...

A: Ja, sie war sehr erfreut.

F: Wie lange sind Sie schon Beschneiderin?

A: Sie macht es jetzt im fünften Jahr.

F: Und wie viele Mädchen haben Sie, Ihrer Schätzung nach, beschnitten?

A: Sie sagt, sie kann sich nicht erinnern, es sind so viele Kinder, sie – sie kann sich nicht genau erinnern.

F: Ich verstehe. Hunderte oder Tausende?

A: Wenn man die Kinder beschneiden läßt, sind es nie gleich viel. Manchmal sind es an die fünfzig Kinder. Aber sobald man sie für die Beschneidung bestimmt hat, kommen oft noch einmal zwanzig, und dann stoßen nochmals zehn dazu, so kann man nicht genau wissen, wieviel.

F: Und wie oft machen Sie das?

A: Normalerweise in den Ferien. Diese Kinder sind jetzt gegangen, vielleicht bestimmen sie an Ostern weitere.

F: Warum wird es gemacht? Warum beschneidet man junge Mädchen?

A: Es ist Tradition. Die Großeltern und deren Großeltern haben es gemacht, und so haben sie es übernommen.

F: Glauben Sie, daß es eine gute Tradition ist, und wenn ja, warum?

A: Sie sagt, sie lassen es machen, weil es ihre Tradition ist. Sie sagt, daß es üblicherweise während der Zeit, in der die Mädchen verheilen, und während der Coming-out-Zeremonie viel zu essen und viele Festlichkeiten gibt, und das mögen sie.

F: Könnten Sie sie fragen, wie sie es macht, was sie macht, und ob sie bereit wäre, uns zu zeigen, was sie macht?

A: Sie sagt, daß alle ihre Instrumente in dieser Kalebasse sind. Sie sagt, daß nicht einmal die Mädchen, die beschnitten werden, wissen, was darin ist. Und sie wissen auch nicht, welche Instrumente sie benutzt. Es ist also – es ist ein Geheimnis, niemand weiß, was drin ist, und sie ist die einzige Person, die weiß, was in der Kalebasse ist – sie und ihre Schwestern.

F: Und wir ...?

A: Aber sie würde keinem anderen erlauben, es zu sehen.

F: Könnten Sie uns sagen, was den Kindern entfernt wird, welcher Teil des Körpers entfernt wird?

A: Sie sagt, daß sie auch darüber keine Auskunft gibt, da es – es ist ein Geheimnis, und es ist eine Geheimgesellschaft. Es wird keinem gesagt.

F: Nun ja, wir wissen, daß Mädchen bei der Beschneidung die Klitoris, die inneren Schamlippen und die äußeren Schamlippen entfernt werden. Manchmal werden sie zugenäht. Das ist also kein Geheimnis – jedermann weiß das inzwischen. Was wir nicht wissen, ist, warum es immer noch gemacht wird, da es mit großen Schmerzen einhergeht und manchmal mit großen gesundheitlichen Problemen für die Kinder verbunden ist.

A: Sie sagt – man sagt – normalerweise sagt man, die Welt sei klein, aber es ist immer noch eine große Welt. Sie sagt, daß nicht jeder seine Geheimnisse verrät. Manche werden Ihnen erzählen, was sie wegschneiden und wie sie es machen, und welche Art von Beschneidung sie durchführen. Sie sagt, daß diese Mädchen, die jetzt beschnitten wurden, niemals erzählen würden, was mit ihnen geschehen ist, selbst mit einem Messer an der Kehle nicht. Es ist – es ist schmerzhaft, aber sie würden es nie zugeben. Es ist – es ist ihre Tradition.

F: Bekommt sie Geld für das, was sie tut?

A: Sie sagt, wenn sie sie ihr zur Beschneidung bringen, bezahlen sie ihr nichts. Aber während der Reinigungszeremonie bringt jede Mutter fünf Dollar. Das ist alles, was sie bekommt.

F: Wenn Sie diese Operation durchführen und die Kinder zu schreien und zu weinen anfangen, welche Gefühle haben Sie dann?

A: Sie fühlt überhaupt nichts. Sie sagt, sie fühlt deshalb nichts – sie hat es selbst erlebt und ihre Mutter hat es gemacht, deshalb denkt sie, daß es – daß es ihnen keinen Schaden zufügt.

F: Wie viele der Kinder, die Sie beschnitten haben, sind gestorben?

A: Sie sagt, keines der Kinder ist je gestorben.

F: Wie viele Frauen helfen Ihnen dabei?

A: Sie sagt, sie weiß nicht, wie viele Frauen ihr helfen, wenn sie beim Beschneiden ist.

F: Was tun diese Frauen? Helfen sie, die Mädchen festzuhalten?

A: Sie sagt, manchmal macht sie das auch selbst, ohne Hilfe. Die Beschneidung selbst macht sie allein.

F: Wie bringt sie das Kind dazu, nicht zu weinen und nicht wegzulaufen?

A: Wenn sie es allein beschneidet, ohne irgend jemand, liegt das Kind vor ihr, es zittert, und sie weiß, was sie zu tun hat. Das Kind weiß das. Und selbst wenn das Kind weint, hört sie nicht, ob es weint oder nicht. Alles, was sie weiß, ist, daß sie die Operation durchführen wird und das Kind sich nicht bewegt, und sie hört nicht, ob das Kind weint.

F: Was benutzt sie, um die Blutung zu stoppen? Hat sie eine Kräutermedizin?

Keine Antwort.

F: Können Sie mir sagen, was Sie gemacht haben, bevor Sie Beschneiderin wurden?

A: Sie sagt, sie war Bäuerin, bevor sie Beschneiderin wurde. Aber jetzt ist sie alt, sie geht nicht mehr aufs Feld.

F: Wenn Sie die Wahl hätten, eine andere Arbeit anzunehmen, was würden Sie gerne tun?

A: Sie sagt, wenn sie die Wahl hätte, würde sie wieder Beschneiderin werden.

F: Ist Ihnen klar, daß es viele Frauen auf der Welt gibt, die nicht beschnitten sind? Wie denken Sie über unbeschnittene Frauen?

A: Sie sagt, sie weiß überhaupt nichts über unbeschnittene Frauen, und sie würde nirgendwo hingehen, wo es solche Frauen gäbe. Sie würde nicht zu ihnen gehen. Sie würde zu keinem Treffen gehen, auf dem es solche Frauen gäbe. Sie würde – sie weiß nichts über sie.

F: Viele von uns hier sind nicht beschnitten.

A: Sie sagt, das würde sie erkennen – von jeder, die hier sitzen würde, würde sie wissen, ob sie beschnitten worden wäre oder nicht.

F: Wie würde sie das erkennen?

A: Ihre Urgroßeltern haben ihr die Kunst beigebracht, zu erkennen, ob eine Frau beschnitten ist oder nicht.

F: Gut. Bin ich beschnitten?

A: Sie sagt, Sie wollen wohl alles wissen. (Lacht)

F: Halten Sie eine Beziehung zu den Mädchen aufrecht, nachdem Sie sie beschnitten haben? Sehen Sie sie, interessieren Sie sich für sie?

A: Sie sagt, morgen werden sie – alle – zu ihren Eltern zurückkehren. Sie sagt, danach werden sie ihr, wann immer sie sie sehen, Respekt zollen, das ganze Dorf respektiert sie. Sie werden aufwachsen und diesen Respekt gelernt haben.

F: Aber glaubt sie nicht, daß sie sie in Wirklichkeit fürchten?

A: Nein, nein, sie fürchten sie überhaupt nicht.

F: Was befindet sich in dieser Flasche?

A: Sie sagt, es sei destilliertes Wasser.

F: Oft gibt es die Beobachtung, daß das Licht in den Augen einer beschnittenen Frau erloschen ist. Ihre Augen strahlen nicht mehr. Haben Sie das bei den Mädchen, die Sie beschnitten haben, bemerkt?

A: Vielleicht fällt Ihnen das auf, ihr ist es nicht aufgefallen. Soweit sie das sagen kann, sind sie glücklich – und sie sind alle ganz aufgeregt darüber.

F: Ist sie eine glückliche Frau, ein glücklicher Mensch?

A: Ja, sie ist ein sehr glücklicher Mensch. Sie sagt, sie sei glücklich, daß so viele Kinder zu ihr gekommen sind, und alle sind in Ordnung, es geht ihnen allen gut – nein, es gibt nichts, was nicht in Ordnung ist. Sie sind alle gesund.

F: Gibt es noch etwas, was sie gerne sagen würde?

A: Es gibt nichts mehr, was sie sagen möchte.

Beschreibung einer Infibulation

Das kleine Mädchen ist in der Regel völlig nackt und wird von mindestens drei Frauen auf einem niedrigen Hocker festgehalten. Eine hat ihre Arme fest über der Brust des Kindes verschränkt; die beiden anderen drücken gewaltsam die Oberschenkel auseinander, um die Vulva möglichst weit zu öffnen. Die Arme der Kleinen werden hinter ihrem Rücken zusammengebunden oder von zwei weiteren Frauen fixiert.

Die Beschneiderin spricht ein kurzes Gebet, dann breitet sie auf dem Fußboden Opfergaben aus: Mais etwa, in der Stadt vielleicht sogar Eier. Daraufhin schneidet die Alte die Klitoris des Mädchens mit einer Rasierklinge heraus. Die Infibulation folgt: Die Beschneiderin schneidet mit der Rasierklinge die kleine Schamlippe der einen Seite von vorn nach hinten ab und schabt dann das Fleisch von der Innenseite der entsprechenden großen Schamlippe. Diese Nymphektomie und Ausschabung wird dann auch auf der anderen Seite der Vulva vorgenommen.

Das kleine Mädchen schreit vor Schmerzen und bäumt sich auf, obwohl es mit aller Kraft festgehalten wird. Die Beschneiderin wischt das

Blut von der Wunde, damit die Mutter und die anwesenden Frauen «bezeugen» können, daß sie gute Arbeit geleistet hat. Manchmal wird die Wunde dabei auch befingert. Wie stark die äußeren Schamlippen ausgeschabt werden, hängt vom technischen «Können» der Beschneiderin ab.

Danach trägt die Beschneiderin eine Paste auf und sichert das Zusammenwachsen der großen Schamlippen durch Akaziendornen, die durch die beiden Schamlippen gestochen werden. Sie setzt drei oder vier Stiche in dieser Art entlang der Vulva. Diese Dornen werden entweder durch einen Faden oder durch Pferdehaare miteinander verknüpft. Danach wird nochmals Paste auf die Wunde getan. Die Öffnung, die man für den Abfluß von Urin und Menstruationsblut läßt, ist so groß wie ein Maiskorn.

Aber all das genügt noch nicht, das Zusammenwachsen der großen Schamlippen zu garantieren. Das kleine Mädchen wird vom Schambein bis zu den Füßen mit Stoffstreifen, die zu einem Seil gerollt wurden, umwickelt, so daß sie ihre Beine nicht bewegen kann. Das erschöpfte Kind wird dann angezogen und auf ein Bett gelegt. Der Eingriff dauert fünfzehn bis zwanzig Minuten – je nachdem, wie erfahren die Alte ist und wieviel Widerstand das Kind leistet.

Alan David
Infibulation en République de Djibouti

Alice Walker und zwei kurz zuvor beschnittene Mädchen

Nach dem Interview mit der Beschneiderin entschloß ich mich, zwei der Mädchen zu befragen, die 14 Tage zuvor beschnitten worden waren.

F: Was habt ihr während der letzten Wochen getan?

A: Wir wurden beschnitten, und in den letzten beiden Wochen haben wir gespielt und tanzen gelernt.

F: Wußtet ihr, daß ihr beschnitten werdet, oder hat euch das überrascht?

A: Man hat uns nicht gesagt, daß wir beschnitten würden. Man hat uns nur gesagt, daß wir spielen würden.

F: Und als ihr dann dort angekommen seid, wo ihr beschnitten wurdet, war es eine große Überraschung?

A: Wir waren nicht überrascht.

F: Nicht überrascht. Habt ihr Angst gehabt?

A: Wir fürchteten uns nicht.

F: Was habt ihr gelernt, als ihr im Busch ward?

A: Es wurde uns beigebracht, wie man die Ältesten respektiert, wie man mit ihnen spricht und wie man sich in unserer Gesellschaft verhält.

F: Alles in zwei Wochen. Habt ihr die Schule für diese zwei Wochen verlassen, oder hattet ihr Ferien?

A: Wir wurden die beiden Wochen von der Schule genommen.

F: Und hattet ihr viele Lehrer hier oder nur einen?

A: Es waren viele.

F: Hat es Spaß gemacht? Hat euch das, was ihr gelernt habt, Spaß gemacht?

A: Ja, wir waren sehr glücklich.

F: Habt ihr eure Mütter vermißt?

A: Nein. Unsere Mütter kamen jeden Tag, um uns zu besuchen und uns etwas zum Essen zu bringen.

F: Habt ihr euch gegenseitig geholfen, als ihr ... als ihr ...?

A: Manchmal helfen wir uns gegenseitig, aber normalerweise gibt es andere Leute, andere Mädchen, ältere Mädchen, die auf uns achten und uns zeigen, was zu tun ist. Es sind die «Zuchtmeisterinnen».

F: Wurde es euch erklärt, warum ihr beschnitten worden seid?

A: Es wurde uns nicht erklärt.

F: Nein. Und niemand sagte euch je einen Grund dafür? Einen anderen als den, daß es Tradition ist?

A: Nein.

F: Ihr wißt also nicht, warum euch das angetan worden ist?

A: Man hat es uns nicht gesagt. Ich weiß nicht, warum wir beschnitten wurden. Wir wurden einfach beschnitten.

F: Würdet ihr es gerne wissen?

A: Wir möchten es nicht wissen.

F: Ihr möchtet es nicht wissen. Glaubt ihr nicht, daß ihr eure Mütter fragen könntet und die es euch erzählen würden?

A: Auch wenn wir unsere Eltern fragen würden, würden sie es uns nicht erzählen.

F: Aha, sie würden es euch nicht erzählen. Ist dies ein glücklicher Tag für euch? Was für Gefühle habt ihr, hier zu sein und diese ganzen Festlichkeiten zu erleben?

A: Wir ... es ist ein sehr glücklicher Tag für uns.

F: Würdet ihr es auch bei euren eigenen kleinen Töchtern machen lassen?

A: Ja.

F: Warum?

A: Es ist bei unseren Müttern gemacht worden, und unsere Mütter haben es bei uns machen lassen, und wir werden es bei unseren Kindern machen lassen.

F: Ist euch klar, daß viele Menschen auf der Welt ihre Kinder nicht beschneiden lassen? Wie denkt ihr darüber?

A: Ich weiß nichts über diese Kinder und diese Frauen, die nicht beschnitten wurden. Dies ist unsere Tradition. Vielleicht ist es bei ihnen nicht so – und deshalb machen sie es nicht. Aber unsere Tradition werden wir einhalten und dafür sorgen, daß sie auch in Zukunft eingehalten wird.

Pratibha Parmar und Beschneiderin 2

Diese Beschneiderin nahm an einem Workshop in Banjul teil, der von Frauen veranstaltet wurde, die Kampagnen gegen weibliche Beschneidung gestartet hatten. Ich wollte sie interviewen, da sie unter den anwesenden Beschneiderinnen die kämpferischste war, und am wenigsten von allen bereit zuzuhören. Man sagte mir, daß sie für den Tod eines jungen Mädchens verantwortlich war, das nur wenige Monate vor diesem Interview von Paris nach Gambia gebracht worden war, um beschnitten zu werden.

F: Wie sind Ihre Eindrücke nach dem Treffen heute?

A: Ich bin sehr zufrieden, es ist ein nettes Treffen, eine schöne Gelegenheit für viele Leute, miteinander zu reden.

F: Wie lange arbeiten Sie schon als Beschneiderin?

A: Seit 20 Jahren.

F: Würden Sie aufgrund dieser Diskussion heute damit aufhören, Beschneidungen durchzuführen?

A: Nein. Ich werde nur eines tun. Ich werde weiterhin Beschneidungen durchführen.

F: Verdienen Sie mit den Beschneidungen Ihren Lebensunterhalt?

A: Mit den Beschneidungen verdiene ich nur etwas Geld, meine Arbeit ist auch allgemein als etwas anerkannt, das zum Wohl der Gesellschaft geschieht.

F: Gab es jemals Zwischenfälle: Lähmungen oder Todesfälle?

A: Nein. Niemals. Ich mache das nun schon seit 20 Jahren, und ich habe nur Erfolg gehabt.

F: Wie haben Sie gelernt zu beschneiden? Ist es ein Wissen, das in der Familie weitergegeben wird?

A: Beschneidung ist eine traditionelle Praktik, die wir von unseren Urgroßeltern übernommen haben.

F: Werden Ihre Kinder sie auch ausüben?

A: Ja, sie werden es von mir lernen.

F: Wann haben Sie zum letzten Mal eine Beschneidung durchgeführt, und wie viele Mädchen haben Sie beschnitten?

A: Vorgestern, am Samstag, habe ich zwei Mädchen beschnitten.

F: Was benutzen Sie bei der Beschneidung?

A: Rasierklingen.

F: Welche Vorkehrungen treffen Sie, wenn Sie die Klingen benutzen, um Infektionen zu vermeiden?

A: Ich koche sie aus, trockne sie ab und stecke sie in die Packung zurück.

F: Wie viele Klingen benutzen Sie?

A: Ich kaufe immer eine Packung und benutze eine Klinge für zwei Kinder.

F: Was für Gefühle haben Sie, wenn die Kinder dabei weinen?

A: Die, die ich beschneide, sind danach nicht erschöpft, da ich eine sehr große Erfahrung habe. Diese Kinder können sofort etwas essen und mit ihren Freunden spielen gehen.

F: Ist Beschneidung schmerzhaft?

A: Das ist unvermeidlich ... Man schneidet ohne Betäubung, es muß weh tun, aber der Schmerz hält nicht an.

F: Wissen Sie, daß viele Menschen auf der Welt ihre Kinder inzwischen nicht mehr beschneiden lassen und diese Tradition verurteilen? Was sagen Sie dazu?

A: Dazu sage ich gar nichts.

Pratibha Parmar und Beschneiderin 3

Mit dieser Beschneiderin sprach ich in Dakar, in einem Hof, in dem ein Frauentreffen mit Awa Thiam stattfand. Sie war über 90, und ihre Tochter, die ihr als Beschneiderin folgen wird, mußte sie beim Gehen stützen. Sie hatte ein Bündel bei sich, das sie vorsichtig auseinanderfaltete. Sie zeigte uns ihr Messer, ihre schmutzige Baumwollwatte, einen hölzernen Stab, den sie den Mädchen zwischen die Zähne schob, um sie am Schreien zu hindern, und eine halbleere Cremetube. Sie war die einzige Beschneiderin, die bereit war, uns ihre Instrumente zu zeigen und darüber zu sprechen, wie sie die Mädchen beschnitt. Es war ein Interview, das einem eine Gänsehaut über den Rücken jagte. Noch lange verfolgte mich der Anblick, wie sie immer wieder ihr Messer in die Hand nahm. (Es ist ihr Messer, das im Film gezeigt wird.)

F: Was machen Sie beruflich?
A: Ich bin Schmiedin.
F: Wie lange führen Sie schon Beschneidungen durch?
A: Ich habe gestern zwei junge Mädchen beschnitten.
F: Von wem haben Sie es gelernt?
A: Da wir Schmiede sind, bewahrte meine Mutter das Geheimnis. Nach ihrem Tod wurde mir das Beschneidungsmesser übergeben, damit ich die Tradition weiterführen konnte.
F: Wann haben Sie damit angefangen?
A: Ein Jahr, nachdem ich geheiratet hatte, wurde mir das Messer übergeben.
F: Wie viele Mädchen haben Sie beschnitten?
A: So viele, daß ich mich nicht mehr daran erinnern kann.

F: Wie machen Sie es?

A: Wenn ich mit dem Messer fertig bin, benutze ich das Wasser aus dieser Flasche und spritze es ihnen in die Augen. Ich mache es mit diesem Messer, und danach tue ich ein wenig Watte und Alkohol darauf. Ich mache es, und danach spucke ich drauf, und das Bluten hört auf.

F: Wenn ein Mädchen weint, was fühlen Sie?

A: Ich sage Ihnen, daß keines der Mädchen, die zu mir kommen, Schmerzen hat. Ich treffe die nötigen Vorkehrungen. Sie können sie fragen, ohne daß ich dabei bin, sie werden Ihnen genau dasselbe sagen.

F: Lassen Sie sie nach der Operation nach Hause gehen?

A: Ja, nach der Operation mache ich einen Talisman, und dann gehen sie nach Hause.

F: Muß man sie aufschneiden, bevor sie verheiratet werden?

A: Ich weiß nicht.

F: Bei der Beschneidung, was schneiden Sie weg?

A: Es gibt ein kleines Stück, das wie ein Horn aussieht, das schneide ich weg, dann wasche ich die Stelle mit Salzwasser, bevor ich Alkohol drauf tue.

F: Werden Sie dafür bezahlt?

A: Ja. Ich verdiene damit meinen Lebensunterhalt. Ich zahle davon meine Wohnung und meine Kleider. Alles kommt von diesem Messer.

F: Ist je eines der Mädchen gestorben, die Sie beschnitten haben?

A: Seit ich es mache, ist noch nie etwas passiert. Niemand ist je in meinen Armen gestorben. Wenn ich beschneide, nehme ich mein Messer, sobald ich bereit bin. Ich bin sehr genau. Ich benutze Watte und Penicillin. Ich sage dem Kind, es soll sich hinlegen, und ich entferne, was entfernt werden soll. Ich lese Verse aus dem Koran, und ich habe noch nie irgendwelche Probleme gehabt.

Alice Walker und Mary

Mary ist Mutter einer vierjährigen Tochter, die ebenfalls Mary heißt und zwei Wochen vor diesem Interview beschnitten wurde.

AW: Mary, warum ist dieser Tag etwas so Besonderes für Sie?

M: Weil unsere Töchter beschnitten wurden und heute die Coming-out-Zeremonie ist.

AW: Und warum ist das so wunderbar, was ist so schön daran?

M: Es ist ein schöner Tag, weil es so Brauch ist, und diese Tradition reicht bis in die Tage unserer Vorfahren zurück.

AW: Und hatte Ihre Tochter Angst, als sie wegging, oder wußte sie nicht, was geschehen würde?

M: Man hat ihr nichts gesagt.

AW: Als Sie damals weggingen, um beschnitten zu werden, hat man Ihnen Bescheid gesagt?

M: Nein.

AW: Und was, glaubten Sie, würde geschehen?

M: Ich wußte es nicht.

AW: Was hat man Ihnen gesagt – wie hat man Sie dazu gebracht zu gehen?

M: Man sagte mir: «Wo du hingehst, wirst du eine Menge Bananen bekommen, ganz viel zu essen.»

AW: Und als Sie ankamen, was geschah da?

M: Ich spürte etwas, was weh tat.

AW: Waren Sie sehr überrascht?

M: Ja.

AW: Haben Leute Sie niedergehalten, so daß Sie nicht aufstehen konnten?

M: Ja.

AW: Hat Ihnen das angst gemacht?

M: Ja, ich hatte große Angst.

AW: Waren es Leute, die Sie kannten?

M: Nein, ich kannte sie nicht, und meine Augen waren verbunden.

AW: Fiel es Ihnen schwer, Ihr Kind gehen zu lassen?

M: Ja, sie tat mir leid.

AW: Aber Sie konnten sie nicht hierbehalten?

M: Sie tat mir leid, aber ich konnte sie nicht hierbehalten, weil es Tradition ist. Das Kind mußte gehen.

AW: Was wäre passiert, wenn Sie sie nicht hätten gehen lassen?

M: Es gibt hier viele Veranstaltungen und Orte, bei denen ein Mädchen, das nicht beschnitten ist, keinen Zutritt hat.

AW: Zu was hat sie keinen Zutritt?

M: Zeremonien wie diese Coming-out-Zeremonie.

AW: Und wie sieht es mit der Heirat aus – könnte das Mädchen später heiraten?

M: Sie könnte heiraten, auch wenn sie nicht beschnitten wäre.

AW: Was für Gefühle wird die kleine Mary haben, wenn sie Sie sieht, was glauben Sie?

M: Ich bringe ihr etwas zum Essen mit und Süßigkeiten, so daß sie, sobald sie mich sieht, sofort vergißt, was sie durchgemacht hat.

AW: Glauben Sie, daß Mary sich von Ihnen verraten fühlen wird?

M: Vielleicht, aber später wird sie wissen, daß es die Tradition war, die es verlangte.

AW: Wer, glauben Sie, ist für diese Tradition verantwortlich, wessen Idee war das?

M: Die unserer Urgroßmütter.

AW: Und warum, glauben Sie, haben sie sich entschieden, so etwas zu tun? Was ist der Grund dafür, denn schließlich ist es sehr schmerzhaft und verursacht viele Leiden?

M: Unsere Urgroßeltern taten es, und wir wissen nicht, warum sie es taten, warum wir es noch immer tun und immer tun werden.

AW: Wenn Sie als Frau die Macht hätten, diese Tradition zu verändern, würden Sie es tun?

M: Ich kann mir nicht vorstellen, daß wir die Macht hätten, es zu beenden. Ich habe sie nicht, aber wenn ich sie hätte, würde ich es beenden.

AW: Warum?

M: Der Schmerzen wegen.

AW: Ich möchte Sie etwas fragen: Sie wissen, daß Sie als kleines Mädchen beschnitten wurden, und Sie sagten, daß Mary, die kleine Mary, die Schmerzen vergessen würde. Ich würde sehr gerne wissen, ob Sie selbst die Schmerzen, die Sie als kleines Mädchen damals spürten, vergessen haben?

M: Ich kann mich nicht an die Schmerzen erinnern, und die kleine Mary wird sie auch vergessen.

AW: Glauben Sie, es hat das Verhältnis zu Ihrer Mutter in irgendeiner Weise verändert, als sie Sie gehen ließ, ohne Ihnen zu sagen, daß Fremde Ihnen etwas wegschneiden würden?

M: Am Anfang dachte ich, meine Mutter hätte mich ... hätte mich getäuscht, aber später begann ich zu verstehen, daß es Tradition war.

AW: Haben Sie mit Ihrer Mutter je darüber gesprochen?

M: Nein.

AW: Sie wissen, daß Frauen, deren Klitoris entfernt wurde, sexuellen Genuß nicht mehr so erleben wie Frauen, deren Klitoris intakt ist. Haben Sie das Gefühl, daß in Ihrer Ehe, in Ihrer Beziehung zu Ihrem Mann etwas fehlt?

M: Meiner Erfahrung nach nicht. Was mich betrifft, ich bin glücklich in meiner Ehe und habe nicht das Gefühl, daß mir etwas fehlt.

Pratibha Parmar und Baba Lee

Baba Lee ist ein islamischer Gelehrter, der sich wiederholt gegen weibliche Beschneidung ausgesprochen hat. Er ist einer der sehr wenigen Männer, die öffentlich, in Konferenzen und im Rundfunk dagegen Stellung nehmen. Ich sprach mit ihm in unserem Hotel in Banjul.

PP: Können Sie mir sagen, warum Sie, als islamischer Gelehrter, glauben, daß Beschneidung etwas Falsches ist?

BL: Einige islamische Gelehrte versuchen, eine Verbindung zwischen dem islamischen Glauben und weiblicher Beschneidung herzustellen, aber das ist falsch. Es ist eine Tradition, die schon lange, bevor der Islam auf diesem Kontinent Fuß faßte, befolgt wurde. Sie hat mit dem Islam nichts zu tun. Sie wird im Koran nicht erwähnt. Sie wird im «Hadith»* nicht erwähnt. Also kann man es weder «Sunnah» noch «Faridali» nennen. «Sunnah» ist eine Tat, die auf den Überlieferungen über Leben und Wirken, und auf den Aussprüchen des Propheten basiert, und «Faridali» ist die Bezeichnung für eine «Verpflichtung».

Die Mehrheit, 93 Prozent, der Einwohner Gambias sind Muslims. Und es gibt einige Gelehrte, die sagen, eine anständige muslimische Frau muß beschnitten sein. Es ist zwar nicht wahr, aber es wird ein psychologischer Druck von die-

* Hadith Qudsi: außerkoranische Worte Gottes, die in der islamischen Tradition neben der «Sunnah», der von Mohammed konkret vorgelebten Handlungsweise, als verbindlich für eine beispielhafte Lebensweise stehen.

sen Gelehrten auf Frauen ausgeübt. Zum Beispiel bezeichnen die meisten unserer Mandinkas weibliche Beschneidung als «Sunnah». Das heißt: Der Prophet hat von den Menschen die Beschneidung verlangt, was nicht der Fall ist. In Wirklichkeit hat jeder die Wahl, was heißt, daß es einem freigestellt ist. Es hat nichts damit zu tun, ob man ein überzeugter Anhänger des Islam ist. Einige Gelehrte verkündeten, daß die Frau, die nicht beschnitten wurde, unrein sei, was ebenfalls nicht wahr ist, denn vom islamischen Standpunkt aus heißt geistige Reinheit, daß man seine täglichen fünf Gebete verrichtet, die rituellen Waschungen vornimmt, seine Gedanken rein hält und gute Werke vollbringt. Reinheit heißt nicht, daß man operiert wird, wie das bei der weiblichen Beschneidung der Fall ist.

Die meisten Gelehrten versuchen, die Beschneidung damit zu rechtfertigen, daß sie die Geschichte von Mohammed erzählen, der von Mekka nach Medina wanderte und dort auf eine Frau traf, eine alte Frau, die Um' Apiah hieß. Sie war eine Beschneiderin. Der Prophet sagte zu der Frau: «Wenn du das in Zukunft machst, sei sehr vorsichtig.» Und dann erklärte er ihr, wie es auszuführen sei. Es sollte nicht zu radikal gemacht werden, da das nur Schaden anrichte.

Die meisten Menschen islamischen Glaubens, die Anhänger der weiblichen Beschneidung sind, verteidigen sie, weil sie einem Stamm angehören, bei dem diese Praktik Tradition ist. Ich gehöre auch zu einem solchen Stamm. Aber ich finde, daß es nicht ehrlich ist, seine eigenen Ziele unter dem Deckmantel einer Religion erreichen zu wollen. Es ist nicht fair. Deshalb ist mein Standpunkt, was das betrifft, ziemlich unerschütterlich, und ich bemühe mich sehr, die Leute, so gut ich kann, zu informieren, daß sie sich selbst ein Urteil bilden können.

PP: Warum denken Sie, daß es hauptsächlich muslimische

Männer sind, die behaupten, es sei Teil der Tradition, und den Frauen nahelegen, sich beschneiden zu lassen?

BL: Es ist ein Mittel, Frauen zu unterdrücken. In der Zeit, in der die Frauen beschnitten werden, werden sie darüber hinaus ja auch belehrt, was es heißt, dem Mann gegenüber gehorsam zu sein, sich dem Mann unterzuordnen und Traditionen dieser Art zu pflegen.

PP: Wollen Sie damit sagen, daß Frauen durch die Beschneidung dazu erzogen werden, unter der Kontrolle von Männern zu leben?

BL: Indirekt ja. Wenn eine Frau von einem Mann beherrscht wird, muß sie sehr stark sein. Man muß stark sein, denn man will von der Gesellschaft, in der man lebt, schließlich nicht abgelehnt werden. In Gesellschaften, die die Beschneidung praktizieren, wird man, wenn man nicht beschnitten ist, nicht akzeptiert, und man wird sich minderwertig fühlen. Und doch ist es vom islamischen Standpunkt aus so, daß, wenn ein muslimischer oder auch christlicher Arzt – denn der Islam achtet den christlichen Glauben – bestätigt, daß diese Praktik einer Frau schaden kann, ihrer Gesundheit nicht zuträglich ist, der Islam voll auf seiten der Frau steht. Der Islam ist ein Weg zum Leben. Und aus diesem Grund würde er nie irgendeiner Nation, irgendeinem Stamm oder irgendeiner Familie etwas Lebensfeindliches aufbürden.

Um ein Beispiel zu geben: Jeder Muslim muß während des Monats Ramadan fasten. Der Islam aber sagt, wenn man auf Reisen oder wenn man krank ist, und ein Arzt – auch ein christlicher oder jüdischer, wie gesagt – bestätigt, daß man mit diesem Fasten das eigene Leben aufs Spiel setzen würde, wird das vom Islam akzeptiert. Es steht sogar im Koran, daß man in solchen Fällen nicht fasten soll. Und das ist mein Hauptargument: Es ist eine Pflicht für jeden, die Fastenzeit einzuhalten. Wenn es sich aber gegen die Gesundheit und das Leben eines Menschen richtet, wird ihm erlaubt, nicht zu fasten, und statt dessen wird er angehalten, den Armen zu geben. Wenn es also diese Übereinkunft gibt, daß man in solchen Fällen nicht zu fasten braucht, was sagt das dann über die weibliche Beschneidung, die weder im Koran noch in irgendeiner der «Hadiths» erwähnt wird? Es heißt, daß es sich einzig und allein um eine Form von Propaganda handelt, die man verbreitet, weil man will, daß sich die Beschneidung noch weiter ausbreitet. Mit dem Islam hat das allerdings nichts zu tun. Es ist keine Pflicht, es ist nicht «Sunnah», sondern eine Tradition.

PP: Wie kann man, Ihrer Meinung nach, gegen diese Einstellung vorgehen, die Frauen und ihre Gesundheit gefährdet?

BL: Es ist leicht, dagegen vorzugehen, wenn man ehrlich ist. Wir müssen versuchen, die Leute aufzuklären, sie zu erziehen und ihnen wirklich zu beweisen, daß es Schaden anrichtet – allerdings wird das seine Zeit dauern.

PP: Ganz davon abgesehen, daß es nicht im Koran steht, warum sind Sie persönlich dagegen?

BL: Zum einen möchte ich nicht, daß etwas mit dem Islam in Verbindung gebracht wird, was mit dem Islam nichts zu tun hat. Zweitens wurde der Islam falsch gelehrt. Für viele Menschen, viele Völker, viele Länder ist er inzwischen etwas zum Fürchten. Viele Menschen haben Angst vor dem Islam bekommen, da sie ihn für blutrünstig halten. Sie glauben, der Islam sei eine Religion, die Diktaturen und Gewalt befürwortet und antidemokratisch ist. Das ist nicht der Fall. Also habe ich mich entschlossen, einer von denen zu sein, der den wahren Islam verteidigt, einer, der den Leuten beibringt, was der Islam ist und was nicht. Deshalb habe ich mich dieser Bewegung angeschlossen.

PP: Glauben Sie, daß Beschneidung inzwischen weniger praktiziert wird?

BL: Ja. Besonders in Gambia ist sie nicht mehr so weit verbreitet. Noch vor 15 Jahren hätten Sie nicht einmal auf die Idee kommen dürfen, in diesem Land gegen Beschneidung zu sprechen. Die Empörung der Leute wäre zu groß gewesen. Heute können Sie im ganzen Land umherreisen, Ihren Tisch aufschlagen und ein Treffen organisieren. Sie hören zu, und wenn man Anschauungsmaterial hat, interessiert es sie. Das heißt, daß sie angefangen haben, sich damit zu beschäftigen.

PP: Haben Sie Töchter, und sind sie beschnitten worden?

BL: Ich bin verheiratet und habe zwei Töchter. Es ist so traurig, was meiner ältesten Tochter passierte. 1990 war ich auf Reisen außerhalb des Landes, und meine Mutter nahm meine Tochter und ließ sie beschneiden. Als ich zurückkam, war ich außer mir. Aber ich bitte Sie, was kann man gegen seine eigene Mutter unternehmen. Glücklicherweise hat sie mir versprochen, daß sie es nie mehr tun wird, meine jüngere Tochter wird also nicht beschnitten. Wenn meine Tochter erwachsen ist und sich für die Beschneidung entscheidet, ist das ihre Sache. Aber ich möchte nicht, daß sie das Gefühl bekommt, verstümmelt worden zu sein, als sie klein war. Daß man ihr ein Unrecht angetan hat. Und ich bin der Meinung, daß es ein Unrecht ist.

Der Islam verlangt, daß wir unseren Eltern gegenüber sehr höflich, sehr unterwürfig sind. Selbst wenn sie nicht recht haben, sind wir so erzogen, ihnen nicht direkt ins Gesicht zu sagen, daß sie im Unrecht sind. Wir müssen auf unsere eigene Art und Weise versuchen, mit ihnen ins Gespräch zu kommen. Also habe ich mit meiner Mutter gesprochen, und sie hat mir versprochen, es nicht mehr zu tun. Sie ist mein Freund. Meine Mutter ist mein guter Freund. Deshalb konnte ich sie überzeugen, und ich bin sicher, daß meine jüngere Tochter nicht beschnitten werden wird.

Pratibha Parmar und eine Hebammenschülerin

Diese Frau wollte uns ihren Namen nicht nennen, da sie um ihre Sicherheit fürchtete. Ich sprach mit ihr im Anschluß an den Workshop mit Beschneiderinnen in Banjul. Sie war gegen weibliche Beschneidung und hoffte, daß sie durch ihre zukünftige Arbeit als Hebamme das Bewußtsein der Frauen verändern könne.

F: Was halten Sie von der Praktik der weiblichen Beschneidung?

A: Ich würde Ihnen raten, dieses Thema sehr vorsichtig anzugehen, um die Leute nicht vor den Kopf zu stoßen. Man kann nicht ausschließen, daß es diese Tradition in unserer Gesellschaft eines Tages nicht mehr gibt. Im Lauf der Generationen pflegen Bräuche zu verschwinden. Ich selbst habe mir noch die Lippen geschwärzt, aber meine Kinder haben sich kategorisch geweigert, das zu tun, und ich bin überzeugt, daß dasselbe auch mit der Beschneidung passieren wird. Früher haben die Frauen normalerweise zu Hause entbunden, inzwischen haben sie begriffen, daß es hygienischer und sicherer ist, ihre Kinder auf einer Entbindungsstation zu bekommen.

Sicher haben Sie bemerkt, daß einige Leute nicht über Beschneidung reden wollen. Es ist ein Tabu, über das man nicht überall, nicht mit jedem sprechen kann, und deshalb würde ich Ihnen raten, sehr vorsichtig zu sein.

F: Sind Sie selbst beschnitten worden, und wie waren Ihre Gefühle?

A: Ich wurde beschnitten, als ich sehr klein war, und erinnere mich deshalb an keine emotionale Reaktion. Meine Mutter sagt, daß ich erst zwei Jahre alt war.

F: Haben Sie Kinder, die beschnitten wurden?

A: Ja. Meine Eltern ließen sie beschneiden. Aber ich würde niemanden je dazu zwingen, am allerwenigsten meine Kinder, die eigenen Kinder beschneiden zu lassen.

F: Glauben Sie, daß die Leute an dieser Tradition festhalten werden?

A: Ich glaube ja. Denn diese Traditionen, die sie von ihren Vorfahren überliefert bekamen, sind ihnen sehr viel wert.

F: Sehen Sie irgendwelche Möglichkeiten, wie man sie stoppen könnte?

A: Eigentlich nicht. Wenn Eltern zum Beispiel irgend etwas über unser Gespräch heute erfahren würden, würden sie Sie vermutlich beschimpfen. Sie würden sagen, daß wir damit den Schleier von den tiefsten Geheimnissen unserer Gesellschaft reißen. Das ist der Grund, weshalb die meisten Tagungsteilnehmerinnen heute sich weigerten, etwas zu sagen oder Ihre Fragen zu beantworten.

PP: Wenn Sie Ihre Ausbildung abgeschlossen haben und Hebamme sind, werden Sie den Frauen sagen, daß diese Praktik schädlich ist für sie, besonders was die Entbindung anbelangt?

A: Ja. Ich werde ihnen ganz sicher sagen, daß die Beschneidung eine Geburt sehr viel schmerzhafter macht. Vielleicht verstehen sie mich und hören damit auf. Einige Praktiken basieren auf Unwissen. Wenn sie sehen, wie gesundheitsschädlich es ist, werden sie damit aufhören.

Pratibha Parmar, Mama und Mam Yassin

Ich sprach mit diesen jungen Frauen in Banjul. Sie sagten unmißverständlich, was sie dachten, waren sehr zornig, was weibliche Beschneidung anging, und haben in ihrer Schule ein Komitee auf die Beine gestellt, um ihre Mitschülerinnen und Mitschüler aufzuklären. Was sie sagen, läßt für die Zukunft hoffen.

PP: Mama, können Sie mir von der Arbeit erzählen, die Ihre Schwester und Ihre Mutter tun?

MA: Sie sind Teil einer Organisation, der BAFROW und der GAMCOTRAP, die versuchen, weibliche Beschneidung zu bekämpfen und zu zeigen, daß es ein sehr gesundheitsschädlicher Brauch ist – daß es unmenschlich ist.

PP: Wissen Sie, wie verbreitet es an Ihrer Schule ist, oder wie viele Ihrer Freundinnen beschnitten sind?

MA: Also, ich bin nicht sicher, aber ich denke, daß die meisten beschnitten sind. Wir haben ein Komitee gegründet, das gegen weibliche Beschneidung kämpft, das junge Leute anspricht und sie zu überzeugen versucht, daß dieser Brauch aufhören muß.

PP: Auf welche Reaktionen sind Sie in Ihrer Schule gestoßen – sagen wir mal, von den Jungen –, als Sie dieses Thema zur Sprache brachten?

MA: Nun ja, die Jungen, die meisten sind dafür, sie sagen, der Koran verlange die Beschneidung, daß man nicht damit aufhören solle. Aber wir versuchen, ihnen zu beweisen, daß nichts davon im Koran steht. Selbst die Töchter des Propheten waren nicht beschnitten.

PP: Warum, denken Sie, daß Jungen für die Beschneidung sind?

MA: Vielleicht deshalb, weil sie nicht wissen, was weibliche Beschneidung ist. Sie glauben, es ist das gleiche wie männliche Beschneidung. Sie wissen nicht, daß es dem weiblichen Körper schadet.

PP: Mam Yassin, besuchen Sie ebenfalls die Schule? Wie denken Sie über weibliche Beschneidung?

MY: Ich gehe auf die gleiche Schule wie Mama, bin aber eine Klasse unter ihr. Ich denke, daß Beschneidung etwas völlig Falsches ist, und daß es abgeschafft gehört.

PP: Warum glauben Sie das?

MY: Zuerst einmal ist es nicht gut für den Körper einer Frau. Der Teil, der weggeschnitten wird, ist ein großer Verlust für die Frauen. Die Mütter sparen viel Geld für diesen einen Tag, an dem die kleinen Mädchen beschnitten werden. Geld, das sie für andere Lebensbereiche brauchen könnten, statt es an diesem Tag auszugeben, der so viel Schaden verursacht.

PP: Sind viele Ihrer Freundinnen beschnitten?

MY: Ja, die meisten meiner Freundinnen. Die meisten Frauen, die ich kenne, sind beschnitten.

PP: Und wie denken Sie darüber?

MY: Die Eltern sagen ihnen, sie sollten stolz darauf sein, und die, die sich nicht beschneiden lassen wollen, werden verspottet. Man lacht sie aus und macht sich über sie lustig. Also sind sie stolz, wenn sie beschnitten sind. Und sie wissen nichts über die gesundheitsschädlichen Nebenwirkungen.

PP: Glauben Sie, daß sich die Einstellung junger Leute zur Beschneidung inzwischen geändert hat?

MY: Ja, junge Leute ändern sich zur Zeit. Es wurden Kampagnen gestartet, wie die von Mamas Mutter und Schwester. Sie kämpfen dagegen. Und, wie Mama schon sagte, wir ziehen in den Schulen unsere Gruppen auf, und die meisten sind unserer Meinung. Sogar einige Mütter kommen.

PP: Hatten Ihre Freundinnen, soweit Sie wissen, Schwierigkeiten nach der Beschneidung?

MA: Eine Freundin erzählte mir, daß ihre Mutter ihr gesagt habe, sie sei im Alter von sechs Monaten beschnitten worden. Inzwischen hat sie ihre Periode, und dann schwillt ihr Bauch an und sie hat große Schmerzen.

MY: Ich weiß, daß eine meiner Freundinnen schwere Blutungen hatte. Und eine andere Freundin riß einfach aus und versuchte uns vorzumachen, daß sie nicht gewillt sei, sich beschneiden zu lassen. Aber dann hatte sie das Gefühl, daß sie aus ihrem Freundeskreis ausgeschlossen würde, wenn sie sich nicht beschneiden ließe, und so willigte sie am Ende ein.

PP: Sind Sie von Ihrer Familie unter Druck gesetzt worden, sich beschneiden zu lassen?

MY: Von meiner Großmutter schon, sie glaubt immer noch an weibliche Beschneidung. Aber sowohl meine Mutter als auch mein Vater sind dagegen, also haben sie mir gesagt: «Hör nicht auf deine Freunde und laß dir von ihnen nichts einreden.» Und meine Mutter sagte: «Wenn du das machst, gibt es in diesem Haus keine Zeremonie, also wirst du dich so oder so schämen müssen, denn alle deine Freunde feiern, aber ich werde keine Feier für dich richten.» Es war also keine Versuchung für mich.

PP: Und Sie möchten nicht beschnitten werden?

MY: Nein.

PP: Warum nicht?

MY: Wie ich schon vorher sagte: Ich kenne die gesundheitsschädlichen Nebenwirkungen, und es ist mir lieber, daß meine Eltern das Geld, das sie für die Feierlichkeiten ausgeben müßten, in meine Ausbildung oder in die meiner jüngeren Brüder und Schwestern investieren, statt es für diesen einen Tag zu verschwenden. Und ich möchte gerne gesund sein und lange leben.

Pratibha Parmar und Khady, Daniele und Nafi

Diese drei Frauen sind Mitglieder der Commission for the Abolition of Sexual Mutilation im Senegal. Sie sind Aktivistinnen, die seit 13 Jahren gegen alle Formen sexueller Verstümmelung ankämpfen. Awa Thiam, die ein Gründungsmitglied dieser Kommission ist, machte uns mit ihnen bekannt.

PP: Können Sie uns den Namen Ihrer Organisation nennen und uns sagen, was Sie genau machen?

K: Unsere Organisation heißt Commission for the Abolition of Sexual Mutilation (AMS International). Im Senegal nennt sich die Bewegung Women and Society. Wir haben verschiedene Ziele: Forschung zu Frauenproblemen; Aufhebung aller Formen patriarchalischer Unterdrückung; Forschung zu den verschiedensten Formen von Gewalt in der Familie. Und wir kämpfen gegen jede Art sexueller Verstümmelung, wie der Name unserer Gruppe ja sagt. Sie entstand 1982 im Senegal. Wir haben im Vergleich zu anderen Frauenbewegungen eine andere Ausgangsbasis. Unsere Mittel erlauben es uns nicht, mit Frauen der Arbeiterklasse zu arbeiten. Wir arbeiten auf freiwilliger Basis, also organisieren wir Konferenzen und Fernsehsendungen, Kampagnen im Fernsehen, im Rundfunk und in den Zeitungen. Wir liefern in der Hauptsache Informationen und versuchen, ein Bewußtsein für das jeweilige Problem zu schaffen. Eine Reihe von Konferenzen und Diskussionen sind in Dakar und Paris abgehalten worden, da unsere französische Sektion sehr aktiv und der Austausch zwischen uns sehr lebendig ist. 1988 zum Beispiel organisierten wir in Paris eine Konferenz über Gewaltverbrechen an Mädchen und Frauen, und 1983 fand in Dakar eine Konferenz über weibliche sexuelle Verstümmelung statt. Und im Dezember 1992 organisierten wir eine Konferenz, die außerordentlich erfolgreich war und tiefsitzende Tabus der senegalesischen Gesellschaft angegangen ist. Die Konferenz wurde von Daniele geleitet, die einen Vortrag über geschlagene Frauen und Gewalt in der Familie hielt.

PP: Wie viele Frauen gibt es in dieser Organisation, und wie lange gehören Sie selbst ihr an?

K: Zur Zeit haben wir 15 Mitglieder. Ich bin der Organisation 1990 beigetreten. Ich habe mich zum Beitritt entschlossen, weil mir Leute davon erzählt hatten. Ich habe eine Freundin, eine echte Freundin – sie ist wie eine Schwester. Sie sprach im Fernsehen, sie organisierte Konferenzen, sie war weit gereist und kam in den Senegal zurück. Sie brachte mich dazu, mich für die Probleme der Frauen im Senegal und überall auf der Welt zu interessieren. Also wurde ich in dieser Organisation aktiv – ich wollte nicht in die Politik gehen.

PP: Wie würden Sie sexuelle Verstümmelung definieren?

K: Ich denke, zuerst gibt es mal die körperliche Verstümmelung, und dann gibt es die psychische Verstümmelung. Auf der psychischen Ebene, ja, da meine ich die Frauen, die zu Hause unterdrückt werden. Frauen, die an ihrem Arbeitsplatz nicht adäquat behandelt werden. Unter die körperliche Verstümmelung fällt zum Beispiel die Beschneidung junger Mädchen.

PP: Sie haben gerade über psychische Verstümmelung gesprochen. Ich erinnere mich, daß Daniele erst vor kurzem eine Konferenz zu diesem Thema organisiert hat. Könnten Sie uns etwas dazu erzählen?

D: Zuerst einmal muß ich sagen, daß ich mich der Organisation relativ spät angeschlossen habe. Ich kam über Radine dazu, eine junge «Schwester», die wußte, daß ich Feministin war und mich für den Feminismus engagierte, ohne zu verbissen einer bestimmten Richtung anzuhängen. Ich bin seit 1991 dabei – das ist noch gar nicht so lange her. Da ich älter bin als die anderen, konnte ich mit ihnen einen etwas umfassenderen Ansatz entwickeln.

Ich bin der Meinung, daß weibliche Verstümmelung ein wichtiges Problem ist, da sie sowohl Frauen wie Kindern Schaden zufügt. Sie betrifft junge Mädchen, und so ist es natürlicherweise ein Gebiet, auf dem man feministische Interessen vertreten kann und gleichzeitig diesen Kindern hilft. Aber mir scheint der umfassendere Aspekt der interessantere zu sein. Frauen werden bei uns die verschiedensten Rechte verweigert. Sie können kein Land besitzen, keinen Kredit bei der Bank aufnehmen, kein Geschäft gründen und nicht einmal reisen, wenn es ihr Ehemann nicht erlaubt.

Das Thema der Konferenz war geschlagene Frauen. Etwas ganz Ungewöhnliches passierte: Sie zog mehr Männer als Frauen an. Siebzig Prozent der Teilnehmer waren Männer. Die Diskussionen im Anschluß an die Konferenz geben, meiner Meinung nach, Anlaß zu Hoffnung. Mit Ausnahme einiger Männer, die die Diskussionen zu sprengen versuchten, realisierten alle, daß es sich um ein wirkliches Problem handelte. Wir hatten das Glück, daß die Presse ausführlich darüber berichtete und ein Bericht in *Amina* erschien, einer Frauenzeitschrift, die man in ganz Westafrika kaufen kann. Danach wurden wir von einem Radiosender interviewt. Es war schon eine Erleichterung zu sehen, daß wir auf dem richtigen Weg waren. Wir hatten nämlich eine Reihe bis dahin tabuisierter Themen angesprochen. Dinge, über die die Leute nicht sprachen, die aber zur Realität des Lebens im Senegal gehörten. All das machte uns bekannt. Unsere Bewegung ist nämlich ziemlich klein. Außerdem arbeiten wir alle und können nicht den ganzen Tag über zur Verfügung stehen.

Das zweite Hindernis, mit dem wir zu kämpfen haben, ist, daß wir von den Institutionen nicht unterstützt werden. Uns stehen keine finanziellen Mittel zur Verfügung. Wenn wir also feststellen, daß es ein Problem in Kaolack gibt, müssen wir unsere Reisekosten und unsere Ausgaben selbst tragen. Es ist eine enorme Belastung. Sollten wir diese Hürde schaffen, hätten unsere Aktionen einen sehr viel größeren Radius, und die Bewegung könnte sich ausbreiten. Wir wollen mit «normalen» Leuten arbeiten, nicht mit Leuten, wie wir selbst es sind. Wir müssen Frauen erreichen, die mit diesen Traditionen Tag für Tag leben, mit denen wollen wir sprechen und sie überzeugen. Ich glaube, daß das eines der wichtigsten Dinge wäre.

Ein Ziel, das sich unsere Bewegung gesetzt hat, ist, ein Gesetz zu erzwingen, das sexuelle Verstümmelung verbietet. So etwas kann man nicht in vier oder zehn Tagen zum Verschwinden bringen, vielleicht nicht einmal in zehn Jahren. Wir müssen Geduld haben und nicht den Mut verlieren. Im Senegal des Jahres 1993 wird sexuelle Verstümmelung immer noch praktiziert, sogar in Kreisen, die sie früher traditionellerweise nicht durchgeführt haben. Ich habe zum Beispiel gehört, daß sich in der Stadt Nbour, wo es eine große Gemeinde gibt, die dem Manding-Stamm angehört, junge Mädchen freiwillig beschneiden lassen – sogar, ohne ihre Eltern darüber zu informieren. Einer meiner Arbeitskollegen hat mir neulich erzählt, welche Probleme dahinterstehen. Seine Nichte hat Freundinnen, die beschnitten sind, also wollte auch sie sich beschneiden lassen. Ohne ihre Eltern um Erlaubnis zu bitten, ließ sie es machen. Es gibt viele falsche Vorstellungen über die Beschneidung – daß sie die Frauen vor den Männern schütze, daß sie nicht schwanger werden könnten, bestimmte Probleme nicht hätten. Ich fand das alles furchtbar erschreckend. Wenn wir etwas bewegen wollen, muß diese Art von Aberglauben als erstes verschwinden. Früher verging man sich an Kindern. Inzwischen lassen sich junge Mädchen aus freien Stücken beschneiden – das ist entsetzlich.

PP: Was Sie sagen, ist sehr interessant, da wir mit vielen Frauen gesprochen haben, die meinen, daß diese Praxis zurückgeht. Wir glauben inzwischen, daß dieses Problem eine neue Dimension erreicht hat.

D: Ich denke, daß es ab und an Fortschritte gibt. Denn inzwischen wird in Familien, in denen die Beschneidung traditionellerweise geschah – zum Beispiel bei den Leuten, die zum Tricoleur-Stamm gehören, wo Mütter, Tanten und Großtanten beschnitten wurden –, in der jetzigen Generation nicht mehr beschnitten. Die Mütter ließen ihre Töchter nicht mehr beschneiden, und diese wollen ihre Töchter nicht mehr beschneiden lassen. Ich glaube auch, daß die Einstellung der Männer wichtig ist. Ich weiß von Fällen, bei denen der Vater seine Tochter beschneiden ließ, auch wenn die Mutter nicht damit einverstanden war. Deshalb glaube ich, daß Beschneidung einerseits zurückgehen wird, da die Leute um die gesundheitlichen Gefahren wissen oder überhaupt dagegen sind. Andererseits gibt es da eine Art Mode, eine Art gesellschaftlichen Zwang, es zu machen, weil es auch die anderen tun. Wir sollten die Sache untersuchen und Daten erheben, um definitiver sagen zu können, ob es im Rückgang begriffen ist oder nicht.

PP: Haben Sie andere Wege gefunden, um das Bewußtsein der Leute aufzurütteln?

D: Nach dieser Konferenz über geschlagene Frauen gab es im Senegal eine Welle von Gewalt gegen Frauen, und in Conac schlug eine Frau einen nationalen Trauertag sogar vor und wollte darüber im Rundfunk sprechen. Khady und ich gingen auf die Straße und baten senegalesische Frauen und Männer, die der Überzeugung waren, daß sich eine Gesellschaft nicht auf Gewalt gründen sollte, die Trauerfarbe Weiß zu tragen. Es war ein großer Erfolg. Selbst wenn wir für diese Aktion eine längere Vorbereitungszeit gehabt hätten, wäre der Erfolg nicht überzeugender geworden. Man sah weiß angezogene Frauen und Männer in Schulen, in Bussen – es war wunderbar. Ich glaube, das ist ein richtiger Weg, um das Bewußtsein von Leuten wachzurütteln.

PP: Khady, darf ich Ihnen eine persönliche Frage stellen? Wie war die Einstellung Ihrer Familie zur weiblichen Beschneidung?

K: Ich gehöre dem Stamm der Pula an, zu dem auch ein paar Bambara gehören. Meine Familie kommt aus Mali, wo Beschneidung allgemein praktiziert wird und Eltern alle ihre Kinder beschneiden lassen. Wir hatten Glück, mein Vater war dagegen. Er war ein Intellektueller und las viel. Er war ein überzeugter Gegner jeglicher Verstümmelung von Kindern. Aber um mich herum wurden viele Mädchen beschnitten. Als Kind war das ein Trauma für mich, da die Leute um uns herum uns einredeten, daß wir keine wirklich guten Frauen sein könnten, wenn wir diese Prozedur nicht über uns ergehen lassen würden, daß auch kein Mann aus unserer Schicht uns als Frauen je akzeptieren und seine Familie uns ablehnen würde. Aber mein Vater blieb eisern bei seiner Meinung, und so wurde in meiner engeren Familie nicht beschnitten.

Aber einige meiner Kusinen wurden beschnitten. Wir mußten an den verschiedenen Zeremonien teilnehmen, und es war schrecklich, weil sie alle tränenüberströmt waren. Es war etwas sehr Gewalttätiges und hat sich mir tief eingeprägt. Ich habe mich dort entschlossen, gegen Beschneidung und Gewalt gegen Frauen zu kämpfen. Es war ein Kampf in der Familie, denn als einige meiner jüngsten Kusinen von Beschneidung bedroht waren, machte ich es überall bekannt.

Mein Mann ist Arzt, und das erleichterte es ein wenig, denn wir konnten zusammenarbeiten und einige Gefahren und medizinische Folgen erklären, die sich aus der Beschneidung ergeben. Damit hatten wir einen gewissen Erfolg. In unserer Familie wird immer weniger beschnitten, obwohl der Teil der Familie, der in Mali wohnt, es immer noch praktiziert. Es gibt immer noch junge Kusinen von mir, die beschnitten werden – inzwischen läßt man das in einer Klinik machen. Aber es ist immer noch etwas Schreckliches. Eins der Ziele, die man mit der Beschneidung erreichen will, ist, daß Mädchen jungfräulich in die Ehe gehen. Aber es hat sich herausgestellt, daß beschnittene Mädchen schwanger wurden, bevor sie heirateten, da sie glaubten, die Beschneidung würde sie vor einer Schwangerschaft schützen. Das hat die Eltern zum Nachdenken gebracht. Schwangerschaften wurden nicht verhindert. Die Jungfräulichkeit vor der Ehe war auch nicht mehr etwas, was man garantieren konnte, zu was sollte also die Beschneidung noch gut sein.

PP: Sie sind also nicht beschnitten worden?

K: Nein, mein Vater hat es untersagt, daß ich beschnitten wurde.

PP: Ist eine von Ihnen beschnitten?

D: Ich selbst bin nicht beschnitten. Ich komme von den Westindischen Inseln, und dort gibt es keine Beschneidung. Ich kam nach Senegal, um zu heiraten, und ich kann das Problem als Außenseiterin beurteilen. Ich habe Freundinnen, die beschnitten sind, und einige von ihnen sind davon überzeugt, daß beschnittene Frauen allen anderen Frauen überlegen sind. Ich kann also nicht für sie sprechen. Aber wir diskutieren sehr häufig darüber, und ich sehe, wie wichtig es ist.

N: Ich bin nicht beschnitten, aber meine jüngere Schwester wurde bei uns im Nachbarhaus beschnitten, denn wie in Khadys Fall gehört meine halbe Familie dem Tricoleur-Stamm an. Also befürworteten die Schwestern meines Vaters die Beschneidung. Da aber mein Vater seine Zustimmung nicht gab, wurde es in einem anderen Haus durchgeführt. Meine Schwester ist daran fast gestorben. Es werden geröstete Nüsse auf die Wunde gelegt, um die Blutung zu stoppen, aber sie hatte eine allergische Reaktion, und ihre Beine schwollen an. Mein Vater war außer sich. Sie wurde behandelt – sie bekam Injektionen usw. Sie heiratete vor mir und hat Kinder. Bei den Geburten hatte sie immer Probleme mit Infektionen.

PP: Hat sie sich selbst dazu entschlossen?

N: Ja. Es war ihre Entscheidung. Ich weiß auch nicht, weshalb sie es gemacht hat. Sie ging zu einer Hütte in der Nähe unseres Hauses, in der Beschneidungen durchgeführt wurden. Meine Tante väterlicherseits, die dem Tricoleur-Stamm angehört, brachte sie soweit. Meine Mutter sagte ihr, daß mein Vater damit nicht einverstanden sei – aber sie ging hin.

PP: Wie alt war sie, als sie sich dazu entschloß?

N: Noch nicht einmal zehn.

PP: Haben Sie sie in der letzten Zeit einmal gefragt, ob sie es bereut?

N: Natürlich bereut sie es. Sie ist die einzige von uns, die Probleme hat. Bei all ihren Schwangerschaften gibt es Komplikationen, und sie hat dauernd Infektionen.

PP: Will sie ihre Töchter beschneiden lassen?

N: Nein, nein.

Alice Walker und Tracy Chapman

Dieses kurze Interview mit Tracy Chapman fand im «Haus der Sklaven» auf der Gorée-Insel im Senegal statt. Man liebt ihre Musik und bewundert sie in ganz Afrika.

AW: Hier sitzen wir auf den Stufen des sogenannten «Hauses der Sklaven», und ich frage mich, wie Sie über weibliche Beschneidung denken und welche Gefühle Sie haben?

TC: Als ich an diesen Ort kam, hatte ich vermutlich das gleiche Gefühl wie die vielen Menschen, für die er eine Art Endstation war: Sie müssen eine große Unsicherheit und große Angst gespürt haben. Ich mußte daran denken, was Frauen angetan wird, daß sie verstümmelt werden. Es ist so unfaßbar, aber die Möglichkeit, es zu ändern – und es ist verbreiteter, als die meisten Leute ahnen –, ist ebenfalls unendlich groß. Ich blickte auf das Wasser hinaus und dachte: Ich stehe hier und bin so frei, wie man auf dieser Welt nur sein kann, und es ist möglich, daß die Dinge sich ändern und daß Frauen sich die Kontrolle über ihren Körper wiedererobern, daß sie unversehrte Körper haben und einen neuen Anfang machen.

Pratibha Parmar und Alice Walker

Dies war das letzte Interview, das wir filmten. Es fand im «Haus der Sklaven» statt. Ich wollte, daß Alice über ihre Reiseeindrücke sprach und darüber, wie es war, afrikanische Frauen zu treffen. Ich wollte auch, daß sie etwas über die Erfahrungen versklavter Frauen sagte, die genital verstümmelt worden waren.

PP: Alice, ich würde gerne damit beginnen, daß ich dich bitte, ein wenig darüber zu sprechen, wo wir gerade sind, über die Bedeutung, die dieses Haus und diese Insel für uns hat.

AW: Wir sind auf der Gorée-Insel, die vor der Küste Dakars im Senegal liegt. Dies ist ein Sklavenkastell oder Sklavenhaus, ein Ort, an dem man gefangene Afrikaner hielt, bevor man sie in die Vereinigten Staaten verschiffte, wo sie auf den Plantagen arbeiten mußten, hauptsächlich in den Südstaaten.

PP: Eines der Dinge, über die du häufig gesprochen hast, wenn wir uns über weibliche Beschneidung unterhielten, ist die Lücke in den historischen Berichten: Es fehlen die Erfahrungen der Frauen, die versklavt worden waren – was geschah mit ihnen, wenn sie auf die Schiffe verladen wurden und beschnitten oder genital verstümmelt waren? Kannst du dazu etwas sagen?

AW: Ich habe nirgends erwähnt gefunden, daß die Frauen, die man entlang der afrikanischen Küste als Sklavinnen gefangennahm, mit großer Wahrscheinlichkeit verstümmelt und infibuliert waren. Also sind wir auf unsere Vorstellungskraft angewiesen, was es für diese Frauen bedeutet haben mag. Sie waren nicht nur den gleichen Grausamkeiten ausgesetzt wie alle anderen Sklaven, sie waren darüber hinaus auch noch zugenäht, so daß jede körperliche Funktion, die die Vulva betraf, schrecklich gewesen sein muß.

PP: Warum, glaubst du, fehlen Berichte darüber in den historischen Quellen?

AW: Die Quellen berichten hauptsächlich über die Männer, die versklavt wurden. Sehr selten gibt es ausführlichere Beschreibungen über Frauen und ihre Erfahrungen. Wenn man die Berichte liest, könnte man oft den Eindruck bekommen, daß es nur männliche Sklaven gab.

PP: Wir sind jetzt seit ein paar Wochen in Afrika, und du hast Frauen in Gambia und im Senegal getroffen, mit denen wir über weibliche Genitalverstümmelung gesprochen haben. Wie ist dein Eindruck, was sind deine Erfahrungen?

AW: Es ist erstaunlich, daß das Leiden der Kinder am wenigsten bedacht wird. Kinder schreien vor Schmerz und Angst, wenn sie Schmerz und Angst erleben, und doch nehmen ihre Verwandten und Eltern einfach an, daß sie das, was sie erdulden, vergessen werden. Das hat mich sehr beschäftigt. Ich finde es einfach grauenhaft.

PP: Gibt es neben den Eindrücken, die du aus den Gesprächen mit den Frauen, die über ihre Erfahrungen mit der Beschneidung sprachen, bekommen hast, noch etwas anderes, das dir besonders aufgefallen ist?

AW: Die meisten Frauen sagen zu Beginn, daß sie den Schmerz vergessen haben. Aber wenn man nachfragt, sagen sie, daß sie die Beschneidung als Tradition ausmerzen würden. Und wenn man sie fragt, warum, sagen sie, «der Schmerzen wegen». Sie machen sich also etwas vor, wenn sie denken, daß sie es vergessen haben, und sie hoffen, daß ihre Töchter, wenn sie in ihrem Alter sind, es vergessen haben werden. Aber natürlich vergessen sie es nicht, der Körper vergißt nichts. Der Körper vergißt Schmerzen nie.

PP: Glaubst du, daß irgendwie Hoffnung besteht? Ich habe nämlich den Eindruck, daß es in Afrika viele Frauen gibt, die sich gegen weibliche Genitalverstümmelung organisieren und Kampagnen dagegen starten.

AW: O ja, ich glaube, daß viel Grund zu Hoffnung besteht. Es gibt hier Frauen, die sehr engagiert sind, es zu beenden, und es tut gut, das zu sehen. Als ich eine Beschneiderin interviewte, gab es einen Moment, der für mich persönlich sehr wichtig war. Ich hatte die ganze Zeit über neben ihr gesessen, und es gab da eine gewaltige Portion Angst, Zorn und Feindseligkeit zwischen uns. Und dann gab es diesen Moment, in dem wir uns in die Augen schauten und ich ihre Menschlichkeit sah, sie als menschliches Wesen empfand und erkennen konnte, daß man sie belogen, indoktriniert und programmiert hatte, diese Art von Arbeit zu tun. In diesem Moment spürte ich den Menschen hinter der schrecklichen Tätigkeit, die sie ausführt. Es war so schön zu sehen, daß sie ein Mensch ist, daß ich anfing zu lachen.

PP: Was ist mit der Zeremonie, die wir an unserem ersten Drehtag filmten, der Coming-out-Zeremonie für die jungen Mädchen, die zwei Wochen zuvor beschnitten wurden. Welche Gefühle hattest du?

AW: Das Schlimmste für mich war die kleine Mary. Sie ist vier Jahre alt, die jüngste aus der Gruppe, die die Beschneidung über sich ergehen lassen mußte. Ich mußte die ganze Zeit über auf ihre kleinen Füße schauen. Ich war so geschockt, als sie das Huhn schlachteten und das Blut auf die Füße der kleinen Mary spritzte. Was wird sie mit diesem Bild anfangen? Wird sie auf irgendeine Weise verstehen – wie ich es tat –, daß es alles andere als ein Tieropfer ist? Es ist eine Lektion. Sie bedeutet: Vor zwei Wochen haben wir dir die Klitoris weggeschnitten. Wenn du je irgend etwas darüber erzählst, werden wir dir den Kopf abschneiden. Die Botschaft ist unmißverständlich, sie spricht von Terrorismus, Folter und Gewalt.

PP: Hast du das Gefühl, daß du verstehst, warum die Mütter ihren Töchtern das immer noch antun, warum Frauen überhaupt damit einverstanden sind, daß es immer noch geschieht?

AW: Ich glaube, daß es vor allem mit dem Gewicht der Tradition zusammenhängt, die auf den Frauen lastet, und mit dem Gefühl, daß sie, da es schon so lange gemacht wird, nichts daran ändern können. Mütter und Großmütter lieben ihre Kinder, und trotzdem hören sie nicht damit auf. Aber ich habe auch das Gefühl, daß sie – wenn es jemanden gibt, der ihnen dabei hilft, über den Schmerz, den sie erlitten haben und noch erleiden, nachzudenken, und wenn sie ihre Kinder wirklich lieben – fähig sind, damit aufzuhören. Wir haben auf unserer Reise Frauen getroffen, die sagten: «Das ist mir angetan worden. Ich werde es nie meiner Tochter antun.»

PP: Glaubst du, daß unsere Reise nach Afrika und unsere Gespräche mit all diesen Frauen ein wenig dazu beitragen, daß sich etwas verändert?

AW: Ja, ich glaube das. Denn es ist außerordentlich wichtig für Menschen, die tagtäglich mit wirklich ernsthaften Problemen konfrontiert sind, daß sie spüren, von Menschen anderer Länder verstanden zu werden. Daß es kein Geheimnis ist, kein regionales Problem, sondern etwas, über das sich Leute überall auf der Welt die Köpfe zerbrechen. Diese Art von psychischer und spiritueller Unterstützung können wir Frauen und Kindern geben, wo auch immer ihnen Leid angetan wird.

PP: Bist du jetzt, am Ende deines Aufenthalts in Afrika, vielleicht sogar noch stärker davon überzeugt, daß die Leute in keiner Weise recht haben, die im Westen leben und sagen, wir dürften so nicht intervenieren, da wir kulturell und sozial Außenseiter sind?

AW: Ich hätte es doch sein können, die zeitweise in diesem Sklavenhaus festgesetzt wurde, verstümmelt und infibuliert. Es ist meine Pflicht, Zeugnis abzulegen, mir und meinen Vorfahren gegenüber, es ist meine Pflicht, das auf mich zu nehmen und es so gut zu machen, wie ich kann. Das allein geht mich an. Dafür tragen wir die Verantwortung, und deshalb interessiert mich weniger, was anderer Leute Meinung nach gesagt oder getan werden müßte. Sollten wir uns dafür verantwortlich fühlen, der Folterung von Kindern, die wir behaupten zu lieben, ein Ende zu setzen oder sollten wir uns nicht dafür verantwortlich fühlen? Im Grunde heißt das: Lieben wir die Kinder Afrikas? Oder sind wir wie die Hebamme, die sagte, daß sie das Kind nicht schreien hört, wenn sie es beschneidet? Wird von uns erwartet, daß wir diesen Schreien gegenüber taub sind?

PP: Gibt es einen bestimmten Eindruck, den du aus Afrika gerne mitnehmen würdest?

AW: Ich wünschte, daß diese Bewegung, die der weiblichen Genitalverstümmelung ein Ende setzen will, sich ausbreiten würde, und daß sich das Bewußtsein der Leute änderte. Ich hoffe, daß das schnell geschieht, sie haben nicht mehr viel Zeit. Um nur vom Gesundheitsstandpunkt aus zu sprechen: Die Hälfte der Bevölkerung erleidet durch die Nebenwirkungen und Folgeerkrankungen der Beschneidung gesundheitliche Einbußen. Damit ist wohl klar: Der, der sie verursacht, unterminiert alles, von der Wirtschaft angefangen, bis hin zur Ausbildung. Ich meine, wir haben einiges davon gesehen, während wir auf diesem Kontinent gereist sind.

Anhang

Film Credits
WARRIOR MARKS

Camera – Africa, U.S.A., Nancy Schiesari

Camera – U. K., Jeff Baynes, Harriet Cox, Nic Knowland

Camera Assistant – Africa, Lorraine Luke,
Camera Assistants – U.S.A., U. K., Lucy Bristow, Brenda Haggart, David Marsh, Louise Stoner

Steadicam Operator, Phil Sawyer

Sound – Africa, Judy Headman
Sound – U. K., U.S.A., Christine Felce, Claudia Katayanagi

Electrician, Stephanie Johnson

Grips, Mick Duffield, Glynn Fielding

Assistant to Alice Walker, Deborah Matthews

Production Coordinator – U.S.A., Aarin Birch

Production Manager – Africa, Nazila Hedayat

Production Secretary, Rachel Wexler

Dancer/Choreographer, Richelle

Set Design, Shaheen Haq

«Like the Pupil of an Eye: Genital Multilation and the Sexual Blinding of Women», written by Alice Walker

«Black Sisters, Speack Out», by Awa Thiam, extract read by Delia Jarrett-Macauley

«Something Inside So Strong», by Labi Siffre, © China Records LTD

«Wale Gnouma Don», by Sali Sidibe, © Stern's Records

«Diaraby Nene», by Oumou Sangare, © Stern's Records

«Samburu Dance», by Gretchen Langheld, © Gretchen Langheld

Additional Music, Peter Spencer

Titles, Zab Designs

Consultant, Efua Dorkenoo

Dubbing Mixer, Peter Smith

Assistant Editor, Folasade Oyeleye

Editor, Anna Liebschner

Production Manager, Sophie Gardiner

Executive Producers, Debra Hauer, Alice Walker

Producer and Director, Pratibha Parmar

A Hauer Rawlence Production in association with Our Daughters Have Mothers, Inc., For Channel 4

Danksagungen

An Alice Walker,
für ihren Glauben an mich und für ihr Vertrauen.
Für die Klarheit ihrer Visionen, ihr Engagement für Ehrlichkeit und Weisheit.
Für unsere Freundschaft, von der ich hoffe, daß sie so «dauerhaft ist wie Petunien».
Dafür, daß sie mir die Möglichkeit gegeben hat, an etwas so Wertvollem und Wichtigem mitzuarbeiten.
Möge dies der Beginn einer kreativen Zusammenarbeit sein, die noch lange andauert und uns unseren Träumen und Visionen einen Schritt näherbringt.

An June Jordan,
für ihren Zorn, ihren Mut und ihr Mitgefühl, die mich immer inspirieren werden.
Dafür, daß sie mein Leben mit ihrer geduldigen Freundschaft bereichert.
Dafür, daß sie mich mit einsichtigen und wertvollen Kommentaren durch die Arbeit an meinen Tagebucheintragungen und Notizen geleitet hat.

An Shaheen Haq,
dafür, daß sie seit zwölf Jahren meine Seelenfreundin ist und mich durch mein Leben begleitet hat.
Dafür, daß sie an mich geglaubt hat, als ich es nicht tat.
Für ihre unbeirrbare Liebe und Zärtlichkeit, ohne die ich nicht mehr leben möchte.
Ohne sie wäre mein Leben nicht so reich und erfüllt.

Tausendfachen Dank schulde ich:
Wendy Coburn für ihre unschätzbare Hilfe während der letzten Stadien meiner Tagebuchbearbeitung, daß sie mich zum Fischen an die Westküste Kanadas mitgenommen und mich in liebevollster Weise umsorgt hat.

Jane Dibblin für die Überprüfung der Übersetzungen aller Interviews, die dieses Buch enthält, bevor es dem Verleger übergeben wurde, und für ihre jahrelange Freundschaft.

Paul Gilroy dafür, daß er mich immer ermutigt hat.

Leigh Haber für ihre verständnisvolle, genaue und erfahrene Redaktion meines Tagebuchs. Es war eine Freude, mit dir zusammenzuarbeiten.

Ruth Greenstein für ihre gründliche und engagierte Bearbeitung des Gesamtmanuskripts. Ich schätze ihre Arbeit sehr.

Debra Hauer, die meinem Film eine Heimstatt gegeben hat, und für unsere ganz besondere Freundschaft.

Nazila Hedayat für ihr Engagement, was den Film anbelangt, und für ihren Glauben an mich. Ich umarme dich und unsere Freundschaft, die darüber entstanden ist.

Derek Jarman dafür, daß er ein beispielhafter Filmemacher ist, integer, unbestechlich und immer bereit, gegen alle Widrigkeiten anzukämpfen.

Isaac Julien für seine Unterstützung und Freundschaft und für seine wertvollen Ratschläge, was meine Filme und Tagebücher angeht.

Joan Mirua dafür, daß sie immer so hilfsbereit, warmherzig und tüchtig war.

Shaffiqu, Sanjay und Sunita dafür, daß ich mich in Kalifornien zu Hause fühlte, für ihre Loyalität und «Deshi»-Liebe.

Ich danke allen Mitgliedern der Crew und dem Produktionsteam, die an dem Film in irgendeiner Weise mitgearbeitet haben. Jeder hat seine ganz spezielle Begabung in diesen Film eingebracht.

Ganz besonders danke ich meiner Mutter Gulab, die zusammen mit meinem Vater in Indien an der Seite Gandhis gekämpft hat, indem sie die Bahngleise zerstörte, die die britischen Besatzungssoldaten benutzten. Sie ist eine Überlebende, sie hat in ihrem Leben als Auswanderin auf drei verschiedenen Kontinenten gelebt und mehr Kämpfe gekämpft, als man einem Menschen zumuten kann.

Pratibha Parmar

Es ist eine Freude, all den Weggefährten zu danken, die uns bei diesem Unternehmen begleitet haben. Zuerst möchte ich meiner Sekretärin Joan Miura, für mich eine Verkörperung der Göttin, für all ihre Mühe und Arbeit danken. Worte können das, was ich ihr schulde, nicht ausdrücken: Ich lag nächtelang wach, um nach den richtigen Worten zu suchen. (Wie wäre es mit «Danke» und «Ich liebe dich»?) Ich danke auch Harcourt Brace, meinem Verlag seit zwanzig Jahren, der meine Bücher immer mit so viel Unterstützung auf den Weg gebracht hat, auch dieses. Ich bin besonders glücklich darüber, daß ich in Leigh Haber eine so enthusiastische und gutgelaunte Lektorin habe und die Sorgfalt und Sachkenntnis von Rubin Pfeffer und Vaughn Andrews dem Buch zugute kamen. Es ist ein großes Vergnügen, mit diesem aufmerksamen und kreativen Team zusammenzuarbeiten. Ich danke auch meiner Agentin Wendy Weil und meinem Rechtsanwalt Michael Rudell für ihren engagierten und genauen Blick auf all die rechtlichen und vertraglichen Probleme, die ich selbst übersehen oder vermutlich gar nicht verstanden hätte.

Ich bin außerordentlich dankbar dafür, daß ich, was meine geschäftlichen Verhandlungen anbelangt, Leute mit soviel Köpfchen und Integrität um mich habe. Irgendwann sollten wir es in diesem Leben schaffen, alle drei zusammen an irgendeinem Strand der Welt spazierenzugehen. Ich danke meiner Mutter, daß sie den Mut hatte, ihre Verantwortung für einen Fehler auf sich zu nehmen, der mein Leben negativ beeinflußt hat. Das hat mir die Augen dafür geöffnet, daß Eltern durchaus fähig sind, sich bei ihren Kindern zu entschuldigen, auch wenn diese schon erwachsen sind. Man sollte ihnen die Möglichkeit dazu geben. Ich danke meiner ‹Liebsten› für ihre Liebe, ihre Geduld und Hingabe und für ihre Schönheit, die mich immer an die befreiende Kraft all dessen erinnert, was frei, natürlich und ganz ist. Ich danke Deborah Matthews für ihre Assistenz, besonders bei den Aufnahmen in London. Es war wunderbar, auf dieser Reise einen Menschen um mich zu haben, der so in sich ruht, Musik so sehr liebt und so interessiert an der Welt um sich herum ist. Ich danke Shaheen Haq, die uns in London wie eine Schwester umsorgt hat: Ich danke ihr auch für das umwerfende Bühnenbild, das sie für den Film entworfen hat. Ich danke Pratibha Parmar dafür, daß sie so schnell und enthusiastisch auf meinen Vorschlag reagierte, zusammen einen Film zu machen.

Unsere Zusammenarbeit war eine Freude, und vielleicht können wir sie durch ein weiteres Projekt verlängern.

Ich möchte zum Schluß Bisa Niambi danken, «Staatlich anerkannte Masseurin, Fußreflexzonenmassage» in Atlanta, Georgia – was sie sicher sehr überraschen wird. Als ich mit *Sie hüten das Geheimnis des Glücks* auf Lesereise war und immer wieder vor einem riesigen geschockten Publikum, das noch nie von etwas dergleichen gehört hatte, über weibliche Genitalverstümmelung sprach, war ich manchmal so erschöpft, daß ich mich kaum bewegen konnte. Eines Nachts in Atlanta, nach einem Treffen am «Schrein der schwarzen Madonna» (wo ich mich immer so zu Hause fühlte), kam Bisa Niambi in meinem Hotel an – sie hatte von Frauen in einem Buchladen von meinem Problem gehört – und massierte mich in meinen Körper und meinen Geist zurück, so daß ich meine Lesereise fortsetzen konnte. Ich hatte so viele Bücher signiert, daß mir besonders die rechte Hand weh tat. Nachdem sie mich massiert hatte, kniete sie sich auf den Boden und zeigte mir Übungen, mit denen man die Finger und Hände kräftigen konnte. Es war, als sie die Stretchübungen für die Finger demonstrierte und ihre Hände und Arme hochstreckte, daß ich die Narben auf ihren tiefschwarzen Armen entdeckte, Dutzende. Es waren alte Narben, und ich bemerkte sie eigenartigerweise nur deshalb, weil sie wie poliert glänzten. Ihre Arme waren nämlich wunderschön. Trotzdem war ich erschrocken und konnte der Versuchung nicht widerstehen, ihr Fragen dazu zu stellen. Sie sagte nur: «Es sind Kriegsnarben.» Sie lehnte es ab, daß ich sie dafür bezahlte, daß sie mich mir selber wiedergegeben hatte und mich wieder auf den Weg brachte. Als sie wegging, hatte ich das Gefühl, daß ein ganz außergewöhnlicher Mensch in mein Leben getreten war. Hiermit gebe ich die Kraft der Liebe an dich zurück. Mbele Aché! Bisa Niambi.

Alice Walker

BISA NIAMBI, CMT, CR

CERTIFIED MASSAGE THERAPIST
CERTIFIED REFLEXOLOGIST

HOLISTIC HEALING
BY THE BALANCE OF TOUCH,
SUPPORTIVE PROCESSING
AND EMPOWERMENT.

BY APPOINTMENT (404) 642-3309

Nachwort

Kurz nachdem sie das Manuskript von *Narben* erhalten hatte, informierte mich meine Lektorin Leigh Harber, daß Bisa Niambi sich und ihre ehemalige Geliebte Venus Landin – ebenfalls eine wunderschöne, fürsorgliche afroamerikanische Frau – umgebracht hat. Eine sechsjährige Tochter bleibt zurück. Ich erfuhr im Laufe der Zeit auch, daß Bisa schon jahrelang «Probleme hatte», es gab Hinweise darauf, daß sie von einem älteren Bruder schwer mißhandelt worden war. Die Narben an ihren Armen, von denen ich angenommen hatte, daß sie von einer Peitsche stammten, hatte sie sich, allem Anschein nach, selbst zugefügt.

Auf eine gefallene Kriegerin

Bisa Niambi
Klarer
konntest du nicht sein,
als dich bei deinem Namen zu
nennen,
dir einen neuen Namen zu
geben –
sogar deinen Körper wolltest du
anders.
Du hattest ja
die Vorbilder
mißbrauchter
Filmgrößen,
als du das Rasiermesser
gegen dich gerichtet hast,
und glaubtest, daß du,
koste es, was es wolle,
diesen Körper
von der Erinnerung
an sein Leid
trennen mußtest.
Ich, die ich fast leblos
durch so viele
steingraue Tage gegangen bin,
die Taschen voll mit Rasier-
klingen,
verstehe das.

Was geschieht,
wenn wir erwachen
und unsere Schande erkennen?
Was geschieht,
wenn wir erwachen
und unseren Zorn erkennen?
Wen gibt es schon,
der die Wunde anerkennt?

Wo ist der Mensch,
der den Verletzten in den Arm
nimmt?

Bisa Niambi,
Schwester der heilenden Hände,
die sich selbst
und ihre Geliebte erschoß,
«Warrior Marks»
sollte ein Geschenk für dich sein.
Eine Umarmung
über Raum und Zeit hinweg.
Ich stellte mir sogar vor,
wie du das Buch öffnest,
wie du lächelst
oder davor erschrickst,
deinen Namen zu sehen
und zu begreifen,
daß ich dich
nicht vergessen konnte.

Daß ich wußte,
daß wir Teil
eines Kreises waren,
Teil der Liebe,
die uns am Leben erhält,
solange wir sie
am Leben erhalten.

Bisa Niambi,
was mache ich jetzt damit,
was mache ich mit diesem Fallen?
Jetzt, wo Frauen
auf der ganzen Welt
anfangen wach zu werden?
Wie soll ich es
deinen Schwestern
sagen,
daß du
untergegangen bist?
Und daß wir es womöglich
gar nicht erfahren hätten,
daß du gefallen bist?
Wie all die
zum Schweigen Gebrachten
in Afrika
und
Amerika
über diese
sechstausend
oder fünfhundert
Jahre über.

Bisa Niambi,
wer warst du?
Zu welchem Afrika
hofftest du
durch deinen «afrikanischen»
Namen
zurückzukehren? Und wie
hätte es
dich empfangen?
Ich habe
das Mutterland
jetzt wirklich gesehen,
und Sie liegt und blutet
von Küste
zu Küste.

O Schwester,
warum habe ich
nicht dich massiert,
und dich gelehrt
deine Seele zu stärken,
wie du
mich gelehrt hast,

meine Finger
und meine Arme
zu stärken?

Bisa Niambi,
diese Tränen
aus einem erschöpften
Ozean
und einem trockenen Brunnen
sind meine Pilgerfahrt;
mein kleiner Steinkreis.
Denn ich verspreche dir,
wir, deine Schwestern,
werden weitergehen.
Aber wir werden dich
im Weitergehen
nicht vergessen.
Wir werden
in dieser Welt
des Verrats
und der Gefahr
weitergehen,
die Stehenden unterstützen
und für die Gefallenen Zeugnis
ablegen.
Und wir werden
die wirkliche Bedeutung
deiner Narben
und deines Namens
erfahren.
Und werden dafür sorgen,
daß auch deine Tochter
sie kennt.

Du warst eine Kriegerin,
und du wußtest es;
du brauchst dich
nicht entschuldigen
nichts erklären.
Es ist eine Lektion,
die ich nie
vergessen werde. Und obgleich
du uns
in einem Schrei
der Gewalt
verlassen mußtest,
ist das nur
die Kehrseite
– wir verstehen es –
geliebte Schwester,
deiner friedvollen
Zärtlichkeit.

Mbele Aché*
Schwester Bisa Niambi

* Vorwärtsgerichtete Energie – d. h., Geh deinen Weg weiter!

Weibliche Genitalien

Die Vorhofzwiebeln und das zirkumvaginale Venengeflecht stellen die wichtigsten Schwellkörper der Frau dar. Diese äußerlich unsichtbaren Strukturen sind morphologisch mit dem Penis des Mannes gleichwertig und haben ungefähr die gleiche Größe. Sie schwellen auf die gleiche Weise wie der Penis. Bei völliger Schwellung ist das Klitorissystem etwa dreißigmal so groß wie Schaft und Eichel der sichtbaren Klitoris – die wir gewöhnlich als die «Klitoris» kennen.

Unsere Sexualorgane – obwohl im Inneren und nicht so gut sichtbar wie die des Mannes – dehnen sich während der Erregung zu annähernd demselben Umfang aus wie ein erigierter Penis.

... Kurz, der einzige Unterschied zwischen den Erektionen von Mann und Frau besteht darin, daß die des Mannes außerhalb und die der Frau innerhalb des Körpers stattfinden.

... Klitorale Stimulierung führt zu weiblichem Orgasmus, der im Körper stattfindet, rund um die Vagina und andere Körperteile, genauso wie die Stimulierung der Penisspitze den männlichen Orgasmus auslöst, der ebenfalls im Inneren des männlichen Unterleibs stattfindet.

Shere Hite
Hite Report

Die Vulva einer erwachsenen Frau im Normalzustand

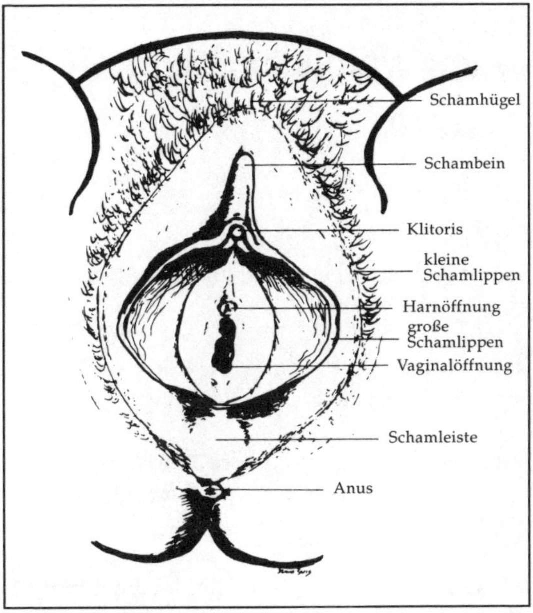

Die infibulierte Vulva

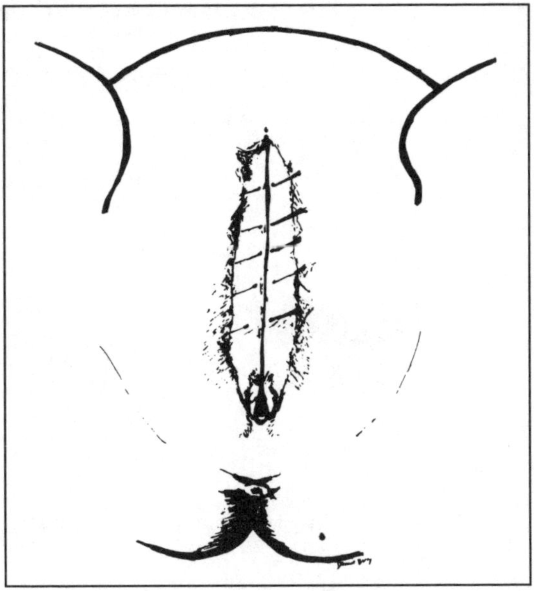

(Mit Genehmigung von Minority Rights Group)

Typen weiblicher Genitalverstümmelung

Sunnitische Beschneidung: Entfernung der Klitoriseichel, der Klitorisschaft bleibt erhalten.

Klitorektomie: Entfernung der Klitoris und der kleinen Schamlippen oder eines Teils der kleinen Schamlippen.

Intermediär: Entfernung der Klitoris, der kleinen oder eines Teils der kleinen Schamlippen und manchmal eines Teils der großen Schamlippen.

Infibulation oder pharaonische Beschneidung: Entfernung der Klitoris, der kleinen und eines großen Teils der großen Schamlippen. Die übriggebliebenen Seiten der Vulva werden zusammengenäht, um die Vagina zu verschließen. Eine kleine Öffnung wird gelassen, die man mit Holzstückchen oder Zündhölzern am Zuwachsen hindert.

Auswahlbibliographie und Literaturempfehlungen

Leider sind nur sehr wenige Bücher zu diesem Thema ins Deutsche übersetzt.

Armah, Ayi Kwei. *The Beautiful Ones Are Not Yet Born*. Portsmouth, N. H.: Heinemann Ed. 1989.

Boston Women's Health Book Collective. *Unser Körper – Unser Leben. The New Our Bodies, Ourselves*. Ein Handbuch von Frauen für Frauen. Reinbek: Rowohlt 1988.

Cesaire, Aime. *Discourse on Colonialism*. Translated by Joan Pinkham. New York–London: Monthly Review Press 1972.

David, Alan. *Infibulation en République de Djibouti*. Thesis No. 131, Université de Bordeaux, publ. en 1978 par l'Amicale des Étudiants en Médecine de Bordeaux.

Dorkenoo, Efua. *Tradition! Tradition!* London: FORWARD Ltd. 1992.

Dies./Scilla Elworthy. *Female Genital Mutilation: Proposals for Change*. London: Minority Rights Group International 1992.

El Dareer, Asma. *Woman, Why Do You Weep?* London: Zed Press 1982.

FORWARD Ltd. *Female Genital Mutilation: A Counseling Guide for Professionals*. London 1992.

Ders. *Report of the First Study Conference of Genital Mutilation of Girls in Europe / Western World*. London 1993.

Griaule, Marcel. *Dieu d'eau: Conversation with Ogotemmêli: An Introduction to Dogon Religious Ideas*. London: International African Institute 1965.

Hedley, Rodney/Efua Dorkenoo. *Child Protection and Female Genital Mutilation*. London: FORWARD Ltd. 1992.

Hite, Shere. *Hite Report. Das sexuelle Leben der Frau*. München: Goldmann 1994.

Hosken, Fran. *The Hosken Report: Genital and Sexual Mutilation of Females*. Lexington, Mass.: Women's International Network News 1983.

Jordan, June: *Technical Difficulties: African American Notes on the State of the Union*. New York: Pantheon 1991.

Kaplan, Helen. *Sexualtherapie. Ein neuer Weg für die Praxis*. München: Enke 1983

Kenyatta, Jomo. *Facing Mount Kenya: The Tribal Life of the Kikuyu*. New York: Random House 1975.

Koso-Thomas, Olayinka. *The Circumcision of Women: A Strategy for Eradication*. London: Zed Press 1992.

Lanker, Brian. *I Dream a World*. New York: Stewart, Tabori & Chang 1989.

Lantier, Jacques. *La Cité Magique et Magie en Afrique Noire*. Paris: Éditions Fayard 1972.

Lightfoot-Klein, Hanny. *Das grausame Ritual. Sexuelle Verstümmelung afrikanischer Frauen*. Frankfurt/M.: Fischer 1992.

Masters, William und Virginia Johnson. *Liebe und Sexualität*. Berlin: Ullstein 1993.

Sherfey, Mary Jane. *The Nature and Evolution of Female Sexuality*. New York: Vintage Books 1973.

Thiam, Awa. *Black Sisters, Speak Out: Feminism and Oppression in Black Africa*. London: Pluto Press 1986.

Toubia, Nahid. *Female Genital Mutilation: A Call for Global Action*. New York: Women, Ink. 1993.

Walker, Alice. *Sie hüten das Geheimnis des Glücks*. Reinbek: Rowohlt 1993.

Kontaktadressen

Anti-Slavery International
180 Brixton Road
GB-London SW9 GAT

Association of Nigerian Nurses and Nurse Midwifes
66 Oduduwa Way
Gra Ikaja, P. O. Box 3857
Ikeja, Lagos, Nigeria

Babikir Badri Association for Research on Women
Ahfad University for Women
P. O. Box 167
Omdurman, Sudan

BAFROW (Foundation for Research on Women's Health, Productivity, and Development)
147 Tafsir Demba M'Bye Road
Tobacco Road Estate
P. O. Box S. K. 2854
Kanifing, The Gambia

Cairo Family Planning Association
50 Gomhoria Street
Cairo, Egypt

CAMS (Commission Internationale pour l'Abolition des Mutilations Sexuelles)
Institut Fondamental d'Afrique
B. P. 811
Dakar, Senegal

CAMS – France
6 Place Saint Germaine des Prés
F-75006 Paris

Canadian Centre for Victims of Torture
40 Westmoreland Avenue
Toronto, Ontario MGH 227,
Canada

FORWARD International (Foundation for Women's Health, Research and Development)
Africa Centre
38 King Street
GB-London WC2E 8JT

FORWARD – Nederland
Beethovenstraat 123^{IV}
NL-1077 JA Amsterdam

GAMS (Groupe Femme pour l'Abolition des Mutilations Sexuelles)
8 Cite Prost
F-75011 Paris

Horn of Africa Resource and Research Centre
c/o Family Services Centre – Ottawa – Carleton
119 Ross Avenue
Ottawa, Ontario K1Y ONG, Canada

IAC (Inter-African Committee on Traditional Practices Affecting the Health of Women and Children)
147 Rue de Lausanne
CH-1202 Genf

London Black Women's Health Action Project
1 Cornwall Avenue
GB-London E2 0HW

Minority Rights Group International
379 Brixton Road
GB-London SW9 7DE

MYWO (Maendeleo Ya Wanawake Organization)
Maendeleo House, P.O. Box 44412
Monrovia Street, 4th Floor
Nairobi, Kenya

PAI (Population Action International)
1120 19th Street, NW
Suite 550
USA-Washington, D.C. 20036

Rädda Barnen
Torsgatan 4
S-10788 Stockholm

Terre des Femmes
Postfach 2565
D-72015 Tübingen

UN Working Group on Traditional Practices
United Nations Human Rights Center
Palais des Nations
CH-1202 Genf

Women's Health in Women's Hands
344 Dupont Street
Suite 106
Toronto, Ontario MSR 1V9, Canada

WIN News (Women's International Network)
Frau Hosken
187 Grant Street
USA-Lexington, MA 02173

Foto- und Textnachweise

Auszüge (S. 35–38, S. 227–228) aus dem Roman *Sie hüten das Geheimnis des Glücks* von Alice Walker, der 1993 im Rowohlt Verlag, Reinbek, erschien (Copyright © 1992 by Alice Walker).

Das Drehbuch (S. 29–33), die Interviews in Teil III und die Fotografien von Deborah Matthews (Copyright © 1993) mit freundlicher Genehmigung von Our Daughters Have Mothers, Inc.

Die Auszüge (S. 119/120 und S. 121/124) aus *Black Sisters, Speak Out: Feminism and Oppression in Black Africa* von Awa Thiam (Copyright © 1978 by Editions Denoël. Translation copyright © 1986 by Dorothy S. Blair) mit freundlicher Genehmigung von Pluto Press, London.

Das Zitat auf S. 152 stammt aus *She Had Some Horses* von Joy Harjo (Copyright © 1983 by Joy Harjo). Mit freundlicher Genehmigung von Thunder's Mouth Press.

Der Text auf den S. 203/204 «*(Something Inside) So Strong*» wurde geschrieben und komponiert von Labi Siffre (Copyright © 1986 by Empire Music Ltd./Xavier Music Ltd.). Abdruck mit freundlicher Genehmigung.

Das Zitat aus dem *Hite Report* (Copyright © 1976 by Shere Hite) mit freundlicher Genehmigung von Macmillan Publishing Company.

Fotos

Shaheen Haq: S. 245, 246;
Ernest Harsh/Pathfinder: S. 91 Thomas Sankara;
Nazila Hedayat: S. 236 (oben), 310;
Deborah Matthews: S. 7, 41, 45, 56, 62, 64, 68, 87 (alle), 89 (unten), 135, 136, 160, 189, 190, 191, 193, 200, 206, 229, 238, 261, 275, 320, 327, 334;
Pratibha Parmar: S. 79, 89 (oben), 98, 302;
Kerin Sendhu: S. 147;
Nancy Schiesari: S. 91 (unten), 96, 236;
Chris van Houts: S. 51.